왜 낡은 보수가 승리하는가

◇ 당신은 언제나 옳습니다. 그대의 삶을 응원합니다. — **라의눈 출판그룹**

왜 낡은 보수가 승리하는가

초판 1쇄 | 2015년 5월 11일

지은이 | 김상진·엄경영
발행인 | 설응도
발행처 | 라의눈

출판등록 | 2014년 1월 13일(제2014-000011호)
주소 | 서울시 서초구 서초중앙로29길 26(반포동) 낙강빌딩 2층
전화번호 | 02-466-1283
팩스번호 | 02-466-1301
e-mail | eyeofrabooks@gmail.com

ISBN : 979-11-86039-23-6 03340

*잘못 만들어진 책은 구입처나 본사에서 교환해 드립니다.
*책값은 뒤표지에 있습니다.
*라의눈에서는 독자 여러분의 소중한 아이디어와 원고 투고를 기다리고 있습니다.

왜 Why do Conservatives Old Win?

낡은 보수가 승리하는가

김상진 엄경영 지음

라의눈

이길 수 있는 프레임,
이길 수 있는 후보는 정해져 있다

대한민국은 현재 진보와 보수가 극한대립 중이다.

그런데 참으로 이상한 점은 진보와 보수의 색깔과 그 둘을 나누는 경계가 모호하다는 것이다. 빨간 색과 파란 색이 대치하는 것은 당연하다. 그런데 붉으스름한 파란색과 푸르스름한 빨간색이 사생결단하며 싸우는 상황을 생각해보라. 관전하는 사람 입장에서는 감정이입을 하기도 어렵다. 대한민국의 진보와 보수는 이념과 가치관에 의해 나눠진 것이 아니라 기득권, 계층과 지역, 그리고 감정 대결인 측면이 강하다. 여당과 야당의 공약집은 표지만 가리면 여야를 구별하기 어려울 정도로 비슷하다. 서로를 벤치마킹하기 때문이라고 하기에도 조금 민망하다.

그런데 이런 모호성에도 불구하고, 대한민국이 조금씩 보수화되어 가고 있다는 증거들은 여기저기서 감지되고 있다. 이 책은 각종 정치사회 통계와 조사 결과를 토대로 대한민국 보수화를 객관적으로 분석하고 있다. 어떤 사회든 경제가 성장하고 고령화가 될수록 보수화의 진폭이 커진다. 우리나라도 1987년 민주화 이후 수평적인 정권교체가 있었지만, 그것이 보수화의 속도를 늦춰주지는 못했다. 소위 '기울어진 운동장'으로 비유되는 사회의 지형을 객관적으로 분석하는 것은 아주 중요하다. 특히 선거를 준비하고 있다면 이런 분석의 토대 위에서 전략을 구사해야 한다.

지난 시간을 돌이켜보면 우리 사회에서 보수와 진보가 총집결하여 대결했을 경우, 무조건 보수가 승리하는 행태를 보여 왔다. 보수는 여당, 혹은 카리스마 있는 리더를 간판으로 단일대오를 형성하는 반면, 진보는 분열되어 있는 경우가 많았다. 진보진영이든 야당이든 집단 내부에서조차 동일한 목표의식이나 동지의식이 없었던 것이다. 그러나 이 책이 '진보의 종말'을 이야기한다고 오해하지는 말기 바란다. 사회현상이 보수화된다고 진보세력이 집권하지 못한다는 것은 아니기 때문이다. 다만 지금의 행태에서 과감히 탈바꿈해야 하고, 더 치밀하게 선거를 준비해야 한다는 것이 포인트다. 소위 진보를 자처한다면, 그리고 진보의 재집권을 꿈꾼다면 불리한 상황을 역전시킬 수 있는 정확하고 효율적인 전략이 필수적이다.

이 책이 말하고자 하는 것은 3가지로 요약된다.

그리고 이는 2017년 선거에서 이기기 위한 3가지 조건이기도 하다.

첫째가 유권자에 대한 정확한 분석이다.

2012년 최고의 투표율을 기록한 선거에서 여당 후보가 당선되면서, 암묵적으로 공인되어 오던 선거의 원칙이 깨졌다. 고령화에 따른 유권자의 보수화, 특히 50대의 변화를 눈치 채지 못했기 때문에 벌어진 해프닝이다. SNS의 영향력이 갈수록 커지고 있지만, 이것이 진보진영에게 유리하게 작용할 것이란 믿음도 깨진 지 오래다. 스마트기기와 SNS로 무장한 신(新) 장노년층을 제대로 분석하지 못했기 때문이다. 이 책은 지난 선거들에서 유권자의 인구통계학적 특성과 변화가 어떤 결과를 초래했는지 분석함으로써 2017년 선거에 대비할 수 있도록 했다.

선거에서 이기기 위한 두 번째 조건은 프레임이다.

보수 여당이 최근 선거에서 승리했던 이유는 어찌 되었든 프레임에서 이겼기 때문이다. 야당은 제대로 된 프레임을 설정하지도 못한 채 자멸했다. 힘이 있는 프레임은 시대정신을 담고 있어야 한다. 이 책은 2017년 선거에서 이길 수 있는 몇 개의 프레임을 제시하고 있다.

세 번째 조건은 당연하게도 후보의 경쟁력이다.

대통령이 되고자 하는 자는 국정운영능력을 철저히 준비해야 한다. 대통령의 아마추어리즘은 국민을 불안하게 하는 것을 넘어 불행에 빠뜨린다. 선장이 어디로 가고자 하는지 예측할 수 없는 배에 탄 승객들을 상상해 보라. 대통력 직은 연습이 없다. 주어진 5년 동안 어떻게 대한민국을 이끌어갈지 철저하게 준비하고 국민들에게 검증받아야 한다. 진영 논리에 갇힌 후보, 정치공학적인 준비밖에 못한 후보가 또 다시 대통령이 되는 미래를 생각하면, 대한민국 국민들이 너무나 가엾지 않은가.

세월은 빨리 흘러간다.

대통령 임기가 5년 단임제인 우리나라에서는 특히나 세월이 빠르게 느껴진다. 대통령 선거가 끝나고 2년쯤 지나면 다음 선거에 대한 얘기가 나온다. 이는 아주 자연스러운 현상이다. 권력은 어느 날 하늘에서 떨어지는 것이 아니기 때문이다. 선거를 통해 창출되는 현대 권력은 치밀한 준비를 통해 만들어진다. 대통령이 되고자 하는 자의 PI(President Identity)는 씨앗을 뿌리고 물과 거름을 주고 따스한 햇볕을 쪼여주며 키워가는 과정이 필요하다. 즉 단련과 검증이다.

권불십년(權不十年)이라고 했다. 막강한 권세도 십년을 가지 못한다는 의미이지만, 오늘날의 대한민국에서는 10년은커녕 3년도 버티기 힘들다. 실질적인 권력은 2년이면 끝난다고 해도 과언이 아니다. 그 이후는 차기 권력과 함께 가야 한다. 따라서 제대로 준비되지 못한 사람이 대통령이 된다면 우왕좌왕하다가 아무것도 해보지 못한 채 시행착오만 겪게 된다. 국가적으로 너무나 큰 불행이고 손실이다.

이 책이 선진국의 문턱에서 갈팡질팡하고 있는 대한민국의 앞날을 책임지고자 하는 사람들에게 도움을 주고, 2017년 선거를 준비하는 사람들에게 조금이나마 통찰과 지혜를 줄 수 있기를 바란다. 아울러 정치에 관심을 가진 일반 시민들이 정치와 선거를 바라보는 안목을 키우는 데도 도움이 되리라 생각한다.

2015. 4월

김상진, 엄경영

PART 2
지키려는 자, 빼앗으려는 자
2017 대선 승리의 조건

시대정신을 읽는 자가 승리한다

후보 자신이 최고의 전략이다

대통령의 자격

선거 환경이 변하고 있다

PART 3
2017년을 미리 보다
2016년 총선, 2017년 대선 예측

PART 4
대선후보 SWOT 분석

PART 1

세상이 변하고 있다
선거환경 변화 분석

Chapter 1

50대의 잔혹한 역설

투표자 '중간나이'에
숨겨진 비밀

20대의 키워드는 학업, 군대, 취업, 연애, 패기, 정의감이다.

30대의 키워드는 일, 도전, 결혼, 가정, 창업, 성취감이다.

40대의 키워드는 승진, 자녀교육, 자아실현, 안정감이다.

50대의 키워드는 은퇴, 그리고 또 뭐가 있을까? 별 생각이 안 난다.

그런데 이렇게 한마디로 규정하기 어렵고, 규정할 가치와 필요조차 느끼지 못하던 50대가 대한민국 역사상 전면에 나서는 유례없는 사건이 있었으니, 바로 2012년 대선이다. 그들은 상징적 의미는 물론 직접적 의미의 '캐스팅 보트'를 행사했다. IT기술을 등에 업고 SNS로 무장한 그들은 정권교체가 거의 확실해보였던 상황을 주저앉히고, 그들이 지지하는 후보를 대통령으로 옹립했다. 수많은 진보 지지자들을 엄청난 상실감과 허탈감에 몰아넣은 이 사건을 제대로 이해하는 것은 너무나도 중요하다. 다시 2017년이 다가오고 있기 때문이다.

2012년 12월, 도대체 무슨 일이 일어난 걸까?

제18대 대통령 선거일이었던 2012년 12월 19일, 투표장 분위기는 아침부터 술렁거렸다. 오전 6시, 투표가 시작되면서 시시각각 투표율이 최고치를 경신했기 때문이다. 당초 안정적인 승리를 예상했던 새누리당에는 긴장감이 감돌기 시작했다. 반면 승리에 대한 막연한 기대감이 눈앞의 현실이 되어간다는 생각에 민주당은 들썩이기 시작했다.

점심시간 전후로 문재인 후보가 상당히 앞서기 시작한다는 출처불명의 메시지가 SNS를 강타했다. 오후 6시, 투표가 끝나고 여러 기관이 동시에 출구조사를 발표했다. 그런데 출구조사가 발표되자 긴장감은 오히려 더 높아졌다. 방송3사와 JTBC는 박근혜 후보의 승리를 점쳤지만 YTN과 오마이뉴스는 문재인 후보가 승리한다고 예측했기 때문이다. 그날의 대혼란은 9시가 되어서야 정리되었다. 대선 역사상 유례가 없었던 이러한 혼란을 야기시킨 원인은 75.8%에 달하는 기록적인 투표율이었다.

18대 대선을 제외하고, 2000년대에 치러진 선거 중에서 최고 투표율을 기록한 것은 2002년 대선이었다. 투표일 하루 전 정몽준 후보의 단일화 폐기 선언이 유권자들을 투표소로 내달리게 했던 2002년 대선의 투표율이 70.8%였다. 그에 이어진 2004년 총선 투표율 역시 60.6%로 상당히 높은 수준을 나타냈는데, 노무현 전 대통령에 대한 탄핵 와중에 치러진 선거였기 때문이다. MB와 정동영 후보의 대결로 약간 맥이 빠졌던 2007년 대선 투표율은 60.0%를 기록했다.

그런데 2012년 투표율은 5년 전보다 무려 15% 이상이 상승한 75.8%였다. 대다수 전문가들은 60%대 후반에서 70%대 초반을 예상했다. 투표율이 70% 초반까지를 기록한다면 박 후보가, 그 이상을 넘으면 문 후보가 유리할 것이라는 예측과 함께. 투표율 상승에 총력을 기울이던 진보진영의 인사들은 70%를 넘기면 상체 누드를 보여주겠다느니, 싸이의 말춤을 추겠다느니, 쌩얼을 공개하겠다느니 공약을 쏟아냈다.

이런 원칙에 따른다면 최종 투표율 75.8%란 숫자는 '문재인 대통령'이란 결과를 탄생시켜야 마땅했다. 그런데 일반 국민은 물론 전문가들도 당황한 결과가 나왔다. 18대 대선은 '투표율이 높으면 야당이 유리하다'는 선거의 통념이 깨진 선거였다. 아니 선거의 새로운 통념이 하나 만들어졌다고 해야겠다.

"투표율이 기록적으로 높으면 오히려 여당이 유리하다."

〈최근 선거 투표율 추이(단위: 년, %)〉

2002 지선	2002 대선	2004 총선	2006 지선	2007 대선	2008 총선	2010 지선	2012 총선	2012 대선	2014 지선
48.9	70.8	60.6	51.6	60.0	46.1	54.5	54.2	75.8	56.8

*자료: 중앙선거관리위원회, 『제6회 지방선거 투표율 분석』

이와 아울러 선거철마다 귀가 아프게 들어온 이야기, '40대가 캐스팅보트'라는 경구도 수정이 불가피해졌다. 40대의 투표 성향이 선거의 승패를 결정한다는 의미로 쓰였던 이 말이 18대 대선에서는 먹히지 않았기 때문이다. 지난 대통령선거에서 박근혜 후보가 승리한 원인은 한마디로 50대의 힘이었다.

투표자를 연령대로 나눠 좀 더 자세히 살펴보자. 50대는 전체 선거인 수에서 차지하는 비중보다 투표자수에서 차지하는 비중이 1.6%p 많았다. 열정적으로 투표에 참여했다는 의미다. 20대와 30대는 투표자수 비중이 각각 1.5%p 적었다. 60세 이상은 투표자수 비중이 1.5%p 많았다. 40대는 선거인수와 투표자수의 비중이 같았다. 40대까지의 투표율도 과거 선거보다 높아졌지만 50대의 투표율은 전 연령에서 가장 높은 82.0%를 기록했다. 이렇게 50대는 눈부신 활약을 펼침으로써 스스로 킹메이커가 되었다.

제18대 대선 연령별 선거인수 · 투표자수 비율(단위: %)〉

구분	19세	20대	30대	40대	50대	60세 이상
선거인수	1.8	16.1	20.0	21.8	19.2	21.1
투표자수	1.7	14.6	18.5	21.8	20.8	22.6
격차	−0.1	−1.5	−1.5	−	+1.6	+1.5

*자료: 중앙선거관리위원회, 『제18대 대통령선거 총람』

대한민국 국민을 나이순으로 한 줄로 세워보자

지금 막 태어난 아기부터 최고령자까지, 나이순으로 모든 국민을 일렬로 세웠다고 가정해보자. 줄의 한가운데 있는 사람의 나이를 '중위 연령' 혹은 '중간나이'라고 한다. 이는 인구구조를 분석할 때 중요한 개념으로 사용된다.

2015년 한국의 중위연령은 40.5세다. 2000년에만 해도 중위연령은

31.1세에 불과했다. 통계청 장래인구추계에 따르면 2040년 한국의 중위연령은 52.6세까지 높아진다고 한다. 고령화에 있어 우리보다 한발 앞서고 있는 일본의 사례를 살펴보자면, 2015년 중위연령 46.5세로 우리나라보다 약 6세가 더 높다.

그런데 이 '중위연령'이란 개념을 선거에 적용했을 때, 뜻밖의 통찰을 얻을 수 있게 된다. 2012년 4월 총선 투표자의 중위연령은 47세, 투표율이 높았던 18대 대선은 46세였다. 같은 해 실시된 2개의 선거를 보았을 때, 투표율이 높으면 중위연령이 낮아진다는 사실을 알 수 있다. 그리고 2년 후, 2014년 6월 4일 지방선거가 치러졌고 투표자 중위연령은 약 49세로 상승한다. 불과 2년 만에 극적인 변화가 일어난 것이다.

우리나라의 저출산·고령화 추세는 선거 지형에도 영향을 미치고 있다. 고령화 트렌드는 투표자의 고령화이기도 하다. 이런 흐름을 고려하면 2016년 4월 총선의 투표자 중위연령은 51세 전후가 될 전망이다. 또한 국회의원선거와 지방선거보다 투표율이 높을 것으로 예상되는 2017년 대선은 대략 50세 전후가 될 가능성이 크다.

앞으로 대부분 선거에 있어 캐스팅보트는 50대가 행사하게 될 것이다. 선거인수 비중에서, 투표율에서 선두를 달리는 50대가 선택하는 사람이 승리자가 된다는 것이다. 그동안 40대를 주요 타깃으로 설정했던 정당의 선거 전략도 수정될 전망이다.

역사적으로 볼 때도 현재는 50대의 전성시대다. 이들은 정치, 사회, 문화 여러 분야에서 오피니언 리더 그룹을 형성하고 있다. 정부의 장관, 차관, 청와대의 수석, 비서관, 여당과 야당 등 주요 정당의 중간 당직자, 민간기업과 공기업의 주요 임원들이 대부분 50대로 채워져 있다. 사회적 영향력이 큰 언론, 종교, 교육 분야에서도 50대는 핵심 요직에 포진하고 있다.

뿐만 아니라 50대는 안정된 직업과 부(富)도 소유하고 있다. 공무원, 공기업, 각종 협회, 주요 대기업과 같은 괜찮은 일자리는 정년이 보장되고 보수 수준이 최상위급이다. 이들은 고도성장 시기인 1980년대에 대학교를 졸업했다. 마침 고급인력이 한창 부족하던 때인지라 이들은 비교적 손쉽게 괜찮은 일자리를 꿰찰 수 있었다. 지금의 20대가 알바와 비정규직으로 사회에 첫 발을 내딛는 것과는 '하늘과 땅 차이'인 셈이다.

2013년 개인이 소유하고 있는 우리나라의 주택은 모두 1,343만 1천 호, 소유주를 연령대별로 살펴보면 50대가 26.2%, 40대가 25.6%, 60대가 16.4%였다. 50대는 2012년 대비 증가율에 있어서도 4.7%를 기록해 70대 다음으로 높았다. 반면 20대와 30대는 감소했으며 40대는 1.9% 증가하는데 그쳤다(통계청, "행정자료를 활용한「2013년 개인별 주택소유통계」결과", 2014.12.18).

우리나라에서 50대는 사회적 지위, 여론 형성 및 전파 능력, 직장과 주택과 부를 소유한 '가진 세대'이다. 게다가 높은 투표율로 무장한 50대는 선거에서 '무적의 세대'가 되고 있다. 선거에서 이겨야 한다면 50대를 주목하라. 50대를 배제하고 승리할 수 있는 방법은, 이제 없다.

대선 · 총선 · 지방선거, 같은 원칙이 적용될까?

2012년 대선에서 짜인 새로운 선거판이 이후 선거에서 똑같이 적용될까? 그렇지는 않다. 투표율이 상대적으로 높은 대통령선거와 국회의원을 뽑는 총선, 지방선거는 양상이 다소 다르다. 2012년 18대 대선의 50대 이상 투표자수 비중은 43.4%였다. 19세에서 49세까지 투표자수 비중은 56.6%였다. 40대까지의 투표자 비중이 높았다. 젊은층의 투표율이 높아지면서 투표자의 중간나이가 46세로 낮아진 것이다.

그렇다면 40대 이하 투표자수 비중이 압도적으로 높은데도 불구하고, 대선에서 보수 정당 후보가 당선되는 이유는 무엇일까? 이는 대선의 후보 선택 기준이 다르기 때문일 것이다. 지방선거와 총선에서는 정당을 보고 후보를 선택하는 성향이 높다. 반면 대선은 상대적으로 인물의 비중이 매우 높다. 이런 관점에서 본다면 18대 대선에서 새누리당 박근혜 후보가 민주당 문재인 후보에 비해 인물 경쟁력이 높았다고 보는 것이 합리적이다.

그러면 2014년 총선과 2012년 지방선거에서 인구구조의 변화, 투표자의 성향 변화가 어떤 화학작용을 일으켰는지 살펴보기로 하자.

✽ 2014년 세월호, 그럼에도 불구하고…

2014년 4월 세월호 참사가 벌어졌다. 채 두 달도 안 되어 치러지는 6.4지방선거의 결과는 불을 보듯 뻔했다. 온 국민이 우울증을 앓고, 차량 운행이 줄고, 외식이 줄고, 경제활동이 줄었으며 언론과 SNS에는 제대로 대처하지 못한 대통령과 공권력에 대한 성토가 이어졌다. 선거란 '더 미운 놈'보다 '덜 미운 놈'에게 표를 주는 행위다. 무능하다고 찍힌 야당일지라도 일방적 우세가 점쳐졌던 것이다.

그런데 결과는 여당과 야당이 8대9! 누구도 승리했다고 말할 수 없는 상황이 되었다. 여당은 부산, 경기, 인천에서 승리했고 야당은 서울과 충청, 강원에서 이겼다. 외견상으로 볼 때는 무승부 또는 황금분할이었지만 세월호 참사로 인한 정부여당에 대한 비판 분위기로 볼 때 야당이 이겼다고 보기는 힘들었다. 더욱이 야당은 대부분의 지역에서 야권 단일화까지 이뤄내지 않았는가. 무승부는 사실상 야당의 패배라고 해도 무방할 것이다. 특히 기초단체장의 경우는 서울을 제외한 인천, 경기, 충남북, 강원 등에서 여당의 승리가 두드러졌다.

선거의 승패는 민심 또는 여론, 정당, 대립 구도, 인물 경쟁력, 선거의 규칙, 각 정당의 전략이 모두 맞물려 결정된다. 특정 요인 하나가 선거 전체를 좌우하는 사례는 드물다. 여기에서는 다른 변수들은 배제한 채 투표율, 특히 연령별 선거인수와 연령별 투표자수가 선거에 어떤 영향을 미치는지 살펴보기로 하자.

2014년 지방선거의 선거인수 비중은 40대 이하가 58.4%, 50대 이상이 41.6%로, 선거인의 중간 연령은 46세 정도였다. 유권자는 분명 40대 이하가 압도적으로 많다는 것이다. 그런데 투표자수 비중을 보면 깜짝 놀라게 된다. 40대 이하 투표자수 비중이 51.1%밖에 되지 않기 때문이다. 따라서 2014년 6월 지방선거 투표자 중간 연령은 49세(정확히 48.9세)다.

복잡한 것 같지만 아주 단순하다. 40대 이하는 투표하지 않고, 50대 이상은 열심히 투표한다는 것이다. 그리고 그 흐름은 명료하고 확고하다. 선거인수와 투표자수의 비중 차이가 무려 7.3%p에 달하고, 선거인과 투표자의 중간나이가 3살이나 차이 날 정도로.

40대까지는 대체로 야당을 선호하고, 50세 이상은 여당 쪽으로 기우는 성향을 보인다. 40대 이하와 50대 이상에서 여야의 지지율이 비슷하다면, 승패의 키는 50세가 가진다. 2014년 지방선거에서 50세는 어느정당에 투표했을까? 야당의 이념 좌표, 인물, 정책이 대한민국 평균 50세를 설득할 수 있었을까? 세월호 참사는 야당에게 유리한 선거환경을 만들어주었지만, 야당은 선거에서 사실상 패배했다. 야당이 패배한 원인을 교과서적으로 간단하게 요약한다면 '50세를 설득하지 못했기 때문'이다.

〈연령대별 선거인수/투표자수 비율(단위: %)〉

구분	19세	20대	30대	40대	50대	60세 이상
선거인수	1.7	16.0	19.1	21.6	19.7	21.9
투표자수	1.6	13.5	15.8	20.1	21.8	27.1

*자료: 중앙선거관리위원회, 『제6회 지방선거 투표율 분석』

* '한나라'는 왜 '새누리'가 되었나?

시간을 조금 더 거슬러 올라가 2012년 총선 상황으로 가보자.

당시엔 MB 정권에 대한 불만과 불신이 하늘을 찔렀다. 모든 것이 MB 때문이라는 우스갯소리가 떠돌았다. 심지어 초등학교에서 연장

수업을 결정하자 초딩들이 '이게 다 MB 때문'이라고 했다는 소리도 들려왔다. '기승전MB'의 시대, 온 국민이 대통령을 '씹는 것'으로 그나마 힐링을 하고 있었던 것이다. 그러다보니 야당의 입장에서 '정권심판'이라는 당연한 어젠다를 내세우는 것이 조금 힘이 빠지는 상황이 되어버렸다.

여당인 한나라당에는 비상이 걸렸다. 당 지도부가 모두 퇴진하고 비상대책위원회를 발족했다. 그리고 당시 무관으로 있던 박근혜 의원에게 거의 전권을 부여하는 파격을 감행했다. 비대위원장이 된 박 의원은 선거를 진두지휘하며 당명을 새누리당으로 바꾸는 '신의 한수'를 선보였다. 한나라에서 새누리로, MB에서 GH로 마치 정권이 바뀌는 듯한 착시효과를 만들어낸 것이다. 야당은 '정권심판'를 내세우고, 여당은 짝퉁 '정권심판'를 내세우는 웃지 못할 상황이 벌어졌다.

한마디로 2012년 총선은 여야의 전선이 명확하게 각을 세우지 못한 채, 박근혜라는 차기 리더십에 대한 전망투표 성격으로 흘러갔다.

2012년 총선의 투표율은 54.2%, 순수하게 정권심판 어젠더로 치러진 2010년 지방선거 투표율 54.5%와 비슷한 수준이었다. 개표 결과 새누리당은 152석을 얻어 127석에 그친 민주당을 가볍게 제쳤다.

새누리당이 낙승한 이유는 50대 이상의 높은 투표율이었다. 50대의 투표율은 62.4%, 60세 이상 투표율은 무려 68.6%였다. 이를 선거인수와 투표자수라는 기준으로 자세히 살펴보자. 50대의 선거인수 비중은 18.9%인데, 투표자수 비중은 21.6%였다. 60세 이상의 경우, 선거인수는 20.7%인데 투표자수 비중은 26.1%에 달했다. 반면 20대 후반의 투표율은 37.9%, 30대 전반은 41.8%에 그쳤다. 젊은층의 낮은 투표율이 정권심판론의 분노를 집어삼킨 것이다.

2012년 총선 선거인의 중위연령은 약 45세다. 그러나 투표율을 감안한 투표자 중간나이는 약 47세가 된다. 비슷한 투표율을 보인 2014년 지방선거의 투표자 중위연령은 49세로 2년 전보다 2세가 높아졌다. 이렇게 볼 때 2016년 총선의 중위연령은 50세를 넘어설 것으로 예측된다.

2012년 총선 출구조사에서 당선자 예측이 빗나간 선거구는 모두 17곳이다. 그중 13곳이 민주통합당, 2곳이 통합진보당 당선으로 예측된 선거구였다. 그러나 개표 결과 새누리당이 17곳 중 14곳에서 당선자를 냈다. 나머지 3곳도 무소속과 자민련 소속이었다. 야당이 우세할 것으로 점쳐졌던 곳이 대부분 여당의 승리로 넘어간 것이다. 이는 20~30대의 낮은 투표율, 50대 이상의 높은 투표율에 기인한 것이다.

⟨2012년 제19대 국회의원선거 연령별 선거인수 · 투표자수 비율(단위: %)⟩

구분	19세	20대	30대	40대	50대	60세 이상
선거인수	1.8	16.4	20.4	21.9	18.9	20.7
투표자수	1.6	12.5	17.0	21.2	21.6	26.1

*자료: 중앙선거관리위원회, 『제19대 국회의원선거 투표율 분석』

386세대는 왜 고무신을 거꾸로 신었나?

선거가 끝나고 나면 삼삼오오 모여서 울분을 토하는 사람들이 있다. 자기 주변에는 여당을 찍은 사람이 아무도 없는데, 도대체 누가 찍었길래 그런 지지율이 나오느냐는 것이다. 주변을 둘러보자. 한나라든 새누리든 무조건 싫다는 사람들이 꽤 많다.

특히 1980년대에 대학교를 다녔던 386세대는 더욱 그렇다. 그들은 현재 45세에서 55세 정도에 가장 많이 분포해 있다. 현재 50세 전후는 특별히 학생운동권, 노동운동권, 사회운동권 출신이 아니더라도 어떻게든 '민주화운동'의 영향을 받고 성장한 세대다. 그렇다면 좀 이상하지 않은가. 50대의 영향력이 커졌던 최근 선거에서 여당 우세는 어떻게 설명해야 할까? 민주화 운동에 앞장섰고, 보수에 알레르기 반응을 일으키는 그들이 여당에 투표할 정도로 보수화되었음을 인정해야 될 시점이 되었다.

2014년 6월 지방선거에서 60세 이상은 선거인수 비중에서 21.9%를 차지했지만, 투표자수 비중은 27.1%를 기록했다. 이는 다른 연령에 비해 엄청나게 열심히 투표에 참여했음을 의미한다. 이 같은 추세를 볼 때 2016년 4월 제20대 국회의원 총선에서 60세 이상 투표자 비중은 30%를 돌파할 가능성이 있다.

2014년 6월 지방선거에서 50대의 선거인 비중은 19.7%, 투표자 비중은 21.8%였다. 상대적으로 투표율이 높았음을 알 수 있다. 투표자의 고령화 현상을 고려할 때 2016년 4월 국회의원 총선에서 50대의 투표자 비중은 23%까지 높아질 수 있다.

최근 선거에서 60세 이상은 대략 70~80% 내외로 여당을 지지하는 강한 보수 성향을 나타내고 있다. 50대 역시 60~70%가 여당을 지지한다. 19세와 30~40대가 야당 지지 성향을 나타내고는 있지만, 2016년 예상 투표자 비중으로 볼 때 50대 이상에게 밀릴 수밖에 없다. 50대 이상에서 진보와 보수 성향이 엇비슷하다고 가정해보자. 투표자 비중에서 50%를 차지하지 못하는 40대 이하의 지지를 받는 진보 야당은 승리하기 어렵다는 결론이 나온다.

그렇다면 진보 성향의 야당은 어떻게 해야 선거에서 이길 수 있을까? 이제까지 말한 중위연령 프레임을 가져오면 정답은 쉽게 도출된다. 예를 들어 2016년 총선에서 투표자 중간나이가 51세라고 가정할 때, 51세의 지지를 얻으면 야당이 승리할 수 있다. 대한민국의 51세가 공감할 수 있는 이념좌표, 51세가 환영하는 정책, 51세가 호감을 느끼는 후보를 공천하면 된다는 얘기다.

이제까지 야당은 이런 고민을 진지하게 했을까? 나날이 고령화되고 있는 투표자에 대해 대책을 마련하고 있을까? 야당이나 진보진영이 향후 선거에서 이기려면 이런 의문에 대답해야 한다. 전통 야당, 혹은 정통 야당으로서의 정체성이 훼손된다는 내부 반발에 부딪치게 될지도 모른다. 두 마리 토끼를 쫓다가 한 마리도 잡지 못할 것이라는 고민에 빠질 수도 있다. '정의로움'이라는 진보의 절대 프레임에서 한발 물러서야 하는데 따른 양심의 문제에 직면할 수도 있다.

위에서 말한 것은 모두 '가정'이고 극복 가능한 '전제'이다. 하지만 투표자의 고령화 추세를 무시하고는 야당이 절대 선거에서 승리할 수 없다는 것은 '사실'이다.

여당은 손님 많은 식당의 주인이다

새누리당 하면 무엇이 떠오르는가?

연배가 있는 분들은 박정희 정권과 공화당 시절을 떠올릴 것이다. 386세대는 전두환 정권과 광주민주화운동을 떠올릴 것이다. 적어도 우리나라에서 여당의 이미지는 민주주의를 역행하는 독재세력이자 기득권을 대표하는 낡은 정치세력이다. 게다가 박근혜 정권이 탄생하면서 새누리당은 그 뿌리가 공화당과 박정희 정권에 직접 연결되는 이미지 연출을 이루어냈다.

2012년 12월, 제18대 대선에서 박근혜 후보를 지지했던 사람들에게 그 이유를 물어보았다. 신뢰할 수 있어서, 안정감이 있어서, 최초의 여성 대통령이어서, 상대 후보가 싫어서 등이다. 반면 문재인 후보의 지지 이유는 정권심판을 위해서, 상대 후보가 싫어서, 개혁 의지와 청렴 등이었다(한국갤럽,『제18대 대통령 선거 투표행태』(한국갤럽조사연구소, 2013.5), p87).

박 후보의 키워드는 안정감과 능력이다. 문 후보의 키워드는 정권심판과 변화이다.

박 후보는 무엇을 위해서 지지한다는 '포지티브'의 개념이고, 문 후보는 무엇을 막기 위해 지지한다는 '네거티브'의 개념이다.

그런데 어떤 개념은 거기에 상응하는 연령대로 표현할 수 있다. 박 후보가 선점한 안정, 능력, 포지티브는 50대의 언어다. 반대로 심판, 변화, 네거티브는 20~30대의 언어다. 여당은 김대중·노무현 정권을 '잃어버린 10년'으로 규정하고 다시 정권을 잡기 위해 절치부심했다. 의도한 것인지는 모르겠지만 여당은 50대의 언어로 무장했고, 그들이 좋아할 만한 메뉴로 정책을 재편했다. 그런데 야당은 대를 이어, 30대가 좋아하는 메뉴만 고집했다. 정치와 비즈니스의 공통점은 핵심고객을 제대로 설정해야 한다는 것이다. 한 해가 다르게 고객은 고령화되어 가고, 여당과 야당이란 이름의 식당은 희비가 교차했다.

〈2007~2014년 선거인수−투표자수 변화추이(단위: %)〉

구분		17대 대선 2007.12	18대 총선 2008.4	5회 지선 2010.6	18대 대선 2012.12	6회 지선 2014.6
50대	선거인수	15.5	15.7	17.2	19.2	19.7
	투표자수	18.8	20.4	20.2	20.8	21.8
60세 이상	선거인수	18.2	18.6	19.4	21.1	21.9
	투표자수	22.0	26.3	24.7	22.6	27.1

*자료: 중앙선거관리위원회, 『제6회 지방선거 투표율 분석』

MB를 당선시킨 2007년 대선 당시 15.5%에 머물던 50대의 선거인수는 2014년 19.7%로 늘어났다. 불과 7년 만에 4.2%p가 증가한 것이다. 연령대별로 보아도 가장 가파른 신장세다. 투표자수 비중도 2007년 18.8%에서 2014년 21.8%로 증가했다. 여당의 주요 공약도 50대가 타깃이다.

모두가 살기 힘들다고 하는 시대가 되었다. 여당은 성장에 대한 향수를 자극함으로써 '저성장'과 '경기 침체'란 시대 변수를 기막히게 활용해 왔다. 더구나 그 향수를 가장 절절하게 느끼는 계층이 50대와 60대이며, 박정희라는 인물이 성장의 아이콘이라는 점은 시사하는 바가 크다. 특히 최근 선거의 주인공으로 부각된 50대는 박정희식 경제성장의 끝물을 따먹은 세대가 아니던가.

야당은 왜 턱도 없는 모병제를 들고 나왔나?

진보의 대표 역할을 자처하는 새정치민주연합의 가장 큰 지지세력은 20~30대다. '그 지지가 불변의 것이냐, 2017년에도 그럴 것이냐'라는 의문엔 누구도 장담할 수 없지만 현재까지 그래온 것이 사실이다. 그런데 20~30대의 지지에는 약간 이상한 점이 있다. 평상시엔 중도파, 무당파, 부동층의 형태를 보이다가 선거가 임박해지만 야당에 투표하는 것이다.

그들이 좋아서가 아니라, 다른 편이 싫어서일 것이라고 막연하게 추측할 수 있다. 아무튼 이들 세대의 지지가 없었다면 지금의 야당은 존립하기 어려웠을 것이다. 그러나 문제는 야당이 자신들의 지지기반이라 여기는 20~30대에게 과도하게 의존한다는 점이다.

대표적인 사례가 바로 '모병제'와 '신혼부부에게 집 한 채' 공약이다. 미안한 말이지만 모병제는 대한민국 현실에서 사실상 불가능한 제도이다. 북한의 위협이 현재진행형이고, 일본과 중국 등 주변국의 위협도 상존한다. 북한에 돌발사태가 일어나 갑작스러운 통일로 이어진다고 해도 최소 10년 정도는 대규모 군대가 유지되어야 할 것이다. 군대는 전투 목적뿐 아니라 긴급구호나 질서유지에도 가장 효율적인 수단이기 때문이다. 또한 1천 킬로미터 이상 되는 중국과 러시아와의 국경관리를 위해서도 상당기간 현재 수준의 군대가 필요할 것이다.

'신혼부부 집 한 채' 공약도 마찬가지다. 이 공약은 2014년 정기국회 말미에 잠시 논란이 되었다. 야당이 2015년 예산편성을 주장하고 나섰기 때문이다. 그러나 이 공약은 차가운 여론으로 인해 더 이상 발전되지 못하고 사라졌다. 주변을 보면 40~50대에도 자기 집이 없는 사람이 부지기수다. 국민들은 복지 확충에 찬성하면서도 예산의 한계나 형평성 때문에 현실성이 없다는 것을 이미 알고 있었다. 야당이 이런 무리수를 둔 것은 20~30대에게 어필해야 한다는 절박함 때문이었을 것이다.

2007년 대선의 20~30대 선거인수 비중은 42.1%였지만 2014년 지방선거에서는 35.1%로 줄어들었다. 단 7년 만에 7%p나 감소한 것이다. 같은 기간 투표자수 비중은 5.8%가 감소했다. 그리고 이 추세는 앞으로도 계속될 전망이다. 단순 숫자로만 보면, 야당이 20~30대를 핵심 기반으로 삼는 것은 멍청한 짓이라 할 수 있다.

〈2007~2014년 선거인수—투표자수 변화 추이(단위: %)〉

구분		17대 대선 2007.12	18대 총선 2008.4	5회 지선 2010.6	19대 대선 2012.12	6회 지선 2014.6
20대	선거인수	19.3	19.0	17.9	16.1	16.0
	투표자수	14.2	11.5	17.7	14.6	13.5
30대	선거인수	22.8	22.4	21.4	20.0	19.1
	투표자수	19.9	17.2	17.7	18.5	15.8

*자료: 중앙선거관리위원회, 『제6회 지방선거 투표율 분석』

저출산 · 고령화의
정치적 임팩트

3

　언제부턴가 우리나라 사람들은 이왕이면 미국이나 유럽과 비교되기를 원한다. 일본은 조금 아래로 보기 시작한 것이다. 일본의 아줌마들이 배용준에 열광하고, 젊은이들이 JYJ에 열광할 때부터였을까, 아니면 갤럭시 폰이 아이폰과 맞짱을 뜰 때부터였을까? 이런 국민 정서가 옳으냐 그르냐는 여기서 다룰 문제가 아니다. 다만 일본과 반드시 비교하고 벤치마킹해야 할 분야가 정치라는 점에 대해 강조하고자 한다.

　우리나라 선거의 판도를 바꿔놓은 경기침체와 저출산·고령화를 가장 강력하게 겪고 있는 국가가 일본이기 때문이다. 일본은 이미 2010년에 65세 이상 인구가 22.7%를 기록했을 정도로 고령화 문제가 심각하다. 통계청의 장래인구 추계에 따르면 2030년 우리나라 인구구조 예측과 유사한 수준이다.

　좀 더 자세하게 살펴보자. 2010년 일본의 0~14세 인구비중은 13.4%,

15~64세 생산가능인구 비중은 64.0%다. 2030년 대한민국은 0~14세 인구가 12.6%, 15~64세 생산가능인구가 63.1%일 것으로 예측된다. 그리고 65세 이상 노인인구는 24.3%에 이를 전망이다. 어떤가, 놀랍도록 유사하지 않은가. 결국 일본의 2010년을 보면 우리나라의 2030년이 보이는 것이다.

〈한국 · 일본 연령계층별 인구구조(단위: %)〉

구분	인구구조								
	2010			2030			2060		
	0~14	15~64	65+	0~14	15~64	65+	0~14	15~64	65+
한국	16.1	72.8	11.0	12.6	63.1	24.3	10.2	49.7	40.1
일본	13.4	64.0	22.7	12.5	57.3	30.3	13.8	51.1	35.1

*자료: 통계청 "장래인구 추계: 2010년~2060년"(2011년 12월)

고령인구는 변화보다 안정을 추구한다. 늙은 사자에게서 갈기를 휘날리며 초원을 달리는 야성을 기대할 수는 없다. 그것이 본능이니 욕할 필요도 없다. 대한민국은 이미 변화보다는 안정을 원하는 대규모 중장년 인구로 채워지고 있다. 이런 추세는 앞으로도 지속될 것이다. 기득권을 가진 중장년층은 이를 놓지 않으려고 한다. 젊은층이 기득권에 접근할 수 있는 루트는 점점 차단된다.

부(富)의 사다리, 출세의 계단이 끊어진 사회구조 속에서 20~30대는 파트타임과 비정규직을 전전하는 신(新) 빈곤층이 된다. 이에 비해 50대 이상은 여전히 건재하다. 또한 상당수가 주택이나 주식과 같은 금융

자산을 보유하고 있다. 이런 상황이니 자연스럽게 오피니언 리더도 고령화된다. 현재 대한민국의 정치권이 그 증거다. 청와대와 정부, 여당과 야당에서는 최소 60세가 넘어야 명함을 내밀 수 있다. 그리고 70세가 넘는 사람들이 핵심 요직을 맡고 있는 상황이다.

우리나라보다 훨씬 심각한 저출산·고령화를 겪고 있는 일본의 최근 선거는 2014년 12월에 치러졌다. 중의원 해산 직후 치러진 총선에서도 자민당은 압승을 거뒀다. 투표율은 사상 최저 수준이었으며, 자포자기한 젊은층은 투표하지 않았고 지킬 것이 많은 고령층은 열심히 투표했다.

보수는 장기집권을 꿈꾼다

대한민국의 '빨리빨리'는 유명하다.

그만큼 저출산·고령화도 세계에서 가장 빠른 속도로 진행되고 있다. 2013년 출산율 1.19명은 세계최저 수준이다. 고령인구는 급격하게 늘어나고 있다. 2014년 65세 이상 인구는 12.7%였다. 그런데 2020년에는 15.7%, 2040년에는 32.3%까지 늘어날 전망이라고 한다. 선거에서 중요한 중위연령 개념을 여기에 대입해보자.

2015년의 중위연령은 40.8세인데, 2040년이 되면 52.6세로 높아지게 된다. 환갑이 다 되어 가는데도 고작 대한민국 중간나이밖에 안 된다는 얘기다.

저출산·고령화는 선거에도 결정적인 영향을 끼친다. 전체 인구에서 선거인이 차지하는 비중이 점점 늘고 있는 것이다. 2002년 대선의 선거인수는 전체 국민의 72.8%였는데, 4년 뒤인 2006년 지방선거에서는 75.9%가 되었다. 물론 이때는 19세에게도 투표권이 부여되었기 때문이다. 고령화에 따른 선거인수 증가 추세는 현재까지 꾸준히 이어지고 있다.

〈선거인수 변화추이(단위: %)〉

구분	2002년 대선	2006년 지선	2012년 총선	2014년 지선
선거인수	72.8	75.9	79.0	80.4

*자료: 중앙선거관리위원회, 『제6회 지방선거 투표율 분석』

선거인의 고령화는 투표율에 의해 더욱 촉진된다. 보수 성향 인구가 늘어나는데, 그들의 투표율까지 높다면 보수는 난공불락이 될 것이다. 2007년 대선과 2014년 지방선거를 비교해보자.

50대 이상 선거인수는 7년 만에 7.9%p 늘어났고, 투표자수는 8.1%p가 늘어났다. 2007년 최고 선거인수를 보였던 30대는 2014년 60세 이상에게 그 자리를 물려줬다. 이 모든 변화가 일어나는데 7년밖에 걸리지 않았다. 인구통계학적인 고령화보다 선거인과 투표인의 고령화가 더 급격하게 진행되고 있음을 알 수 있다.

이러한 선거 구조에서 과연 진보 야당이 보수 여당을 이길 수 있을까? 일본처럼 보수의 장기집권이 현실이 될 가능성이 점점 커지고 있다.

⟨2007~2014년 선거인수—투표자수 변화추이(단위: %)⟩

구분	19세	20대	30대	40대	50대	60세 이상
	선거인수 투표자수	선거인수 투표자수	선거인수 투표자수	선거인수 투표자수	선거인수 투표자수	선거인수 투표자수
17대 대선 2007.12	1.7 1.4	19.3 14.2	22.8 19.9	22.5 23.7	15.5 18.8	18.2 22.0
6회 지선 2014.6	1.7 1.6	16.0 13.5	19.1 15.8	21.6 20.1	19.7 21.8	21.9 27.1

*자료: 중앙선거관리위원회, 『제6회 지방선거 투표율 분석』

사전투표의 패러독스

사전투표가 전국 단위의 선거에 도입된 것은 2014년 6.4지방선거다. 대다수 전문가들은 사전투표가 젊은층의 참여를 확대하는 계기가 될 것이라고 전망했다. 야당에게 유리하게 작용될 것이란 점에 별 이견이 없었다.

그러나 사전투표가 이루어지는 투표소의 분위기는 예상 밖이었다. 젊은이들도 있었지만 50대 이상의 유권자들도 심심찮게 눈에 띄었다. 특히 인천과 경기는 등산복 차림의 50대가 더 빈번하게 목격됐다.

6.4지방선거의 사전투표율은 11.49%였다. 예측대로 20대가 가장 높았다. 그런데 놀라운 사실은 두 번째로 높은 연령이 60대, 그 다음이 50대였다는 사실이다. 70대의 사전투표율은 30대를 앞질렀다. 결과적으로 사전투표는 젊은층의 참여를 이끌어내지 못했으며 야당의 승리에도 기여하지 못했다.

〈2014년 지방선거 사전투표율(단위: %)〉

구분	19세	20대	30대	40대	50대	60대	70+
사전투표율	17.4	15.8	9.4	10.0	11.5	12.2	10.0

*자료: 중앙선거관리위원회, 『제6회 전국동시 지방선거 투표율 분석』

2014년 7월 재보궐선거의 결과는 더욱 놀랍다.

전남 순천·곡성과 서울 동작을(乙)의 사전투표율은 각각 13.23%, 13.22%였다. 사전투표 도입 이후 가장 높은 투표율이다. 이처럼 높은 사전투표율에도 불구하고 두 곳 모두 여당이 승리했다. 특히 서울 동작을은 전통적인 야권 강세지역인데다가 노회찬 후보가 진보 단일후보로 나서 노 후보의 승리가 점쳐졌다. 하지만 50대 이상이 투표에 대거 참여함으로써 여당의 승리를 이끌었고, 서울시장 선거 이후 별다른 정치활동이 없었던 나경원 후보를 중앙무대에 화려하게 복귀시켰다.

50대는 1990년대 중반 이후 지금까지 치러진 4번의 대선에서 최고의 투표율을 기록했다. 큰 선거의 경우, 50대가 적극적으로 의사 표시를 한다는 의미이다. 2000년대 이후 50대는 모든 선거에서 강력한 응집력을 보이고 있다. 보수 여당이 위기에 빠질 때마다 구원투수 역할을 해냄으로써, 야당으로의 권력이동을 막고 있다.

지난 2012년 대선을 극적인 드라마로 만들었던 것도 그들이다.

Chapter
2

보수와 중도의
은밀한 관계

정당의 유효기간은 끝났다 1

'오늘은 있지만 내일은 없는 것!'

미국의 잡지 <외교정책>의 특집기사 제목이다.

이 기사에 따르면 2040년 사라질 것들 중 1위가 정당이다. 정당과 정당에 기반을 둔 의회가 인기 없는 것은 우리나라만이 아닌 듯하다. 대한민국에서 가장 인기 없는 기관은 정당이고, 가장 믿지 못할 직업은 국회의원이다. 오죽하면 담배곽에 흉측한 경고 사진을 쓰는 것보다 '이 담배를 구입하는 비용은 국회의원들의 월급으로 사용됩니다.'라고 경고 문구를 쓰는 것이 더 효과적일 것이란 말이 나왔을까.

영국문화원의 <2020 보고서>, OECD의 <미래예측보고서>도 2040년 정당 소멸을 예측해왔다(박영숙·제롬 글렌, 『유엔미래보고서 3』(교보문고, 2010.12), p155).

그런데 문제는 이런 상황을 웃어넘길 수 없다는 것이다. 우리가 개그

콘서트를 보듯이 자조적으로 지켜보고 있는 정당과 국회가 우리의 삶을 좌지우지할 엄청난 사안들을 결정하고 있는 것이다. 그들은 우리가 주목해야 할 어젠다를 설정하고, 국가가 나아가야 할 방향성을 결정한다. 그들이 삐끗하면 대한민국이 휘청거리고, 나의 생활이 나자빠진다.

정당의 위기는 사실 민주주의의 위기라 할 수 있다.

현대의 민주주의는 대부분 대의제 민주주의다. 국민이 선출한 대표가 권력을 행사하고 그에 따르는 책임을 지는 것이다. 대부분의 국가에서 국민들은 의회와 대통령을 선출한다. 그런데 그들은 모두 정당을 기반으로 하고 있다. 정당은 현대 민주주의를 구현하는 핵심 수단이라 할 수 있다. 19세기 말에 탄생한 정당정치는 각기 다른 이념과 다른 사회 계층을 기반으로 했다. 하지만 현대사회로 진입하면서 그 경계가 모호해졌다. 겉으로는 좌파와 우파, 진보와 보수로 구분되지만 이념의 차이는 거의 없다고 해도 과언이 아니다. 물론 어떤 특정 분야에서 정책의 차이가 날 수도 있다.

정당이 인기 없어진 이유는 정치에 대한 무관심뿐만 아니라 인터넷의 발달에 의한 커뮤니케이션 수단의 진화 때문이기도 하다. 과거에는 민의라는 것을 반영할 수단이 의회뿐이었지만, 요즘은 인터넷과 모바일이라는 강력한 수단이 존재한다. 대통령이 하는 일이 마음에 들지 않는다고 청와대 홈페이지 게시판에 글을 올릴 수도 있고, SNS를 통해 비꼬고 조롱하는 일도 가능해졌다.

이뿐만이 아니다. 정치인들이 좋아하는 여론조사도 있다. 각종 조사

기법이 발달하면서 시시각각 변화하는 민심을 추적할 수도 있다. 우리는 대통령의 지지도가 어떤 사건 이후 어떻게 변했는지 날짜별로 상세하게 알 수 있는 시대에 살고 있다.

MB는 여의도를 끔찍이 싫어했다

MB는 국회에 대해 아주 부정적이었다고 한다.

국회가 대통령과 정부를 도와주지는 못할망정 오히려 방해한다는 것이 그의 굳은 신념이었다고 한다. 국회에 대한 회의적인 시각은 박근혜 대통령도 마찬가지다. 청와대와 정부 관계자들 입에서도 국회가 발목을 잡아 일을 할 수 없다는 하소연이 나온다. 그런데 MB나 박근혜 대통령 모두 국회의원 출신이다. 법률 개정안의 토씨 하나 바꾸는데도 많은 이해관계가 충돌하고 그만큼 많은 협의와 조율이 필요하다는 것을 충분히 경험한 전, 현직 대통령이 왜 그토록 여의도를 불편해할까? 여의도를 싫어하는 것은 비단 대통령뿐만이 아니다. 공무원들도 재벌들도 종교인들도 학계 언론계 인사들도 마찬가지다. 어쩌면 국회의원 본인들 빼고 전 국민이 다 싫어할지도 모르겠다.

정당을 바라보는 이런 관점을 최장집 교수 등은 반정당, 반정치적이라 규정한다. 명확하고 차별화된 이데올로기를 중심으로 강력한 추진력을 발휘하는 정당을 대중정당(쉽게 말해 강한 정당)이라고 본다면 국민들은 이런 정당을 원하지 않는다는 것이다. 우리나라의 정당은 대중정당으로 뿌리내리는 데 실패한 것으로 보인다. 정당의 교과서적 의미대로 특정한 이념, 특정한 사회계층을 대변하지도 못한다. 그러다 보니 차별화할 수 있는 것은 오직 정책뿐이다. 정당에 대한 국민들의 요구도 정책에 집중되고 있다.

2014년 6.4지방선거 직후 실시한 조사에 의하면 비례대표 선택의 기준으로 가장 많은 사람들이 '정책'을 꼽았다. 지지하는 '정당'이어서라는 대답은 그 뒤를 이었다. '정당'보다 '정책'이 중요하다는 유권자들의 생각은 정당의 과다한 정책 경쟁을 부추겼다. 그러나 무엇이든 과하면 탈이 생기기 마련이다. 우리나라의 정당은 보수든 진보든 가리지 않고 '닥치고 공약'을 남발하고 있다. 대중정당의 길을 아예 포기했다. 공약 남발은 선거 후 심각한 후유증을 낳게 되고, 정당에 대한 불신은 더욱 깊어지게 되는 악순환을 낳는다.

어쨌든 보수 여당과 진보 야당은 선거 때마다 정책 대결을 펼쳐왔다. 지난 2012년 대선을 정책이란 관점에서 살펴보자. 선거 직후 실시한 한국갤럽의 여론조사에 따르면 박근혜 후보 투표자들은 가장 마음에 드는 공약으로 '민생안정'과 '중산층 복원'을 꼽았다. 문재인 후보 투표자들은 '사람이 먼저다'와 '복지정책'을 꼽았다.

두 후보의 공약은 언뜻 봐서 비슷하다.

그러나 아주 미묘하게 느낌이 다르다. 민생안정과 중산층 복원은 포지티브고 생활 공약이다. 그런데 여야를 통틀어 가장 깊은 인상을 남겼던 '사람이 먼저다'란 공약은 정치적 슬로건의 의미가 강하고 여당과 상대 후보를 비판하는 네거티브를 내포하고 있다. 물론 야당은 그것을 어느 정도 의도했을 것이다.

2010년 경기도지사 선거에 나선 여당의 김문수 후보는 GTX 임기 내 착공을, 야당의 유시민 후보는 4대강 반대를 각각 핵심공약으로 내걸었다. 김 후보가 생활이고 포지티브라면 유 후보는 정치이고 네거티브다. 결국 생활이 정치를 이겼다.

〈가장 마음에 드는 공약/주장-후보별(상위 5위, 자유응답)〉

박근혜 투표자(482명)	%	문재인 투표자(462명)	%
민생 안정	8	사람이 먼저다	14
중산층 복원	6	복지정책 확대	7
반값등록금	4	민생 안정	6
복지정책 확대	4	반값등록금	6
국가안보	4	경제민주화	4

*한국갤럽, 『제18대 대통령 선거 투표 행태』

요즘 누가 정당을 보고 투표하는가?

각종 선거 때가 되면 다양한 의식조사가 난무한다.

투표를 할 것이냐, 어떤 후보를 지지하느냐, 그 이유는 무엇인가 등등. 그런데 지지후보를 선택하는 기준에 대한 조사는 상당히 흥미롭다. 선거하기 전과 선거한 후의 결과가 다르게 나오기 때문이다. 겉 다르고 속 다른 경우라 할 수 있다.

선거 이전에는 분명 인물이나 정책을 보고 선택하겠다는 답변이 많았는데, 선거 이후에는 소속 정당을 보고 선택했다는 답변이 고무줄처럼 늘어난다. 지지후보를 선택하는 기준을 알아보려면 선거 이후에 실시된 조사를 찾아봐야 한다. 최근에 실시된 신거에서 지지후보를 결정하는 데 중요한 고려사항이 무엇이었는지 살펴보기로 하겠다. 물론 선거 이후 조사를 토대로 한 것이다.

2012년 총선부터 살펴보자. 정당을 보고 투표했다가 39.8%로 가장 높았고 인물을 보고 투표했다가 34.6%, 정책을 보고 투표했다는 16.1%에 그쳤다. 이는 총선이 대선이나 지방선거에 비해 정당 투표 비중이 상대적으로 높음을 시사하는 결과다. 그 와중에도 전남 순천·곡성에서 당선된 새누리당 이정현 의원은 정당이 힘을 잃어가고 있음을 암시하는 지표라 할 수 있다.

2014년 6.4지방선거에서는 인물투표 비중이 35.7%, 정당투표 비중이 28.7%, 정책투표 비중이 26.4%를 차지했다. 4년 전에 실시된 2010년 지방선거와 비교해봤을 때, 인물 비중은 비슷한데 정당보다 정책의 중요성이 부각된 것이 특징이다.

투표율 75.8%를 기록했던 2012년 대선에서는 인물 비중이 무려 45.5%, 정책 비중이 27.4%, 정당 비중은 17.6%에 불과했다. 당시 투표자들이 박근혜 후보가 문재인 후보보다 인물 면에서 앞섰다는 평가를 내리고 있었던 셈이다. 또한 박 후보가 경제민주화를 전면에 내세웠던 것도 대선 승리의 한 요인이라고 볼 수 있다.

야당은 인정하고 싶지 않겠지만, 최근 선거에서 여당이 야당을 압도한 것은 인물 경쟁에서 이겼기 때문이라 할 수 있다. 2012년 총선과 대선, 2014년 지방선거를 보자. 2012년 비례대표 공천에서 여당은 비전과 다양성을 담았다. 공천 명단에는 물리학자도 있고 새터민 출신도 있고 필리핀 이주 여성도 있다. 반면 야당은 늘 하던 대로 노동계와 운동권으로 이루어진 시민사회 대표를 공천했다.

여기서 여당의 철학이나 진심이 어떤지는 얘기할 필요가 없다. 표면적으로 여당은 비전을 담은 생활 공천을 했고, 야당은 이념을 담은 정치 공천을 했다. 2014년 지방선거에서 새누리당이 선전한 것도 인물이 앞섰기 때문이다. 투표자 의식조사 결과를 종합해볼 때, 최근 선거에서 인물과 정책 투표 비중은 증가하고 정당 투표 비중은 감소하고 있음을 알 수 있다.

〈지지후보 선택 시 중요 고려사항(단위: %)〉

구분	제6회 지선	제18대 대선	19대 총선	제5회 지선
인물 · 능력(도덕성)	35.7	45.5	34.6	35.2
소속 정당	28.7	17.6	39.8	30.1
정책 · 공약	26.4	27.4	16.1	18.1

*자료: 중앙선관위, 『제6회 전국동시지방선거 유권자 의식조사』

중도의 진짜 정체

2

2012년, 그 뜨거웠던 안철수 현상을 어떻게 해석해야 할까?

'안철수'를 우파와 좌파, 보수와 진보를 모두 끌어안을 수 있는 이상적인 가치로 해석했기 때문은 아닐까? 당시 많은 사람들이 '안철수'야말로 진정한 중도라고 말했다.

한국인들은 유독 '중도'란 말을 좋아하고, 거기에 상당히 긍정적 의미를 부여한다. 이를 자세히 들여다보면 조금은 슬픈 근대사에 닿아 있음을 알 수 있다. 해방 후 극심한 이념 대립과 분단, 수많은 생명을 앗아간 6.25 전쟁, 그리고 냉전의 상흔이 우리의 DNA에 새겨져 있기 때문일 것이다.

조사한 시기나 조사기관에 따라 차이가 있겠지만, 자신을 중도라 자처하는 사람들의 비중은 최저 25%에서 최고 55% 사이로 나타난다. 짧은 기간 내에 정치 성향이 바뀌는 것이 아닐 텐데, 최저와 최고의 차이는 쉽게 수긍이 되지 않을 정도로 크다. 중도가 마치 고무줄처럼 늘어났다 줄었다 하는 이유는 무엇일까?

중도는 선거가 임박하면 줄어들고, 선거가 없으면 늘어난다. 당연하고도 자연스러운 현상이다. 그런데 정치상황도 중도의 비중에 영향을 미친다는 사실을 눈여겨봐야 한다. 정치권이 조용할 때는 중도가 줄어들고, 대통령이나 정부에 대한 비난 여론이 높아질 때는 중도가 늘어난다.

각종 조사에서 지지하는 정당이 없다고 대답하는 무당층 역시 최저 25%대에서 최대 50%대 사이에서 움직인다. 무당층 역시 선거가 임박하면 줄어들고 선거가 없을 때 늘어난다. 그리고 정당의 지지도가 안정적일 때는 25% 전후까지 줄어들었다가, 대통령 국정수행 지지도가 폭락하고 정치권에 대한 비난이 폭주하면 무당층의 비중도 덩달아 높아진다. 이런 현상이 무엇을 의미하는지 짚고 넘어가야 한다.

진보진영과 제3의 정치세력은 중도와 무당층이 자신들을 지지해줄 것이라는 근거 없는 믿음을 가지고 있다. 그러나 이러한 믿음은 대개 허탈감과 섭섭함으로 끝나는 경우가 많다. 중도와 무당층은 더 이상 진보의 희망이나 전유물이 아니다. 그리고 진보의 기대와는 달리 보수적인 경향을 띠거나 여당 지지로 돌아서는 경우도 많다.

그들은 유연하고 합리적이다

"1. 보수, 2. 중도, 3. 진보, 4. 잘 모름."

대부분의 여론조사에서 정치성향을 묻는 질문에 나오는 선택지다.

이 조사 내용을 본다면 '중도'가 정치성향을 구분할 때 사용되는 개념임을 알 수 있다. 여론조사들을 종합해본다면 이런 질문에 대략 30:35:25:10 정도가 나온다. 대한민국 유권자들 중 자신들의 정치성향이 보수라고 생각하는 층이 30%, 중도가 35%, 진보가 25%라는 것이다. 나머지 10%는 '내 마음 나도 몰라'이다.

대통령 선거에 있어 중도는 여당이나 야당 후보가 아닌 제3후보를 선호하는 경향이 있다. 이 때문에 제3후보나 제3의 정치세력은 중도층, 무당층을 지지기반으로 삼으려고 노력한다. 최근 선거에서 반짝 인기를 누렸던 제3후보들도 예외 없이 중도의 지지를 받은 것이 사실이다. 고건 전 총리, 안철수 의원 등이 그들이다.

정치세력으로서 중도는 의미가 있다. 지나친 보수화나 급진 진보를 견제하고 균형을 추구한다는 측면에서 훌륭한 정치적 자산인 것이다. 그러나 분명 지나치게 부풀려진 측면이 없지 않다. 일본의 경우 '전환형 복합불황'(불황이 경제현상을 넘어 저출산·고령화 양극화 등 사회 전체의 전환을 불러온다는 의미)이 진행되면서, 정치적 양극화도 심화되고 있다. 중도파가 설 자리가 사라진 것이다. 모든 정당이 지지 세력의 입맛에 맞추려고 노력한다. 중도를 택하는 정당은 바로 다음 선거에서 패배한다. 정치적 극한대립은 전환형 복합불황이 강해질수록 심해질 전망이다

(홍성국,『세계가 일본 된다』(매디치미디어, 2014.11), p145).

　일본까지는 아니지만 한국도 경기침체에서 벗어나지 못하고 있다. 2008년 금융위기로 꺾인 부동산 경기는 중산층의 분화를 강요하고 있는 실정이다. 일본이 겪고 있는 '거의 모든 것의 양극화'가 목전에 다가와 있다. 이런 현실 속에선 두꺼운 중도층이 형성될 수도 없지만, 유지되기도 어렵다.

　그럼에도 불구하고 30% 이상으로 나타나는 중도는 무엇을 의미할까? 남북분단과 극심한 좌우 대립의 반대급부일 수도 있고, 소박한 희망사항일 수도 있다. 어찌됐든 국민의 3분의 1 이상이 중도라는 조사 결과를 그대로 믿어서는 곤란하다는 결론에 도달한다.

　2012년 2월부터 8월까지의 여론조사 결과를 보면 중도가 어떻게 움직이는지 알 수 있다. 2월 조사에서 자신이 중도라고 밝힌 유권자들은 박근혜 29.8%, 안철수 25.8%, 문재인 20.7%의 순으로 지지했다. 그러나 야권 후보 단일화가 기정사실처럼 받아들여지기 시작한 8월 조사에서는 양상이 달라진다. 박근혜 40.1%, 안철수 28.4%, 문재인 9.1%가 된 것이다.

　박근혜 후보에 대한 지지가 지속적으로 높아진 것은 야권의 후보 단일화가 논의되면서, 안철수와 문재인에 대한 중도의 지지 일부가 박근혜 쪽으로 이동했기 때문이다. 문재인을 지지했던 중도는 안철수로, 안철수를 지지했던 중도는 박근혜로 연쇄 이동한 것이다. 즉 안철수가 야당 본색을 드러내자 안철수를 지지했던 중도의 일부는 미련 없이 박근혜 지지로 돌아섰다. 비중도 역전되었다. 안철수·문재인의 지지율을 합해도(37.5%) 박근혜의 지지율(40.1%)에 못 미친다.

2012년 대선을 통해 드러난 중도의 정체는 한마디로 '유연하고 합리적인 보수'다. 진보진영이나 제3세력이 중도를 지지기반으로 삼는 전략은 어리석은 판단이다. 과거에도 성과를 내지 못했고, 앞으로도 기대하지 말아야 한다.

〈2012년 대통령선거 중도층 지지후보 세부분석(단위: %)〉

구분	중도의 비중	박근혜	안철수	문재인
2012.2	30.4	29.8	25.8	20.7
2012.4	33.3	30.7	22.0	12.6
2012.6	33.6	37.9	26.1	11.4
2012.8	27.0	40.1	28.4	9.1

*자료: 내일신문−디오피니언 정례 여론조사 재구성

무당층과 부동층은 어떻게 다를까?

가끔 무당층(無黨層)과 부동층(不動層)을 헷갈려 하는 사람들이 있는데, 간단히 정리해보자. 여론조사에서 '어떤 정당을 지지하느냐'는 질문에 '없다'라고 대답하는 사람이 무당층이다. '어떤 후보를 지지하느냐'는 질문에 '없다'라고 대답하는 사람이 부동층이다. '지지하는 정당이나 후보가 없다'거나 '잘 모른다'는 의미에서 이 두 개념은 비슷하다고 볼 수 있다. 하지만 실제 행동은 서로 다르게 나타날 수 있다.

무당층은 지지 정당이 없지만 선거 시기가 임박하면 투표할 가능성이 높다. 반면 부동층은 아예 투표를 포기할 가능성이 높다. 투표에 참여할 가능성이 높다는 측면에서 무당층은 다분히 정치적이다. 반대의 의미로 부동층은 다분히 비정치적이다. 이렇게 볼 때 선거에서 중요한 개념은 무당층이다.

　　4월에 총선, 12월에 대선이 치러졌던 2012년은 무당층의 성향을 파악할 수 있는 가장 훌륭한 사례가 된다. 한국갤럽이 실시한 2012년 1월 여론조사에서 무당층은 41%였다가 총선이 치러졌던 4월에는 25%로 줄어들었다. 총선 이후 무당층은 다시 늘어나 7월 41%, 10월 36%를 유지하다 대선 시기였던 12월에는 28%로 줄어들었다.

　　이 조사 결과에 의하면 무당층은 평상시에는 40% 정도로 존재하다가 선거가 다가오면 25% 내외로 감소한다. 그 차이인 15%는 여당과 야당으로 흡수될 것이라 추정할 수 있다.

　　또한 대선보다 총선 시기에 무당층이 더 감소한 것은 상대적으로 대선은 인물의 비중이 높고 총선은 정당의 비중이 높기 때문일 것으로 보인다.

〈2012년 무당층 변화 추이〉(단위: %)

조사 시기	1월	4월	7월	10월	12월
무당층	41	25	41	36	28
비고	–	총선	–	–	대선

*자료: 한국갤럽, 『제18대 대통령 선거 투표행태』

야당, 진보 정당, 제3세력은 무당층에 대한 기대를 저버리지 못하고 있다. 이는 과거의 '행동하는 무당층'에 대한 추억 때문이다. 확실하게 2010년 이전에는 무당층이 야당 성향으로 행동했다. 그런데 2010년 지방선거 이후에 치러진 주요 선거에서 무당층은 특정 경향성을 띄지 않고 있다. 여당과 야당으로 골고루 분산되거나, 아예 여당으로 행동하기도 한다. 추억은 추억일 뿐이다. 진보진영이 무당층을 우군으로 생각한다면 또 한번 눈물을 흘리게 될 것이다.

숨은 표는 누구 편일까?

선거 때마다 듣는 말이 '숨은 표'의 향방이다.

평상시에 지지하는 정당이나 후보를 밝히지 않는 중도나 무당층을 '숨은 표'라 할 수 있겠다. 과거엔 이 '숨은 표'가 대체로 야당 편이었다. 선거 시기가 다가오면 야당 쪽으로 움직이는 숨은 표가 적게는 5%p, 많게는 20%p나 되었다.

2010년 6월 지방선거로 거슬러 올라가보자.

당시는 3월에 일어난 천안함 사건으로 정국이 요동치던 시기였다. 한나라당은 공안정국을 지방선거에 적극 활용했다. MB는 용산 전쟁기념관을 방문해 천안함 침몰이 북한 소행임을 천명하고 전쟁까지 불사하겠다고 결의를 다졌다. 하지만 정부여당의 공안몰이가 너무 과했던 것일까?

낙승을 할 것으로 예상되었던 오세훈 후보는 밤을 꼬박 새고 새벽이 되어서야 승리를 확정지을 수 있었다. 최종 투표 결과는 오세훈 후보 47.3%, 한명숙 후보 46.8%, 단 2만 6천 표 차이였다. 방송3사 최종 여론 조사 결과가 50.4% 대 32.6%였음을 생각하면 이변 중에 이변이 벌어 진 것이다.

기초단체장 선거에서는 강남 일부를 제외하고 민주당 후보가 대거 당선됐다. 인천에서도 이변이 일어났다. 방송3사 최종 여론조사에서는 한나라당 안상수 후보가 민주당 송영길 후보를 크게 앞지를 것으로 예 상됐지만, 개표 결과는 송 후보의 낙승이었다.

2010년 6.2지방선거를 기점으로 '숨은 표'는 야당에게서 이탈하고 있 다. 2012년 총선에서는 이 '숨은 표'가 심지어 여당 쪽으로 이동했다. 당 시는 이명박 정권심판론이 비등했고, 궁지에 몰린 여당은 박근혜 의원 을 비상대책위원장으로 추대하고 당명을 새누리당으로 개명했다. 같 은 해 12월 치러지는 대선을 염두에 두고, 총선 패배를 막으려고 안간 힘을 쓴 것이다.

방송3사의 출구조사는 새누리당과 민주통합당의 초접전을 예고했 다. 의석수를 예측하는데 부담을 느낀 방송사들은 '새누리당 126~151 석 예상'과 같은 하나마나한 보도를 했다. 그런데 개표 결과, 한쪽은 환 호성을 질렀고 한쪽은 탄식을 했다. 여당은 과반 의석을 넘긴 152석을 확보했고, 야당은 127석에 그친 것이다. '숨은 표'가 대거 여당으로 움 직인 것이다.

〈제19대 총선 방송3사 출구조사(단위: 의석)〉

구분	KBS	MBC	SBS	개표 결과
새누리당	131~147	130~153	126~151	152
민주통합당	131~146	128~148	128~150	127

*자료: 방송3사 출구조사(2012년 4월 11일)

　2012년 총선에서도 출구조사 예측이 빗나간 선거구 대부분에서 새누리당 후보가 당선되었다. 숨은 표가 여당으로 흡수된 것이다.

　2012년 대선도 총선과 비슷한 양상을 보였다. 문재인과 안철수 단일화 이후, 승패를 예측할 수 없는 팽팽한 접전이 펼쳐졌다. 최종 여론조사 결과 대부분 오차범위 이내의 혼전이었으며 문재인 후보가 앞서는 결과도 상당수 발표됐다. 방송3사의 출구조사도 박근혜 50.1%, 문재인 48.9%로 오차범위 이내의 혼전을 예상했다. 그러나 개표 결과 박 후보가 3.6% 차이로 승리했다.

　2014년 4월 세월호 참사 이후 치러진 6.4지방선거는 지역에 따라 희비가 엇갈렸다. 야당 우세가 점쳐지던 인천시장과 경기도지사 선거는 여당이 승리했다. 여당 우세가 예상된 대전시장 선거는 야당이 이겼다. 무소속 돌풍이 기대되던 부산시장과 광주시장은 여당과 야당이 한 곳씩 가져갔다. 세월호 참사의 영향 아래 치러진 선거에서도 '숨은 표'는 사실상 여당 쪽으로 움직였다고 보는 것이 합리적인 가설이다. 6.4지방선거 한 달 뒤에 치러진 재보궐선거에서도 '숨은 표'는 여당이 더 많았다.

앞으로 모든 선거에서 '숨은 표'가 여당으로 움직인다고 단언할 수는 없다. '정말 안 되겠다' 싶을 정도로 대통령과 여당의 일방적인 독주가 계속된다면 '숨은 표'는 다시 야당으로 방향을 바꿀 수 있다. 그러나 투표자가 고령화되고, 50대의 투표율이 매우 높다는 사실을 고려하면 '숨은 표'는 앞으로 야당보다 여당에게 유리하게 작용할 확률이 높다.

Chapter
3

탐욕의 보수 vs. 무능한 진보

진보는 과잉이다

1

"정의란 무엇인가?"

여러분도 이 질문에 가슴이 뜨거워지고 눈물이 날 것 같은가? 유럽에서는 10만 부도 팔리지 않았다는 존 롤스의『정의란 무엇인가』가 대한민국에서는 100만 부가 넘게 팔리는 기염을 토했다. 많은 사람들이 제목에 끌려 책을 샀고, 그 중 대부분의 사람들이 50페이지를 읽지 못했다는 일화들이 전해진다.

한국은 정의에 대한 욕구가 넘치는 사회다. 현재 진보를 대표하는 정당의 이름이 '정의당'이다. 도대체 무슨 생각에서 그런 이름을 붙였는지 모르겠지만 과거 전두환 정권이 만든 정당도 '민주정의당'이었다. MB 정부는 '공정사회'를 국정목표로 제시했다. 박근혜 정부도 다르지 않다.

역설적이게도 정의의 과잉은 전혀 정의롭지 못하다. 정의 과잉의 대표적인 사례가 전두환 전 대통령의 삼청교육대다. 지금은 어느 누구도 삼청교육대를 정의의 실현이라고 주장하지 않는다. 2014년 12월 헌법재판소의 통합진보당 해산 결정도 논란의 소지가 많다. 국민의 의사에 반(反)하는 정의는 민주주의에 반(反)하는 것이다.

어쩌면 좋은 정치란 정의의 과잉이 필요 없어지는 정치일 것이다.

불안은 진보를 잠식한다

노무현 전 대통령에 대한 평가는 극과 극으로 엇갈린다.

하지만 그가 비주류도 역사의 주인공이 될 수 있다는 가능성을 열었으며, 분배와 평등을 전면에 내세워 집권한 최초의 대통령이란 사실에는 변함이 없다. 그가 기치를 든 지방자치와 국토균형발전은 권력의 분산과 부(富)의 재분배라는 측면에서 가히 혁명적이었다.

그러나 노 전 대통령은 국민들에게 임기 내내 불안한 '지도자'로 인식됐다. 그의 직설화법은 불안감을 실제 이상으로 증폭시키는 효과를 만들었다. 스스로를 좌파 신자유주의로 규정함으로써 국민들을 헷갈리게 했다. 그는 보수와 진보 모두에게 공격받았다. 대통령 탄핵이라는 초미의 사태와 당이 쪼개지는 혼란 속에 정권은 다시 보수로 넘어갔다.

대한민국의 진보는 늘 불안하다. 우리 사회에 만연한 이 명제는 100% 노무현 전 대통령 탓만은 아니다. 그 뒤로도 진보진영의 불안은 계속됐다. 2007년 제17대 대선에서 정동영 후보는 이명박 후보에게 완패했다. 제18대 대선에서는 어설프고 짜증스러운 단일화 논란으로 승리의 기회를 스스로 걷어찼다. 통합진보당의 해산도 따지고 보면 진보 진영의 원인 제공으로 시작됐다.

2012년 대선에서 불거졌던 NLL 논란에 대해 야당은 종북 공세라고 대응했다. 하지만 이 논란에서 실제 발언의 시시비비를 가리거나, 종북 인지 아닌지를 판별하는 것은 큰 의미가 없다. 이 문제를 들고 나왔던 새누리당이 원한 것은 문재인 후보에게서 노무현 전 대통령을 연상시키고, 결국 '불안하다'는 이미지를 심어주는 것이었다.

결국 새누리당의 전략은 성공한 것처럼 보인다. 불안한 후보에게 국가운영을 맡길 수 없다는 중장년층들이 대거 선거에 참여함으로써 야당은 정권탈환에 실패했다. 문재인 후보의 '불안정성'을 극복하는데 실패한 것이다.

국민들이 원하는 것은 안정이다. 변화는 언제나 안정의 후순위다. 특히 저출산·고령화 현상으로 인해 크게 늘어난 중장년층에게 '불안한 대통령'은 받아들이기 어렵다. '진보는 불안'이라는 등식이 깨지지 않는다면 투표자 중간나이가 50세를 넘는 2016년 4월 총선과 2017년 12월 대선은 보수 여당의 승리로 돌아갈 것이다. 진보 야당이 국가통치 역량을 입증하지 못한다면 한층 고령화된 유권자는 '정권심판'이란 이슈에 절대 동조하지 않는다.

통합진보당 해산의 무대 뒤편

2015년 1월 새해 벽두에 독일의 세계적 사회학자 울리히 벡(Ulrich Beck)이 사망했다는 소식이 날아들었다. 그는 우리나라의 비판적 사회학에 많은 영향을 끼쳤으며, 진보진영의 인사들과 빈번한 교류를 갖기도 했다.

울리히 벡은 1980년대 후반부터 미래의 갈등은 더 이상 공산주의와 자본주의 간의 갈등이 아니라고 경고했다. 그가 전망한 미래의 갈등은 2가지 근대성의 갈등이다. 즉 생존과 인권을 둘러싼 전 세계인의 투쟁이라는 것이다(울리히 벡·정일준 옮김, 『적이 사라진 민주주의』(새물결, 2000.1), p75).

2014년 12월 헌법재판소의 통합진보당 해산 결정을 보면서 울리히 벡을 떠올리게 된다. 그가 미래에 사라질 것이라고 했던 이념의 과잉이 통합진보당을 무너뜨렸기 때문이다. 헌재의 해산 결정은 민주주의의 가치와 원리를 훼손했다는 논란으로부터 자유로울 수 없다. 그럼에도 통합진보당의 시대착오적인 이념 과잉, 정치 과잉은 면죄될 수 없다.

헌재의 통합진보당 해산 결정에 대해서 국민여론은 찬성이 압도적이었다. 헌재 해산결정 이후 발표된 중앙일보 여론조사는 찬성 64%, 반대 24%였다(중앙일보, 2014.12.22). 2015년 1월 1일 발표된 서울신문 여론조사에서도 찬성 61.5%, 반대 25.6%를 나타냈다(서울신문, 2015.1.1.). 국민들은 민주주의 훼손 논란에도 불구하고 '잘한 결정'이라고 판단한 것이다.

2012년 총선에서 통합진보당은 비례대표의 순위를 결정하는 경선의 편법 시비에 휘말렸으며 종북 논란의 중심에 섰다. 이후 치러진 2014년 6.4지방선거에서 진보의 기초단체장은 전멸했다. 인천과 울산에서 야권 단일화를 이룬 구청장 후보들은 상당한 차이로 완패했다. 수 십 년 동안 어렵사리 구축한 진보의 지방자치 기반이 속절없이 무너지고 만 것이다.

통합진보당의 해산은 앞으로의 선거에서 진보진영 전체에게 좋지 않은 영향을 미치게 될 것이다. 운동권과 시민사회라는 뿌리가 비슷하고 지지기반이 겹치기 때문이다. 그동안 진보가 선거에서 단일화를 통해 보수 여당에 공동으로 대응해왔던 점을 고려하면 더욱 그렇다.

유권자의 고령화로 인해 국민 여론은 진보의 정치 과잉에 더욱 냉랭한 태도를 취하게 될 것이다. 어쩌면 문제는 진보 내부에 있을 수도 있다. 국민의 인식이 변하고 인구구조가 변하고 있는 거대한 흐름을 읽지 못한 채, 피해자 코스프레만 한다면 진보에 대한 지지기반은 더욱 축소될 것이다.

2014년 7월 치러진 서울 동작을 재보궐선거에서 야권 단일 후보 노회찬이 새누리당 나경원 후보에게 패배한 것은 진보의 앞날에 드리워진 어두운 그림자가 아닐 수 없다.

진보는 진보적이지 않았다

"진보는 결코 미래와 싸우지 않았다. 무지하고 생각이 짧은 진보 반대론자들과 싸웠다."

미국의 사회비평가 크리스토퍼 래시는 진보의 엘리트주의를 이렇게 비판했다(크리스토퍼 래시, 이희재 옮김, 『진보의 착각』(휴머니스트, 2014.4), p33). 래시의 비판은 한국의 진보에도 해당된다. 대중을 무시하고 그들과 대립하는 진보는 더 이상 정당으로서의 가치가 없다. 오죽했으면 진보에 우호적인 한겨레신문도 사설에서 공개적으로 진보의 대중성 회복을 주장하고 나섰겠는가. 한겨레신문은 헌재의 통합진보당 해산 결정을 비판하면서도 대중성을 회복하지 않은 진보엔 미래가 없다고 비판했다. 한겨레는 2014년 12월 마지막 날의 사설에서도 '대중적 진보정당에서 대중이 소거된 것"이라며 통합진보당에 일침을 놓았다.

대한민국의 진보는 끝없이 과거의 권위주의와 독재시절을 문제 삼는다. 진보가 진보적이지 못하고 비합리적인 경우다(송호근 외, 『좌·우파에서 보수와 진보로』(푸른역사, 2014.3), p205).

지난 2012년 19대 총선에서 통합진보당은 13석을 얻었다. 조금만 더 노력했더라면 20대, 21대 총선에서 원내교섭단체 구성도 가능했을 것이다. 그러나 노선을 둘러싼 갈등과 분열, 종북 논란 끝에 정치적 사망선고를 받고 말았다. 대중과 싸운 혹독한 대가를 받게 된 것이다. 통합진보당의 '진보'는 그들만의 소유가 아니다. 수 백 만의 희망이 담긴 수십 년 투쟁과 운동의 결과물이다. 한국의 귀중한 정치적 자산이기도 하다. 통합진보당의 해산과 의원직 상실보다 더 큰 문제는 진보를 기대하는 모든 사람들에게 입힌 내상이다. 통진당 해산 결정과 함께 사실상 진보는 심리적으로 와해되었다.

2
그들은 왜
투표하지 않는가?

세상일은 이론이나 논리로 설명이 되지 않는다.

자본주의 경제체제에서 선거의 1인 1표 원칙은 사회경제적 평등을 추구할 수 있는 강력한 민주주의 요소이다. 민주주의를 실현하는 수단으로서의 선거는 참여율이 높아야 그 의미가 부여된다. 특히 가난한 사람들에게 투표 행위는 자신들의 요구를 표출하는 중요한 수단이 된다. 적어도 이론적으로는 그렇다.

몇 년 전 토마스 프랭크의『왜 가난한 사람들은 부자를 위해 투표하는가』라는 책이 출간되어 우리나라에서도 화제가 되었다. 이 책은 보수의 교묘한 집권 전략과 진보의 무능에 초점을 맞추고 있다. 그러나 노동자와 저소득층은 투표를 포기하거나 보수에게 표를 던진다. 빈곤층들이 자신들에게 상대적으로 적대적인 태도를 취하는 정당의 집권을 돕는다는 역설은 우리나라에서도 똑같이 적용된다.

분당에 사는 사람들은 자신들이 '성남시 분당구'에 산다고 말하지 않는다. 그냥 분당 산다고 한다. 분당구는 심리적으로나 경제적으로나 사회계층적으로나 성남과는 확연히 다른 성향을 보인다.

　경기도 성남시는 수정구, 중원구, 분당구로 이루어져 있다. 수정구와 중원구가 전통적인 구도심이라면 분당구는 신도심이다. 수정구와 중원구가 야당의 대표적인 텃밭이라면 분당구는 여당의 텃밭이다. 수정구와 중원구가 서민층이 많은 곳이라면 분당구는 중산층 밀집 지역이다.

　먼저 2014년 6월 지방선거를 보자. 수정구와 중원구는 선국투표율과 경기도 투표율을 밑도는 49.8%와 51.0%를 나타냈다. 반면 분당구는 경기도는 물론 전국 투표율을 훨씬 상회하는 61.0%를 기록했다. 2012년 12월 대선도 마찬가지다. 수정구와 중원구는 70.4%와 71.1%에 그쳤지만 분당구는 78.9%였다. 2012년 4월 총선에서도 분당구의 투표율은 59.1%로 수정구와 중원구보다 10% 이상 높았다. 분당구의 높은 투표율은 보수 여당 후보에게 유리하고, 수정구와 중원구의 낮은 투표율 역시 보수 여당에게 유리하다.

〈경기 성남 · 분당 투표율 추이(단위: %)〉

구분	수정구	중원구	분당구	경기도	전국
2014.6 지방선거	49.8	51.0	61.0	53.3	56.8
2012.12 대선	70.4	71.1	78.9	74.8	75.8
2012.4 총선	47.5	48.5	59.1	52.5	54.2

*자료: 『제6회 전국동시지방선거 투표율 분석』, 『제18대 대통령선거 총람』, 『제19대 국회의원 총선 투표율 분석』 재구성

화이트칼라는 투표하고, 블루칼라는 잠잔다

서울은 강남 3구와 非 강남 3구로 나뉜다.

야당 지지세가 강한 서울에서 강남 3구는 여당의 텃밭이었다. 빈곤층, 서민층이 상대적으로 많은 강북이 야당의 텃밭이었듯이. 인천과 경기도 마찬가지다. 중산층 이상이 몰려 있는 신도시는 여당 강세, 구도심은 야당이 강세를 나타냈다. '나타낸다'가 아니고 '나타냈다'라고 과거형을 쓰는 이유는 그 공식이 무너지고 있기 때문이다.

최근 선거를 보면 사회적 약자 계층, 까놓고 말해서 가난한 계층일수록 투표에 불참하는 경향이 늘고 있다. 이들의 불참은 결과적으로 보수 성향의 여당 후보들에게 유리하게 작용하게 된다. 가난한 사람들이 여당의 집권을 돕고, 힘센 여당을 만들어주는 것이다.

그렇다면 '얼마나 가난해야 가난한 것인가?'란 문제가 도출된다. 가난은 상대적 개념이기 때문에 기준이 필요하다. 남자보다는 여자, 화이트칼라보다는 블루칼라, 주부나 학생, 무직 등을 상대적으로 가난한 사람이라 정하고, 이러한 기준에서 2014년 6월에 치러진 지방선거를 분석해보자.

6.4지방선거에서 화이트칼라 계층 중 불참자는 40.7%, 블루칼라 중 불참자는 53.3%였다. 학생 계층은 무려 62.1%가 투표를 하지 않았다. 시간이 많은 무직자도 42.%가 투표에 불참했다.

노무현 후보의 단일화 경선 역전 승리, 대선 하루 전 정몽준 후보의 단일화 합의 폐기선언 등 드라마틱했던 2002년 대선의 남자 투표율은

71.3%, 여자 투표율은 70.3%였다. 그 후 계속 남자의 투표율이 여자보다 높았다. 이러한 흐름이 바뀐 것은 최초의 여성 대통령을 탄생시킨 2012년 대선이다. 남자 투표율 74.8%, 여자 투표율 76.4%를 나타냈다. 박근혜 후보를 당선시키기 위해 상대적으로 가난한 여성들의 투표 참여가 늘어났다고 판단된다.

〈제6회 지방선거 투표 불참 유권자 분석(단위: %)〉

구분	화이트칼라	블루칼라	자영업	농림수산업	주부	학생	무직/기타
비중	40.7	53.3	31.4	30.5	39.5	62.1	42.0

*자료: 중앙선관위, 『제6회 전국동시지방선거 유권자 의식조사』

2012년 제19대 총선도 비슷한 양상을 보였다.

학생은 71.4%, 블루칼라는 50.5%가 투표에 불참했다. 주부, 무직, 자영업자 순서로 불참률이 높았다. 대부분 상대적 빈곤층들이다. 다만 최근 선거에서 참여도가 높았던 화이트칼라의 불참이 55.3%를 기록한 것은 다소 의외다. 이는 2012년 총선에서 정권심판 분위기가 고조되어 있었고 투표에 불참하더라도 야당이 우세할 것이라는 인식의 확산 때문이었던 것으로 보인다.

〈제19대 총선 투표 불참 유권자 분석(단위: %)〉

구분	화이트칼라	블루칼라	자영업자	주부	학생	무직/기타
비중	55.3	50.5	31.6	38.6	71.4	36.4

*자료: 중앙선관위, 『제19대 국회의원선거 유권자 의식조사』

투표하지 않은 이유는 선거마다 조금씩 다르게 나타난다. 투표 참여 열기가 높았던 2012년 대선에서는 '개인적인 일/출근'의 비중이 49.6%에 달했다. 이들은 투표하고 싶어도 투표할 수 없었던 것이다. 상대적으로 빈곤층일 가능성이 높다. 다음으로 '지지후보 없음', '정치적 무관심' 순으로 나타났다.

2012년에 치러졌던 총선에서도 '개인적인 일/출근'의 비중이 39.4%에 달했다. 2014년 지방선거는 '정치적 무관심'이 29.4%로 가장 많았다. 다음으로 '개인적인 일/출근', '투표를 해도 바뀌는 것이 없어서' 순이었다. '후보자에 대해서 잘 몰라서'도 8.2%나 됐는데 이는 지방선거의 특성상 후보가 너무 많아서일 것이다.

대선과 총선은 '어쩔 수 없이 투표를 포기한 경우'가 많았다면 지방선거는 '굳이 투표할 이유를 찾지 못한 경우'가 더 많았다. '정치적 무관심', '지지후보 없음', '투표를 해도 바뀌는 것이 없어서'라는 응답은 상대적인 빈곤층이나 학생, 무직에서 주로 나타난다. 가난한 사람들의 투표 포기는 가난하지 않은 사람들이 지지하는 후보의 당선 가능성을 높인다. 선거는 1인 1표를 행사함으로써 사회경제적 평등을 추구하는 제도이다. 결과적으로 가난한 사람들의 투표 포기는 1인 1표의 등가성을 크게 훼손시키게 되는 것이다.

응답내용	제6회 지방선거	제18대 대선	19대 총선
정치적 무관심	29.4	10.5	20.4
개인적인 일/ 출근	26.2	49.6	39.4
투표를 해도 바뀌는 것이 없어서	15.9	8.0	14.0
투표하고 싶은 후보가 없어서	14.0	14.9	8.7
후보자에 대해 잘 몰라서	8.2	–	–
기타	–	–	–

*자료: 중앙선관위, 『제6회 전국동시지방선거 유권자 의식조사』

빈곤, 흡연, 뒤통수의 관계

1. 빈곤층은 박근혜 후보에게 투표했다.

2. 빈곤층의 흡연률이 상대적으로 높다.

3. 담뱃값을 올리면 담배를 끊을 것이다.

본인의 생활수준이 '하(下)'라고 생각하는 사람들은 지난 대선에서 누구에게 투표했을까? 한국갤럽에 따르면 60.3%가 박근혜 후보에게 투표했다고 한다. 반면 문재인 후보에게 투표한 사람은 39.2%에 그쳤다. 그러므로 1번의 명제는 사실이라 할 수 있다.

2015년 1월 전격적으로 담뱃값이 인상됐다. 2,500원에서 4,500원으로, 180% 인상이다. 그런데 흡연률은 빈곤층에서 더 높다는 것은 이론의 여지가 별로 없는 정설로 받아들여지고 있다. 그러니 2번의 명제도 사실이다.

담뱃값 인상을 추진한 정치권의 논리는 흡연률 감소를 유도해 국민 건강을 증진시키겠다는 것이다. 그러나 담뱃세의 1%만이 금연치료 등에 쓰이는 현실을 고려하면 액면 그대로 믿기는 어렵다. 그보다는 부족한 세수를 보전하기 위한 사실상의 증세라는 시각이 더 우세하다. 빈곤층에게 담뱃값 인상분 2,000원은 아주 큰돈이다. 5,000원짜리 스타벅스 커피를 사먹는 중산층과는 돈의 가치가 다르다. 그런데 다양한 조사 결과를 종합해보면 금연 효과는 미미하다고 보인다. 결국 정부는 가난한 사람들의 생활비를 대폭 올린 셈이 됐다. 속단하기엔 이르지만 3번의 명제는 사실이 아닐 확률이 높다.

결국 생활수준 '하(下)의 계층'은 박 후보에게 투표하고 담뱃값 인상으로 뒤통수를 맞은 꼴이 됐다.

보수가 기득권을 옹호하고 진보가 사회적 약자를 대변한다는 가정은 이미 투표 단계에서부터 허물어졌다. 담뱃값 인상에 선뜻 동의한 야당의 행태도 의문이다. 지난 2005년 담뱃값을 불과 500원 인상할 때도 당시 야당인 한나라당의 반대로 수년간 논란을 거듭했다. 그런데 이번 야당의 너무나도 쿨한 행보는 당황스럽기 그지없다.

⟨대선후보 지지도−주관적 생활수준별(단위: %)⟩

		명수	박근혜 지지	문재인 지지	기타 후보 지지
주관적 생활수준 평가	상/중상	209	45.0	54.0	0.4
	중	852	50.7	48.3	1.0
	중하	485	45.4	54.1	0.5
	하	393	60.3	39.2	0.5
	모름/무응답	62	76.6	23.4	0.0

*자료: 한국갤럽, 『제18대 대통령 선거 투표행태』

3
'집'이 정치 성향을
바꾼다

대학시절 운동권이었던 A는 소위 친(親)노에 가까웠다.

지금까지 거의 모든 선거에서 야당을 지지했음은 물론이다. A는 부동산 경기가 하향세를 기록하던 2010년 송도의 아파트를 분양받았다. 아파트는 아직도 분양가를 회복하지 못했고 그는 은행에 상당한 부채를 지고 있다. 그는 필자에게 새누리당 유정복 후보가 당선될 것이라고 했다. 아니, 당선되어야 한다고 힘주어 말했다. 새정치민주연합 송영길 후보가 인천의 부동산, 특히 송도를 망쳐놓았기 때문이라고 했다. 그는 자신이 야당 후보의 낙선을 이처럼 간절히 원하게 될 줄은 꿈에도 몰랐다고 한탄했다.

경제성장률은 당연히 올라가는 것이고, 급여는 매년 상승하는 것이라 생각했던 시기가 있었다. 1980년대와 1990년대에는 금리 수준도 높았고 주식시장도 성장속도가 빨랐다. 재테크 수단도 다양했고, 벤처의 성공신화도 신기한 이야기가 아니었다. 하루가 다르게 오르는 부동산은 서민들에게 부자의 꿈을 키우게 만들었다. 특히 아파트는 분양받기만 하면 몇 년 안에 대박을 안겨주었다.

그런데 시장이 파한 지금 이 자리는 유난히 황량하다. 체감 금리는 제로 수준이고, 주식시장은 수 십 년째 제자리걸음이다. 아파트 분양을 통한 재산 증식은 사실상 막을 내렸다. 직장인들은 30대부터 구조조정의 위험에 노출되고 있고, 창업환경은 나날이 악화되고 있다. 마지막 하나 남은 게 바로 집 한 채다. 아파트 가격은 2007~2008년에 정점을 찍었다.

아파트를 갖고 있는 사람들의 간절한 소망은 그 시절 가격의 회복이다. 그러나 국내외 경제상황으로 볼 때 기대난망이다. 백번 양보하더라도 지금의 가격에서 더 떨어져서는 안 된다. 이것이 마지노선이다. 그렇다면 내 아파트를 지켜줄 정당은 어디인가? 새누리인가, 새정치민주연합인가?

아파트를 소유하는 순간, 벌어지는 일

집 한 채 갖고 있는 것이 여유로운 삶의 상징이던 시대는 지나갔다. 주택을 소유함으로써 얻는 이익은 없고 부담만 늘었기 때문이다. 주택을 가진 사람들은 집을 처분하고 싶어 하지만, 그 동안의 이자 부담은 차치하고라도 집을 샀던 때의 가격을 회복하지 못한 경우가 태반이라

팔 수가 없다.

이런 틈새를 비집고 전세가격이 폭등한 것이다. 하우스 푸어는 렌트 푸어에게 부채의 일부를 떠넘긴 것이다. 정말이지 절묘한 해결책이다. 주변을 살펴봐도 집을 사겠다는 사람들이 의외로 적다. 전세로 사는 것이 부담 없다는 것이다. 특히 분당, 일산과 같은 1기 신도시는 아파트가 건축된 지 20년을 넘겼다. 낡은 아파트로 취급받기 시작한 것이다. 이러다보니 주택거래는 더욱 한산해지고 있다. 집을 가진 사람도 힘들고, 오르는 전세에 허리가 휘는 사람도 힘들다.

그런데 집을 가진 사람들은 보수정당 지지 성향이 높고, 무주택자는 진보정당 지지 성향이 높다. 내일신문에 따르면 2014년 지방선거에서 주택을 소유한 사람 중 53.1%가 여당을 지지했다. 보수 여당의 위기감이 컸던 2012년 대선과 총선에서는 각각 58.3%, 55.9%가 여당을 지지했다.

전통적인 야도(野都)였던 인천과 경기에서 여당 후보가 선전하는 것도 이와 무관하지 않다. 인천과 경기는 서울에 비해 주택 소유 비율이 높기 때문이다. 국제유가의 하락이 경제에 플러스 요인으로만 작용하지 않듯 주택가격 하락도 마찬가지다. 엉뚱한 전세로 불똥이 튀고 거래 절벽은 영세 자영업자와 서민들의 피해로 돌아오기 때문이다. 진보 야당이 주택 소유자들에게 비우호적이라는 통념이 바뀌지 않는다면 앞으로 선거에서 그들의 승리는 점점 멀어지게 될 것이다.

구분		새누리당	새정치민주연합
2014 지방선거 (수도권 광역비례)	주택 소유	53.1	46.9
	주택 없음	40.9	59.1
2012 대선	주택 소유	58.3	41.7
	주택 없음	42.9	57.1
2012 총선	주택 소유	55.9	44.1
	주택 없음	47.9	52.1

*자료: 내일신문 · 한국리서치(2014년 10월 31일)

총 자산 4억 원의 의미

'당신의 자산은 얼마입니까?'

이 질문에 답을 하려면 제일 먼저 지금 살고 있는 아파트 값이나 전세값을 떠올려야 한다. 당신이 은행에 엄청난 돈을 쟁여 놓은 자산가거나, 번듯한 사업체를 운영하는 사업가나 자영업자가 아니라면 그렇다. 오랫동안 이어진 경기침체로 주식, 예금과 같은 금융자산이 줄어든 요즘은 딸랑 집 한 채가 자산인 경우가 많다. 한국은행에 따르면 대한민국의 자산은 80%가 주택을 중심으로 한 부동산이라고 한다.

통상 가구의 자산이라고 하면 부동산, 금융자산, 부채를 모두 포함한다. 내일신문에 따르면 자산이 많을수록 보수 여당에 대한 지지 강도가 세다. 자산 7억 원 이상은 여당 지지가 55.0%, 야당 지지가 25.0%다. 자산 4억~7억은 여당이 52.3%, 야당이 36.4%를 나타낸다. 2억~4억은 여당이 35.7%, 야당이 51.3%다. 2억 원 이하는 여당이 38.7%, 야당이 47.7%다. 자산 4억 원이 여당과 야당을 가르는 기준이 되고 있다.

앞서 담뱃값 인상 이야기를 하면서, 스스로 생활수준이 하(下)라 생각하는 사람들이 여당 박근혜 후보를 지지했다는 한국갤럽의 조사 결과를 인용했다. 그렇다면 4억을 기준으로 여와 야가 갈린다는 내일신문의 결과와 다르지 않은가? 이는 아마도 심리적인 요인이 작용했을 가능성이 높다. 주관적 생활수준은 자산 이외에도 학력, 직업, 기타 심리적인 요소가 가미되어 있다.

한편 자산 2~4억 원 구간보다 2억 이하의 구간에서 상대적으로 여당 지지가 많다는 것은 한국갤럽의 조사 결과와 맥을 같이 한다고 볼 수 있다.

〈2014 지방선거 자산과 정당 투표(광역비례) 추이(단위: %)〉

구분	2억 원 이하	2억~4억 원	4억~7억 원	7억 원 이상
새누리당	38.7	35.7	52.3	55.0
새정치민주연합	47.7	51.3	36.4	25.0

*자료: 내일신문 · 한국리서치(2014년 6월 19일)

인천, 경기는
왜 서울과 다른가?

혹자는 김대중, 노무현 대통령의 당선을 기적이라고 표현한다.

그런데 이 기적을 일으킨 주인공을 지역으로 보자면 서울과 인천, 경기였다. 2010년 지방선거, 2012년 국회의원 총선에서도 인천과 경기는 서울과 비슷한 양상을 보였다. 야당이 잘하건 못하건 든든한 버팀목이 되어준 것이다. 야당의 텃밭이었던 인천과 경기에 이상한 기류가 감돈 것은 2012년 대선을 앞두고였다.

야당 입장에서 보자면 2012년 대선에서 인천, 경기에서 배신을 당했다. 박근혜 후보는 인천에서 51.89% 대 47.73%로 문재인 후보를 눌렀다. 경기에서도 50.44% 대 48.84%로 역시 문 후보를 제쳤다. 서울에서만 47.76% 대 51.84%로 문 후보에게 밀렸을 뿐이다. 인천과 경기의 선택은 결국 박 후보를 대통령으로 만들어주었다.

2014년 지방선거를 돌이켜보자.

여당의 유정복 인천시장 후보는 여론조사에서 야의 송영길 후보에게 일관되게 밀렸다. 선거 막바지 몇몇 여론조사에서 역전하는 결과가 일부 나왔지만 개표결과로 이어질지에 대해서는 확신이 서지 않았던 것이 사실이다. 개표결과 유 후보는 '비교적 큰 격차'인 1.8%p 차이로 승리했다. 경기도지사 선거는 세월호 참사의 당사자인 안산시가 포함되어 있어서 더욱 관심이 집중됐다. 그러나 개표결과 새누리당 남경필 후보의 근소한 승리였다.

2012년 7월 치러진 국회의원 재보궐선거도 유사한 흐름을 보였다. 경기도 4개 지역구 중 수원 영통구 한 곳을 제외하고는 모두 새누리당이 승리했다. 인천과 경기는 더 이상 야당의 텃밭이 아니다. 그렇다면 왜 이런 현상이 벌어졌는지, 이 현상은 계속될 것인지 알아보아야 한다.

보수는 태어나는 것이 아니라 만들어지는 것

인천과 경기는 서울과 다르다.

최근 치러진 선거들이 그렇게 말하고 있다. 2012년 총선에서 한나라당의 약진, 2012년 대선에서 박근혜 후보의 승리, 2014년 6.4지방선거에서의 새누리당 승리, 2014년 7월 재보궐선거에서 새누리당의 압승은 이를 입증하는 명백한 증거들이다.

인천과 경기에서 보수의 약진은 유권자 의식조사에서도 고스란히 드러난다. 2014년 지방선거 직후 실시된 '지지후보 선택 시 중요 고려사항 의식조사'에 따르면 서울은 '정책·공약'과 '인물·능력'이 엇비슷하게 35% 수준이었다. 소속 정당이라는 응답은 21.2%에 불과했다. 이에 비해 경기는 소속 정당이라는 응답이 33.3%로 1위를 차지했다. 다음으로 '인물·능력(30.3%)', '정책·공약(28.2%)' 순이었다.

최근 선거만 놓고 보면 경기도의 보수화 추세는 뚜렷하다. 2014년 지방선거에서도 용인, 안양, 평택 등 야당이 장악하고 있던 일부 대도시가 여당으로 넘어갔다. 투표 결정 시 진보진영은 '인물·능력'과 '정책·공약'을 고려하고, 보수진영은 '소속 정당'을 중요시 했다는 점을 감안하면 더욱 그렇다.

반면 서울은 대다수 구청장을 야당이 석권함으로써 진보적 투표성향이 건재함을 보여주었다.

〈2014년 지방선거 지지후보 선택 시 중요 고려 사항(단위: %)〉

구분	인물 · 능력 및 도덕성	소속 정당	정책 공약	기타
전국 평균	35.7	28.7	26.4	–
서울	34.1	21.2	35.8	–
인천/경기	30.3	33.3	28.2	–

*자료: 중앙선관위, 『제6회 전국동시지방선거 유권자 의식조사』

부동산은 '가족' 혹은 '생존'이다

도대체 무엇 때문에 인천·경기는 서울과 다를까?

골수 야당을 여당 지지로 바꿔놓을 정도의 강력한 힘을 발휘한 것, 대한민국 국민의 재산목록 1호인 '집과 관련이 있지는 않을까'란 가설을 세워보자. 집이 있는 사람과 없는 사람은 아무래도 정치성향이 다를 수밖에 없을 것이다.

우선 주택의 자가점유 비율을 지역별로 비교해보겠다. 2010년 기준, 대한민국의 평균 자가점유 비율은 54.2%다. 즉 과반수가 자기 집에 거주하고 있다. 시도별로 살펴보면 서울은 전국 최하위로 41.1%다. 인천은 대전보다 높고 전국 평균보다도 높은 수준인 55.5%다. 그만큼 인천 시민들은 자기 소유의 주택에서 거주하는 비율이 높다. 대전은 50.8%로 지방 치고는 자가점유 비율이 상대적으로 낮은 편이다.

〈2010년 주요 지역 자가점유 비율(단위: %)〉

전국 평균	서울	인천	대전	경기
54.2	41.1	55.5	50.8	49.1

*자료: 통계청(e 나라지표)

과거의 투표 사례로 볼 때 자가점유 비율이 낮으면 야당 성향이고, 자가점유 비율이 높으면 여당 성향을 띤다. 이러한 경험적 가설은 서울, 인천, 경기에 거의 들어맞는다. 2010년 서울시장 재보궐 선거 이래로 서울은 야당의 압도적인 우세가 지속되고 있다. 반대로 인천과 경기는 여당 우세가 이어지고 있다.

대전은 지방임을 고려할 필요가 있다. 인천과 전국 평균에 크게 미치지 못하는 자가점유 비율이 야당의 상대적 강세로 나타났다고 볼 수 있다. 2012년 대선에서 새누리당 박근혜 후보는 새정치민주연합 문재인 후보에게 충청권 연고를 배경으로 충남북에서 압도적 우세를 보였지만 대전만은 팽팽한 호각세를 이뤘다. 2014년 지방선거에서도 미세한 차이지만 새정치민주연합 권선택 후보가 새누리당 박성효 후보를 눌렀다.

시도별로 아파트 호수를 살펴보면 경기도가 제일 많고, 다음이 서울이다. 인천은 경기도의 4분의 1 수준이다. 이 아파트 개인소유 호수와 선거인수를 비교해보면 아주 흥미 있는 통계를 산출할 수 있다. 서울시의 선거인수를 개인이 소유하고 있는 아파트 호수로 나눠보면 선거인 6.4명 당 아파트 한 채를 소유하고 있는 셈이다. 경기도는 선거인 4.8명, 인천은 선거인 5.0명 당 한 채이다.

〈선거인수 대비 아파트 개인소유 현황(단위: 천명, 천호, 명)〉

구분	선거인수	아파트 개인소유 호수	아파트 한 호 당 선거인수
서울	8,441	1,326	6.4
인천	2,319	466	5.0
경기	9,679	2,019	4.8

*자료 : 선거인수(2014년 지방선거 선거인수 기준)
아파트 개인소유(통계청 "행정자료를 활용한 「2013년 개인별 주택소유통계」 결과)

진보진영에서는 인정할 수 없을지 모르겠지만, 대한민국 아파트에는 매우 중요한 핵심 키워드가 숨어 있다. 그것은 바로 '가족'이다. 현대인들에게 아파트는 최후의 재산목록이자 가족의 지속성을 보장해주는 필수 요소다. 따라서 아파트 소유자들에게 아파트 가격의 하락은 가족해체 수준의 위기의식을 불러일으킬 수 있다.

아파트 한 호 당 선거인수가 많다는 것은 자기 소유의 아파트를 가진 사람이 상대적으로 적다는 것을 의미한다. 인천과 경기는 서울에 비해 자기 아파트를 가진 사람들이 많고, 아파트 가격에 일희일비할 수밖에 없다.

2012년 박근혜 후보가 인천과 경기에서 문재인 후보를 꺾은 것은 아파트 소유 비중 및 아파트 가격 하락과 관련이 있다고 볼 수 있다. 2007~2008년을 정점으로 꺾이기 시작한 아파트 가격은 2012년 들어와 20% 이상 빠졌다. 더욱이 문 후보는 대규모 공공임대주택 건설을 약속하면서 아파트 소유자들에게 불안감을 조성했다. 세월호 참사 직후 치러진 2014년 지방선거에서도 마찬가지다. 인천과 경기에서 새누리당 후보들이 선전한 것은 아파트 값의 하락과 깊은 연관성이 있다고 보인다.

투표 기권이 빚은 결과

경기도는 대한민국에서 30~40대 인구가 가장 많은 지역으로 전체 인구의 34.9%를 차지한다. 2위가 울산으로 34.3%를 기록했는데 지역 투표 성향이 강하기 때문에 여기서는 언급하지 않기로 하겠다. 서울과 인천은 전국 평균인 32.7%를 훨씬 상회하여 각각 34.2%, 34.0%를 나타냈다.

〈전국 30~40대 인구비중(단위: %)〉

구분	전국 평균	서울	인천	대전	울산	경기
비중	32.7	34.2	34.0	33.4	34.3	34.9

*자료: 경기도, "2014.10월말 기준 주민등록인구 분석 결과"

전국의 30~40대 인구 중 4분의 1이 경기도에 거주하고 있다. 인천 역시 30~40대 비중이 높다. 그런데 왜 야당은 선거 때마다 인천 경기에서 패배하는 걸까?

그 이유는 간단하다. 20~30대가 투표하지 않기 때문이다. 그들은 원래 투표하지 않는다고? 아니다. 서울과 비교했을 때도 인천과 경기의 20대 후반, 30대 초반 투표율은 비정상적으로 낮다. 2014년 6.4지방선거로 비교해보자.

당시 전국 투표율은 57.2%, 서울은 58.6%를 기록해 전국 평균보다 1.4%가 높았다. 이에 비해 인천과 경기는 각각 53.1%, 53.%를 기록하여 전국 최저 수준이었다. 서울에서 야당의 박원순 후보가 낙승(樂勝)한 이유, 인천에서 여당의 유정복 후보, 경기에서 여당의 남경필 후보가 승리한 첫 번째 이유도 투표율이었다.

두 번째 이유는 2030세대의 투표율이다. 그중에서도 25~35세가 특히 문제다. 이 구간에서 서울과 인천·경기의 운명이 갈렸다. 서울과 인천·경기의 평균 투표율 차이는 5%p였지만, 25~35세 구간의 차이는

10%p로 확대된 것이다. 흥미로운 것은 20~24세 구간이나 35~39세 구간은 서울과 인천, 경기의 투표율 차이가 그리 크지 않다는 것이다. 결국 2014년 6.4지방선거에서 인천과 경기의 승리는 25~34세의 낮은 투표율 때문이었다고 추정할 수 있다.

⟨2014. 6.4지방선거 서울 · 인천 · 경기 20~30대 투표율(단위: %)⟩

구분	20~24	25~29	30~34	35~39	합계
서울	56.2	52.2	51.9	53.9	58.6
인천	50.6	43.2	41.5	46.4	53.1
경기	50.1	42.1	42.8	48.7	53.3
전국 평균	51.4	45.1	45.1	49.9	57.2

*자료: 중앙선관위, 『제6회 지방선거 투표율 분석』

투표율이 상대적으로 높은 대통령 선거는 어떨까? 2012년 12월 대통령선거 투표율을 살펴보자. 6월 지방선거와 비교했을 때 격차가 줄어들기는 하지만 25~34세 구간의 투표율은 서울과 인천·경기가 다른 양상을 보인다는 사실은 변함이 없다.

인천과 경기에서 젊은층의 낮은 투표율은 결과적으로 야당의 패배 원인이라 할 수 있다. 투표율이 상대적으로 낮은 지방선거, 국회의원 선거에서는 선거결과에 지대한 영향을 미칠 수 있다. 투표율이 상대적으로 높은 대통령선거에서는 영향력이 적겠지만, 여야 후보가 팽팽한 접근전을 펼친다면 이 또한 선거 승패의 결정적 요인이 될 수 있다. 특히 주목할 연령은 25~35세 구간이다.

〈2012.12 제18대 대통령선거 서울 · 인천 · 경기 20〜30대 투표율(단위: %)〉

구분	20〜24	25〜29	30〜34	35〜39	합계
서울	73.3	69.6	68.9	70.8	74.5
인천	72.8	65.0	64.9	69.0	73.6
경기	72.2	65.7	67.8	72.8	74.8
전국 평균	71.1	65.7	67.7	72.3	75.6

*자료: 중앙선관위, 『제18 대통령선거 총람』

PART2

지키려는 자,
빼앗으려는 자
2017 대선 승리의 조건

Chapter
1

시대정신을 읽는 자가
승리한다

1
우리는 모두
비이성적 존재다

"코끼리는 절대 생각하지 마세요."

이 말을 듣고 곧바로 '코끼리' 아닌 '하마'를 생각하는 사람들이 있을까? 대부분의 사람들은 '왜 코끼리를 생각하면 안 되지? 코끼리가 무얼 상징하지?'라며 열심히 코끼리를 생각한다. '절대'라는 말이 붙으면 더욱 더 열심히 생각한다. 질문을 듣기 전까지는 전혀 관심도 없던 코끼리를…

바로 '프레임'에 걸려들었기 때문이다. 프레임이란 복잡한 현상을 단순하고 이해하기 쉽게 만들어주는 '사고의 틀'이다. 세상은 복잡하고 세상의 모든 요소를 개별적으로 인식하는 것은 비효율적이다. 하나의 인지체계가 필요한 것이다. '프레임'이란 인지과학의 개념이 정치현상에 도입된 것은 2000년 이후이다. 미국의 진보 석학이자 언어학자인 조지 레이코프는 그의 저서 「코끼리는 생각하지 마」에서 미국 진보세력이 보수세력과의 선거전에서 연이어 패배하는 것을 프레임 열세 때문이라고 분석했다.

보수는 부패하고 진보는 무능하다, 진짜?

인간의 정치적 판단은 이성적, 합리적 기준이 아니라, 기존의 교육제도나 미디어에 의해 주입된 감성적 인식체계에 기초한다는 것이다. 자기의 신념이라고 굳게 믿고 있지만, 사실은 자신이 받은 교육이나 언론이 의도적으로 주입한 것일 수 있다는 무서운 얘기다. 예를 들어보자.

우리 국민 중 상당수가 '복지'라고 하면 나라살림 거덜내는 포퓰리즘 정치, 노동 의욕을 꺾는 복지병을 떠올린다. 그런데 실상 이런 것들은 복지정책과 상관이 없거나 복지정책의 부작용을 과도하게 부각시킨 것으로 사실과는 거리가 멀다. 그럼에도 불구하고 왜곡된 사실이 오랜 세월 반복적으로 주입됨에 따라, 국민 다수의 의식 속에 '복지=포퓰리즘=복지병'이란 프레임이 탑재되게 되었다. 이런 프레임에 의지해 보수진영은 진보진영이 요구하는 복지정책을 반대한다.

'보수는 부패하지만 유능하고, 진보는 도덕적이지만 무능하다'는 명제 역시 프레임의 속성과 위력을 실감하게 하는 사례다. 실제로 모든 보수가 부패하면서 유능한 것은 아니다. 부패하고 동시에 무능하기까지 한 보수가 더 많다. 반대로 모든 진보가 도덕적이지도 않고 무능하지도 않다. 비도덕적이지만 유능한 진보도 얼마든지 존재한다.

그렇다면 이런 프레임은 누가 만들었을까? 부정부패로 부와 권력을 움켜쥔 보수 인사들의 사례를 부각해 '보수는 부패, But 유능'이란 프레임을 성립시키고, 이에 대비해 "진보는 도덕적, But 무능"이란 프레임으로 이득을 보는 것은 누구일까? 대충 짐작이 간다.

대한민국의 보수는 이런 프레임을 진보세력을 치는 양날의 칼로 써 왔다. 도덕적인 진보에게는 무능하다고 비난했고, 비도덕적이만 유능한 진보에게는 사이비 진보라 공격했다. 자신들을 향해 비도덕적이라 공격하는 칼날도 쉽게 막아낼 수 있다. 보수는 원래 그런 거니까…

프레임은 프레임으로만 잊혀진다

사랑은 사랑으로만 잊혀진다고 한다.

이는 프레임에 있어서도 똑같이 적용된다. 왜 그럴까? '사랑'도 '프레임'도 이미지에 의해 만들어진 감성적 인식체계이기 때문이다. 사람들에게 한 번 탑재되면 아무리 합리적 근거를 들어 설명하고, 왜곡된 사실을 바로잡는다고 해도 금방 교정되지 않는다. 복지정책이 포퓰리즘이 아니라고 아무리 해명해도, 부패한 보수가 유능하다는 게 허위라고 아무리 설명해도, 선거철이 되면 똑같은 선전문구가 등장하고 사람들은 여기에 현혹된다.

그래서 프레임은 무섭다. 속된 말로 한 번 찍히면 끝인 것이다. 조지 레이코프는 한 번 만들어진 프레임을 그 내부에서 붕괴시키는 것은 사실상 불가능하며, 대항할 수 있는 프레임을 새로 구축해야 한다고 주장한다.

예를 들어 보수진영이 복지망국론을 펼친다고 해보자.

진보진영은 어떻게 대응해야 할까? 아무리 정확한 데이터와 사례를 들이밀며 '복지정책을 실시하더라도 국가재정은 문제없다'고 한들 먹히지 않는다. 상대의 프레임 안에서는 필패다. 싸움의 마당을 옮겨야 한다.

예를 들어 진보진영이 '저출산·고령화 위기론'이라는 새로운 대항 프레임을 구축해 국민들 스스로 '저복지=망국'이란 결론을 내리도록 유도해야 한다. 2017년 대선을 앞두고 있는 지금, 우리가 알아야 할 것은 2가지다. 한 번 만들어진 프레임은 깨지지 않는다는 것, 프레임 싸움에서 밀리면 아무리 좋은 후보나 정책이 존재해도 선거에서 이기기 힘들다는 것이다. 프레임 전략은 대선에서 이기기 위한 기초공사라 할 수 있다.

대선에서는 자연스럽게 정치, 외교, 안보, 경제, 사회, 문화, 교육 등 광범위한 국정 이슈가 논의된다. 이처럼 다양한 이슈를 유권자들이 일일이 체크하며 지지후보를 결정하기는 사실상 어렵다. 유권자들은 몇 가지 핵심 이슈에 대한 자신들의 감성적 이미지에 근거해 지지후보를 결정한다.

각 후보의 캠프와 정당 또한 이를 귀신같이 알고 있다. 그래서 그들은 자신들에게 유리한 프레임을 구축하기 위해 전략적으로 움직인다. 선거가 다가오면 보수세력은 안보 이슈를 집중적으로 부각하고, 그에 맞는 캐치프레이즈를 개발한다. 지난 대선에서의 NLL 논란을 떠올려보라. 때맞춰 북한이 뭐 한 발 쏴주거나 과격한 발언 한마디 해주면 '땡큐'다. 반대로 진보세력은 개혁, 균형발전과 같은 이슈를 부각한다. 행정수도 이전이니 무상급식 이슈들을 생각해보면 된다.

그렇다면 지금까지 대한민국 정치에는 어떤 프레임들이 존재해왔을까? 과거를 멀리 돌이켜볼수록 미래를 멀리 내다볼 수 있다는 처칠의 말은 이 대목에서 함의가 깊다.

2
대한민국 정치를 이끈 양대 프레임

지금까지 한국정치를 이끈 양대 프레임이 있다.

짐작하듯이 '민주화'와 '산업화'다. '민주화'는 이승만 정권을 무너뜨린 419혁명으로부터 유신 반대, 광주 민주화운동, 6월 항쟁에 이르기까지 그 맥을 이어가고 있는 것으로서 민주주의를 최우선의 가치로 설정한다. 민주주의를 훼손하지 않는 범위 내에서 다른 정치적 가치들을 결합시킨다.

'산업화'는 박정희 정권이 처음 만들어낸 프레임으로 경제발전과 성장에 최우선 가치를 둔다. 민주화와 산업화는 결코 병행될 수 없으며, 경제적 이익을 위해서라면 민주주의는 훼손될 수 있다고 생각한다. 민주화 프레임에 따르면 과거 권위주의 정권이 이룬 경제성장은 절대선인 민주주의를 훼손시킨 것이기에 결코 긍정적으로 평가할 수 없다. 정경유착, 빈부격차, 도농격차와 같은 문제점을 내포하고 있는 경제성장은 지속가능할 수 없으며, 언젠가는 와르르 무너질 모래성이라 보는 것이다.

반대로 산업화 프레임에 따르면, 먹고사는 문제의 해결이 가장 중요하기에 경제발전을 위해 민주주의는 당연히 유보될 수 있다는 입장이다. 이를 무시한 채 민주화를 요구하는 야당 및 진보세력은 비현실적인 몽상가나 사회불안세력에 불과한 것이다.

이제 2가지 프레임에서 벗어나서 한번 생각해보자. 정경유착, 도농격차, 빈부격차의 문제들이 경제성장을 위해 민주주의를 희생했기 때문이라고 주장하긴 힘들다. 마찬가지로 민주화와 산업화가 병행 추진될 수 없다는 주장 역시 비논리적인 도그마에 불과하다. 그럼에도 불구하고 민주화와 산업화란 2개의 프레임은 한국 정치에 막대한 영향을 미치고 있다. 민주화 이후, 즉 노태우 정권 이후 대선의 역사를 살펴보자. 여야가 제기한 프레임은 제각각 달랐지만 그 프레임의 상위 프레임은 민주화와 산업화에서 벗어난 적이 없었다.

YS와 DJ의 같은 듯 다른 프레임

1992년 대선에서 민자당의 김영삼 후보는 '신한국 창조', 김대중 후보는 '수평적 정권교체'를 핵심 프레임으로 삼았다. '수평적 정권교체'는 민주화 프레임을 대선이란 구체적 상황과 결부시켜 제기한 하위 프레임이다. '신한국 창조'는 영국병 치유를 내세운 대처 수상처럼, 한국

병을 치유해 새로운 경제발전시대를 열겠다고 선언한 것이었다는 점에서 산업화 프레임의 연장선으로 이해할 수 있다.

1997년 대선은 IMF 외환위기 속에서 치러졌다. 김대중 후보는 '정권교체론'과 더불어, '준비된 경제대통령'이란 캐치프레이즈를 내세우며 선거에 당선되었다. 외환위기는 기존 경제 질서의 모순이 극대화되어 발생한 것이고, 따라서 산업화 프레임은 일시적 작동불능 상태에 빠져 있었다.

이런 상황에서 김대중 후보가 내세운 정권교체론은 민주주의의 완성을 지향하는 것으로서 민주화의 하부 프레임으로 볼 수 있다. 여기에는 IMF 외환위기와 같은 미증유의 사태가 민주주의를 배제한 기형적 근대화의 결과였다는 문제의식이 내포되어 있다. 이는 취임 이후, 민주주의와 시장경제의 동시 발전이란 또 다른 하부 프레임을 낳게 된다.

이런 측면에서 보았을 때 '준비된 경제대통령'이란 캐치프레이즈는 단순한 경제발전을 의미하는 것이 아니다. 외환위기를 야기한 한국경제의 구조적 문제점을 개혁할 수 있는 적임자란 의미가 담겨 있었던 것이다.

노무현과 MB의 정반대 프레임

2002년 대선은 3김시대를 포함한 구시대 청산이 국민적 화두였다. 전두환, 노태우, 김영삼, 김대중 정권까지 20년이 넘는 시간 동안 지속된 대통령 친인척 비리와 정치인의 부정부패는 국민의 분노를 사고 있었으며 깨끗한 정치에 대한 열망을 키웠다. 노무현 후보는 '반칙과 특권이 없는 사회', '지역균형발전', '새로운 대한민국'이란 캐치프레이즈를 내세웠고 마침내 당선되었다. 이는 결국 민주화 프레임의 연장선으로 이해할 수 있다. '반칙과 특권이 없는 사회'는 권위주의 정권의 유산인 부정부패의 일소를, '지역균형발전'은 도농격차 해소를 의미하는 것이었다. '새로운 대한민국'은 민주화의 완성으로 이해해야 한다.

2007년 대선은 글로벌 경제위기, 부동산 폭등으로 인해 서민경제가 피폐해지면서 '경제성장'이 화두가 되었다. '국민 성공시대'의 개막을 약속한 이명박 후보가 압도적 지지율로 당선된 것은 어쩌면 당연한 일이다. '국민 성공시대'란 캐치프레이즈 하에 '747', '한반도 대운하'와 같은 공약을 내세운 이명박 전 대통령의 대선 전략은 산업화 프레임의 전형이었다.

지난 50여 년간 각 시기의 시대정신을 대변하고 한국 사회를 이끌어 온 양대 프레임은 이제 그 시효를 다했다. 이는 무상급식 논쟁으로 촉발된 서울시장 재보선, 그리고 그 과정에서 돌출된 안철수 현상을 떠올릴 때 확실해진다.

무상급식 논쟁은 단순히 하나의 이슈가 아니었다. 국가가 가야 할 방향성을 놓고 양대 진영이 벌인 거대한 패러다임 전쟁이었다. 무상급식은 과잉복지이며, 과잉복지가 국가경제를 파탄 낼 것이라는 오세훈 전 서울시장과 여당의 시각은 경제와 복지가 양립할 수 없다는 산업화 시대의 낡은 프레임이다.

한편 야당과 진보진영은 '무상급식'이라는 이슈를 들고 나옴으로써 프레임을 교체할 여건은 조성했지만, 낡은 프레임을 대체할 새로운 프레임, 새로운 정책 대안과 비전을 제시하는 데는 실패했다. 무상급식을 찬성하면 좋은 놈, 반대하면 나쁜 놈이란 이분법적 구도를 통해 선거판에서의 일시적 이슈로 소비해버렸다는 것이 더 정확한 분석일 것이다.

3

정치는 언제나
한발 늦다

대한민국은 2014년 국내총생산 규모 세계 13위에 랭크되어 있다.

우리 앞에 있는 12개 나라를 살펴보자. 미국, 일본, 독일 같은 선진국 아니면 중국, 러시아, 인도 같은 인구대국, 영토대국들이다. 우리는 이미 세계적인 산업대국의 반열에 올라섰다. 적어도 수치상으로는 그렇다.

이명박, 박근혜 정부 이후 민주주의가 퇴보하고 있다고 하지만 이는 어디까지나 상대적 개념이다. 민주화 이후 등장한 정권들 중 가장 낮은 수준이라는 것이지, 과거 권위주의 정권과 비교했을 때, 혹은 동시대 다른 나라들과 비교해봤을 때 우리의 민주주의는 공고화되어 있다. 현 시점에서 보자면 민주화, 산업화란 과제는 성취된 것이나 마찬가지다. 다시 말해, 민주화와 산업화란 프레임은 시효가 만료되었다.

권위주의 정권의 대표인 박정희 전 대통령의 딸이 대통령에 당선될 수 있었던 것은 역설적으로 민주주의가 공고화되어 있기 때문이다. 과거 야권 지지자였던 50대 유권자들이 대거 박근혜 지지로 돌아선 것은 그가 당선된다고 해도, 과거 유신정권 같은 비민주적 사태는 다시 일어나지 않을 것이란 믿음의 결과였다.

지난 2012년 18대 대선을 떠올려보면 민주화-산업화 프레임이 시효 만료되었다는 것을 다시 한번 깨닫게 된다. 대선 기간 내내 모든 후보의 캠프에서 세 가지 개념이 끝없이 반복되었다. 경제민주화, 새정치, 국민통합! 그것들을 새로운 프레임이란 관점에서 하나하나 분석해보기로 하자.

성장과 분배는 정말 같이 갈 수 없을까?

경우에 따라 다르다고 하는 것이 정답일 것이다. 경제성장 초기에는 두 가치가 상충될 수 있다. 한정된 자원을 생산성이 높은 곳에 집중시켜 부가가치를 창출하고, 이것을 점진적으로 사회 전반에 확산시키는 정책이 필요하다. 이른바 선부론(先富論)이다. 자원이 부족한 경제성장 초기에 평등한 분배정책을 펼칠 경우, 분배된 자원은 모래알처럼 잘게 분해되어 소모된다. 경제를 확대재생산시키는 효과가 없는 것이다.

그러나 경제발전이 어느 정도 궤도에 오르고 자원이 풍부해진 상태에서도 선부론을 고집한다면 오히려 경제발전의 지속가능성이 위협받는 부작용이 발생할 수 있다. 경제적 성과가 사회 각 분야로 공정하게 분배되어야 경제적 활력이 배가되면서 역동적인 경제성장이 이루어진다.

만약 경제적 성과가 특정 계층 또는 대기업에 집중되는 관행이 유지된다면 국가 경제 구성원의 의욕을 꺾는 결과뿐 아니라, 구매력 약화와 내수시장 침체 등 경제기반을 축소시킬 가능성이 크다.

지난 10년, 우리는 더 이상 대한민국 경제가 선부론적 관념으로 운영될 수 없다는 것을 절실하게 깨달았다. 세계 10위권에 오른 지금, 선부론은 기득권 옹호론에 불과하다. 사회적 정의의 관점에서 뿐만 아니라, 경제발전의 지속가능성을 담보받기 위해서도 공정한 시장경제 질서가 확립될 필요가 있다. 분배와 성장이 선순환 구조를 이루는 복지국가로 나아가야 한다는 데 많은 국민들이 동의하고 있다.

특히 이런 문제의식은 MB 정부 5년을 통해 극적으로 심화되었다. MB는 선부론의 또 다른 버전인 '낙수이론'을 내세우며 감세정책, 규제완화 등 친기업 정책을 펼쳤지만 그로 인한 경제적 성과는 고스란히 기업의 금고 속에 쌓였다. 돈은 돌지 않았고, 서민들은 갈수록 가난해져 갔다. 비극은 여기서 끝나지 않았다. 한진중공업, 쌍용차 문제와 같은 노사갈등과 대기업의 골목상권 침해, 그리고 중소기업에 대한 대기업의 불공정거래 관행이 만연해졌다.

'경제민주화'라는 개념에는 이와 같은 현실을 더 이상 용납할 수 없다는 간절한 바람이 담겨 있다. 대한민국의 경제 시스템을 근본적으로 변화시켜 모두가 잘사는 세상을 만들고자 하는 민심이 반영되어 있다. 이는 새로운 시대를 대표하는 새로운 프레임이었다.

새 정치여! 응답하라 제발

'새 정치'란 말 속엔 많은 것이 내포되어 있다.

시대정신과 정치 시스템은 평형을 이루어야 하지만, 항상 똑같이 갈 수는 없다. 시대정신이 앞서 나가고 시스템은 뒤따르며 평형을 맞춰 나가게 된다. 그런데 시대정신은 계속 나아가고 있는데, 정치 시스템이 제자리걸음을 한다면 부작용이 커진다. '새 정치'란 말 속엔 낡은 정치에 대한 환멸과 문제의식, 그리고 더 이상 참을 수 없다는 분노가 담겨 있다.

대한민국 여당 및 보수세력이 사는 세상은 1960~70년대, 즉 냉전과 산업화시대다. 북한정권은 갈수록 약화되고, 사회는 다원화되고, 한반도 주변정세가 다극화되고 있음에도 그들은 남북한 체제경쟁이 치열하던 그때 그 시절에 머물러 있다. 북한은 여전히 뿔 달린 괴물이고, 미국은 우리를 보살펴주는 고마운 은인이다. 북한이나 미국을 공히 성숙하고 책임 있는 파트너로 대하길 바라는 것은 아무래도 과욕인 듯하다.

여당 및 보수세력은 야당 및 진보세력 역시 파트너로 인정하지 않는다. 대화와 타협을 통해 문제해결을 하기 보다는 시종일관 상대방을 무시하고 제압하려는 태도를 보여주었다. 이명박 정부 5년간 대부분의 주요 법안은 날치기로 통과되었다. 주요 현안에 대한 논의과정에서도 공통분모를 찾아 이를 확장시키려는 모습이 아니라 차이를 확인하고 그 틈새를 더욱 벌리는 방식을 택했다.

이런 정국에서 야당은 사실상 제구실을 하지 못했다. 비생산적 계파

갈등에 몰입하며 당내 권력투쟁에만 여념이 없었다. 정부와 여당을 견제하는 야당 본연의 기능은 기대할 수 없었다. 그러다 보니 MB 정부 5년 내내, 야당은 시민사회의 뒤꽁무니만 쫓아다녔다. 한 번도 이슈를 주도적으로 제기하거나, 선제적으로 정책대안을 제시하여 정부를 압박해본 적이 없었다. 야당도 여당과 마찬가지로 과거에 살고 있다고 말할 수 있다. 국민이 갈망하는 '새정치'에는 전혀 응답하지 않은 채…

국민들은 과거의 정신으로 현재를 살고 있는 기존 정치세력을 더 이상 신뢰하지 않게 되었다. 그들은 새로운 인물과 정치세력을 갈구했고, 그런 염원을 통틀어 '새 정치'란 개념이 도출되었다. 그렇다면 '새 정치'란 무엇일까? 냉철한 현실 인식에 기반해 분단 질서를 관리하고 점진적 통일을 지향하는 것! 공정한 규칙이 관철되며 분배와 성장이 선순환 하는 경제 질서를 창출하는 것! 정치사회적 갈등을 안정적으로 관리하는 것! 이런 시대정신을 구현해줄 대안을 국민 스스로 찾아 나섰다는 것은 어찌 보면 서글픈 일이 아닐 수 없다.

'세대 간 갈등'으로 포장된 진짜 갈등

서울과 지방이 싸운다. 서울 안에서는 강남과 비 강남이 싸운다. 지역의보 가입자와 직장의보 가입자가 싸우고, 일반고와 자사고가 싸운다. 선거를 앞두고, 일자리를 앞두고는 젊은 세대와 중장년 세대가 싸운다. 지금 대한민국은 계층, 지역, 세대 간 갈등에 몸부림치고 있다. 건수만 있으면 싸우려고 덤벼드는 것이 일상이 되었다. 특히 최근 심화되고 있는 세대갈등은 가치관의 차이가 아닌 사회경제적 기득권 싸움이란 점에서 문제가 자못 심각하다. 그들은 정부 정책에 대해서도 날카롭게 대립한다.

대부분이 집을 가지고 있는 5060세대와 전세나 월세살이의 비애를 안고 사는 2030세대의 의견이 일치할 수는 없다. 본질적으로 세대갈등은 '가진 자'와 '가지고자 하는 자'의 인구분포 변화에 기인한다. '1인 1표제' 하에서 노령인구의 급증은 그들의 정치적 파워가 강해졌다는 것을 의미한다.

당연히 정부와 정당들은 노년층이 선호할 만한 정책을 입안하고 추진한다. 문제는 그런 정책을 추진하기 위한 비용이다. 현재 경제활동의 주력인 젊은 세대가 부담할 수밖에 없다. 게다가 저출산·고령화 추세는 젊은 세대에게 더욱 무거운 짐을 지우게 된다. 경제활동을 하는 젊은이 1명이 책임져야 할 고령인구는 날이 갈수록 늘어나고 있다. 젊은 세대의 입장에서는 자신들의 어린 자녀와 노후 대비에 필요한 자원을 현재의 노령인구에 투입하라는 얼토당토않은 정책이다. 이런 희망은 없고 희생만 있는 정책에 누가 동의하겠는가?

그렇다면 우리 시대가 겪고 있는 세대갈등엔 답이 없는가?

이와 같은 사회분열을 완화하고 재통합하는 것이 정치의 역할이다. 소외계층에겐 자신의 삶을 개선할 수 있는 기회를 제공하고, 서울과 지방, 강남과 비강남이 균형적으로 발전할 수 있도록 사회경제적 정책을 기획하고 실천해야 한다. 또한 노령인구의 사회경제적 활동 기회를 늘리는 다양한 정책대안을 강구해 세대통합을 유도해야 한다. 그런데 정치권은 이러한 임무를 사실상 방기해왔다.

오히려 정략적 목적에서 갈등을 방조하고 더 나아가 조장한 측면도 있다. 선거 때마다 지역갈등을 부추기는 것은 이미 오랜 수법이고 최근에는 세대갈등까지 부추기고 있다. 여당은 노년층, 야당은 젊은 세대를 자기편으로 규정하고 상대측의 투표율을 떨어뜨리기 위해 교묘한 수사법을 동원했다. 한국의 정치세력들은 스스로 분열의 정치에 앞장서 왔던 것이다.

최근 선거에서 '국민통합'이란 말이 자주 사용된 것은 증오의 정치가 최고조에 달해 있었기 때문일 것이다. 정치권이 얕은꾀로 증오의 정치를 선동할 때, 국민들은 여기에 환멸을 느끼고 그 반대의 메시지를 요구했다.

결론적으로 2012년 대선을 통해 경제민주화, 새 정치, 국민통합이란 새로운 국가운영 패러다임이 대두되었다. 그렇다면 여야, 보수와 진보, 18대 대선주자였던 박근혜, 문재인, 안철수는 국민들의 이런 요구를 자신들의 프레임에 정확히 반영했는가? 이에 대해 자세히 짚고 넘어가야 할 것이다.

박근혜 프레임의
겉과 속

박정희 전 대통령의 장녀.

한나라당과 새누리당의 지도자.

박근혜 후보는 명백하게 한국 보수세력의 아이콘이자 적자(嫡子)이다. 그녀는 보수세력이 정치적 위기에 빠질 때마다 구원등판해서 보수를 기사회생시키는 역할을 도맡아왔다. 그녀의 이미지는 도도한 강물이고, 흔들리지 않는 나무다. 그런데 실상을 자세히 살펴보면 박근혜만큼 시대정신의 추이에 민감하게 반응했던 정치인도 드물었다. 강물이라기보다 구불구불 흐르는 시냇물이고, 나무라기보다 갈대에 가까웠다.

정치 초년생 시절, 박근혜 의원은 보스정치 청산과 정당 민주화란 대의를 내세워 이회창 총재에 맞서며 한나라당 탈당을 감행했다. 당시 이와 같은 행보는 정치적 고립을 자초하는 무모한 행동처럼 보였다. 하지만 이런 무모함 덕분에 박근혜 의원은 2004년 탄핵 국면에서 한나라당의 구원투수로 나설 수 있었다. 만약 박근혜 의원이 당시 한나라당의 주류였던 이회창 총재에게 묻어가는 정치행보를 보여줬다면, 2004년 총선에서 소위 물갈이 대상으로 지목되었을 가능성이 크다.

2007년 17대 대선에서 박근혜 한나라당 예비후보는 '줄푸세' 공약을 들고 나왔다. 당시 이명박 예비후보가 들고 나온 '747, 한반도 대운하'와 비교했을 때, 좀 더 신자유주의의 원형에 가까웠다. 때는 2008년 금융 위기가 오기 전이다. 국가권력의 개입을 최소화하고 시장의 절대적 자유를 주장했던 신자유주의 경제학은 당시 거의 진리로 받아들여졌다.

이명박 예비후보는 산업화 시대의 낡은 정서를 대변했고, 박근혜 예비후보는 당대의 지배적인 정책 패러다임에 충실했다는 평가를 내릴 수 있다. 그런데 MB정부 출범 후, 박근혜 의원은 줄푸세와 정반대의 정책인 복지국가 모델과 경제민주화를 말하기 시작한다. 아마 2010년부터일 것이다. 2008년 금융위기로 신자유주의 헤게모니는 흔적도 없이 분해되었던 때이다. 당시 복지국가 또는 경제민주화를 주장하는 목소리가 사회 곳곳에서 제기되고 있었지만 구체적인 목표와 방법론, 실행 프로세스를 제시한 정치인은 박근혜 의원이 처음이었다. 야당의 대권주자들조차 이와 같은 정책 대안을 제시하지 못하고 있던 시점에서 이루어진 일이다.

'아이러니'란 이런 경우에 써야 한다. 한국 정치에서 가장 보수적인 정치인이 가장 진보적인 의제를 선점해버린 것이다. 야당의 입장에서는 '멘붕'이라는 단어를 써야 할지도 모르겠다. 비단 경제민주화 및 복지국가 의제뿐만이 아니었다. 2011년 서울시장 재보선에서의 패배, 한미 FTA 날치기 통과를 거치며 새 정치에 대한 국민의 요구는 날이 갈수록 거세졌고, 그런 만큼 한나라당은 붕괴일로에 처했다.

한나라당 비상대책위원장으로 취임한 박근혜 의원은 이런 위기를 기회로 삼는 행보를 시작했다. 한나라당의 리모델링을 기획한 것이다. 우선 기존 정치에 환멸을 느끼고 있는 국민을 위해 외부 전문가를 초빙했다. 헌법 119조 2항, 경제민주화 헌법의 창시자로 알려진 김종인, 원칙 있는 보수 지식인으로 알려진 이상돈, 젊고 참신한 보수를 자처하는 이준석을 비상대책위원으로 영입했다. 또 '침대는 과학이다'라는 광고문구로 유명한 카피라이터 조동원을 홍보책임자로 초빙했다.

당의 이름을 새누리당으로 바꾸고, 당의 상징 컬러를 한국 현대사에서 터부시 되어 왔던 빨간색으로 바꿨다. 이런 행보에 대해 진정성은 없고, 이미지나 홍보 효과만 노린 쇼에 불과하다는 비난도 있지만 그것은 별로 중요하지 않다. 중요한 것은 국민의 요구에 민첩하게 반응하고 그 결과를 확실하게 보여주었다는 것이다.

본격적인 대선 레이스에 돌입하자 박근혜 후보는 '국민통합'을 외치며 '100% 대한민국'을 자신의 캐치프레이즈로 내걸었다. 전격적으로 봉하마을을 방문하고 전태일 동상에 헌화하는 모습도 연출했다. 과거사에 대한 사과 없이 이런 행보가 무슨 의미가 있냐는 비판도 있었다. '100% 대한민국'이란 구호가 지나치게 전체주의적이라는 지적도 있었다. 하지만 야당이나 진보진영의 이런 비판은 대중들의 호응을 얻기에 미진했다. 더욱이 2012년 9월 24일 있었던 과거사 사과 발언은 모든 논란을 잠재웠다.

결론적으로 18대 대선에서 박근혜 후보의 프레임 전략은 비교적 성공적이었다. 새로운 시대정신을 포착해냈고, 그에 걸맞은 캐치프레이즈와 구호를 제시했으며, 이를 뒷받침하는 정책행보를 보여줬다. 김종인을 등용해 '경제민주화'란 프레임을 확실히 자기 것으로 만들었으며, 새누리당으로의 리모델링을 통해 새 정치에 대한 국민의 욕구를 수용하는 모양새를 갖췄다. '100% 대한민국'이란 캐치프레이즈로 국민통합에 대한 요구도 만족시켜주었다. 그리고 이 모든 정책을 '정권교체의 수준을 뛰어넘는 시대교체'라는 비전으로 통합했다.

물론 박근혜의 프레임 작업은 이미지 차원에 머물렀다는 문제점을 갖고 있다. 즉 상징적 의제를 받쳐주는 정책대안이나 구체적 실행전략이 부족했던 것이다. 2010년 발표한 '맞춤형 복지'의 경우, 어느 정도의 실행전략을 담고 있지만 대선 국면에서는 이에 대한 논의가 거의 부재했다. 그런 정책이 있었다는 사실만 남았을 뿐, 구체적 내용과 추진방법에 대한 논의는 아예 진행되지 않았던 것이다.

그리고 대선 국면이 가열될수록 박근혜 후보는 자신이 선점했던 미래형 의제보다는 과거형 의제에 의존하는 모습을 보여줬다. 실체가 불분명한 노무현 전 대통령의 NLL 발언이 논란이 되었고, 선거 막판에는 박정희 시대를 연상케 하는 "다시 한번 잘살아보세"란 구호가 울려 퍼졌다. 전자는 냉전 시대의 유산에, 후자는 산업화 시대의 추억에 기댄 것이었다. 과거형 의제와 구호를 통해 지지자를 결집시키려 했던 것이다. 2010년부터 2012년 대선까지 박근혜 의원의 행보를 의제란 측면에서 보자면, 미래에서 과거로의 지속적 퇴행이라 할 수 있다. 분명히 다른 정치인, 다른 후보들보다 민첩하게 시대정신을 포착했으며 그럴듯한 프레임을 짜는 능력을 보여주었다. 그 결과 그녀는 지금 청와대에 있다. 하지만 거기까지였다.

박근혜 대통령의 프레임 작업은 미완에 그쳤다. 상징적 표제어만 채택되었을 뿐, 그것을 뒷받침하는 전략과 프로세스는 논의되지 못했다. 경제민주화, 새 정치, 국민통합과 같은 프레임을 내세웠고 시대를 교체하겠다는 말까지 했으나, 어떤 시대를 만들 것인지, 어떤 방법으로 할 것인지에 대해서는 전혀 언급된 바가 없다.

5

문재인과 안철수는 자멸했나?

문재인과 안철수는 프레임 전략에서 실패했다.

대선에 패배한 문재인 후보뿐 아니라, 단일후보를 양보한 안철수 후보 모두 시종일관 모호한 메시지로 일관했다. 한마디로 비정치적이었다. 박근혜 후보처럼 프레임의 상징성을 명확히 부각하고, 그것을 자신의 트레이드마크로 소유하지 못했다. 18대 대선은 박근혜 후보가 잘했다기보다는 경쟁자가 잘못해서 얻어진 결과라 할 수 있다.

2012년 서울시장 재보선을 거치며 안철수 후보는 새 정치의 아이콘으로 국민에 의해 소환되었다. 국민들이 안철수에게 새 정치라는 프레임을 만들어주었다고 볼 수 있다. 안철수가 새 정치를 선점함으로써 기존 정치권 인사들, 심지어 문재인까지도 헌 정치에 속하는 인물로 규정되었다. 이것은 엄청나게 강력한 프레임이다. 그런데 안철수는 새 정치의 구체적 대안을 적시하는 데 실패함으로써, 스스로 자신의 프레임을 약화시켜나가는 악수를 두었다.

안철수 후보는 대선 출마 선언을 하고 한 달이 지나도록 새 정치의 구체적 방안을 제시하지 않았다. 그리고 대선을 코앞에 둔 11월에 내놓은 것이 국회의원 정원 축소였다. 한때 허경영 씨가 주장해 희화화된 구호였다. 인구비례로 보아 국회의원 숫자가 결코 많지 않은 상황에서 이러한 주장은 국민의 정치혐오에 감성적으로 편승한 것에 불과하다는 비판을 면하기 어려웠다. 실제로도 많은 정치전문가들의 비판에 직면했다. 다른 정책대안들 역시 적실성이 떨어진다는 공격에 직면했다. 장고 끝에 악수를 둔 것이다. 보수세력은 안철수를 향해 '준비되지 않은 후보'란 대항 프레임을 구축하고 지속적으로 공격해왔다.

한편 문재인 후보는 좋든 나쁘든 독자적인 프레임을 구축하는 것에 조차 실패했다. 문재인을 18대 대선후보로 소환한 것은 '노무현에 대한 향수'였다. 박근혜가 산업화 프레임을 인격적으로 대변하는 박정희의 아바타였다면, 문재인은 민주화 프레임을 인격적으로 대변하는 노무현의 아바타였다.

그런데 박정희가 여당 및 보수세력에게 독보적인 위상을 가지고 있는 것과는 달리, 노무현은 민주화의 상징성을 김대중과 공유하고 있었고, 재임 시 일부 행적으로 인해 야당 및 진보세력 일각에게서 여전히 비판받고 있는 인물이다. 이는 현실정치 측면에서도 친노와 비노라는 계파갈등으로 표출되고 있다.

결과적으로 노무현 프레임은 문재인을 야권 대선주자로 급부상시킨 동력임과 동시에 그의 발목을 잡는 장애물이 되었다. 민주당이 총선에서 패배한 이후, 언론은 민주당의 당내 정치를 친노-비노 간의 갈등으로 보았고, 대통령 후보 선출을 위한 예비경선마저 친노-비노 간의 패권다툼인양 보도했다. 정당 안에서 당연히 이루어져야 할 정치 프로세스가 소모적인 정쟁, 다시 말해 구정치의 재현인 것처럼 표출된 것이다. 이로 인해 문재인은 야권의 대선주자가 아니라 친노의 수장인 것처럼 각인되게 된다.

문재인 후보는 노무현으로 시작했으나, 노무현을 넘어서야 하는 어려운 문제를 풀어야 했다. 포스트 노무현 시대를 대표하는 독자적 비전, 창조적 프레임이 필요했던 것이다. 그런데 문재인 후보가 대선 기간 내내 강조한 것은 정권교체론, 과거 민주화 프레임을 반복하는 것이었다.

문재인, 안철수 후보가 시대정신에 부응하는 프레임을 만들지 못함으로써 야당과 진보진영의 대선 프레임은 정권교체나 과거사 문제와 같은 미래지향적이지 못하고 지엽적인 방향으로 흘러갔다. 18대 대선에서 진보진영은 지속적으로 과거사 문제를 제기했다. 박근혜 후보의 사과 성명까지는 유신과 인혁당을 문제 삼았고, 그 이후에는 정수장학회 등을 거론했다.

만약 문재인, 안철수 후보가 미래지향적이고 시대정신에 맞는 프레임을 제시한 후, 박근혜 후보에 대해 과거사 문제를 제기했다면 그의 낡음과 구태의연함을 노출시킬 좋은 기회가 되었을 것이다. 그리고 세상은 지금과 달라져 있을 것이다. 바로 이 지점에서 우리는 의문을 품게 된다.

문재인, 안철수, 그리고 진보진영은 당시 어떤 생각을 갖고 있었을까?
그리고 어디를 보고 있었을까? 그들은 미래가 아닌 과거에만 시선을
고정했던 것은 아닐까? 진보적 가치에 맞는 대한민국의 미래를 구상하
겠다는 생각보다는, 박정희의 딸 그리고 유신의 자녀를 대통령으로 만
들 수 없다는 격정에만 휘둘린 것은 아니었을까?

박근혜 후보와 새누리당은 미래지향을 연기하면서, 실제로는 냉전
과 산업화 시대의 관점에서 선거를 치렀다. 문재인, 안철수 후보 역시
미래를 이야기했지만, 사실은 이전에 무수히 반복되었던 민주화 프레
임에서 한 발자국도 벗어나지 못했다. 더구나 그들은 박근혜와 새누리
당에 비해 미래를 말하는 방식도 서툴렀고, 그 내용도 모호했다.

18대 대선은 미래와 미래의 대결도, 과거와 미래의 대결도 아니었다.
과거와 또 다른 과거의 싸움이었던 것이다.

'누가 누가 더 못하나'
게임

6

시대정신이 없는 시대는 없다. 그것이 상당히 명확한 형태로 존재할 때도 있지만 안개처럼 모호한 모습으로 존재할 때도 있다. 프레임이란 이런 묵시적인 시대정신을 자신의 정치적 성향과 결합시켜 명시화하는 작업이다. 사실 엄밀히 말해 지난 18대 대선을 치른 3명의 주인공 중이 작업을 완료한 사람은 없다. 세 후보 모두 국민들 사이에서 자생적으로 형성된 경제민주화, 복지, 새 정치, 국민통합의 욕구에 일종의 메아리처럼 반응했을 뿐이다.

박근혜 후보가 이런 흐름에 적극적으로 대처했고, 일련의 프레임 작업을 시도한 측면이 있다. 하지만 어디까지나 상대적 기준에서 그렇다는 것이다. 엄격한 잣대를 들이대면 박근혜 후보 역시 새로운 시대정신을 온전히 담아내는 프레임을 제시하지 못했다.

만약 문재인이나 안철수 후보가 경제민주화·복지, 새 정치, 국민통합이란 시대정신에 주도면밀하게 대처했다면, 그들의 독자적인 프레임을 만들어냈다면, 각각의 프레임에 대해 구체적 쟁점이 도출되었다면, 여야 후보 간에 프레임의 대결이 벌어지는 상황이 벌어졌다면… 그래도 박근혜 후보가 18대 대선에서 낙승을 거둘 수 있었을까? 18대 대선은 '누가 누가 잘하나'가 아닌 '누가 누가 못하나'의 게임이었다. 박근혜 후보의 승리는 더 잘해서 얻어진 것이 아니라, 덜 못해서 얻어진 것이다.

대선주자들의 미숙함에도 불구하고, 이번 대선은 거시적 관점에서 큰 의의를 가진 선거였다고 할 수 있다. 이전 선거들은 이념적 성격이 두드러졌고 '이것 아니면 저것'이라는 일도양단의 측면이 강했다.

'민주냐 반민주냐, 남북 간 대화냐 대결이냐, 분배냐 성장이냐'처럼 구체적 방법론에 대한 토론의 여지는 없이 두 개의 거대 담론 중 하나를 선택해야 하는 방식이었다. 타협이나 조정 따위는 존재 가치도 없었다. 반면 18대 대선을 이끈 경제민주화·복지, 새 정치, 국민통합은 여야 정치권은 물론 보수와 진보 양쪽이 모두 동의하는 의제들이었다. 추상적인 국가 비전이 아니라 국민의 삶을 실질적으로 어떻게 구성할 것인가가 주된 쟁점으로 대두된 것이다.

그런 점에서 18대 대선은 한국 정치가 '이념정치'에서 '생활정치'로 넘어가는 이정표가 되었다고 평가할 수 있다. 여야 정치권이 경제민주화·복지, 새 정치, 국민통합의 구체적 방향성과 방법론을 놓고 생산적 논쟁을 벌였더라면, 한국 정치의 수준은 비약적으로 높아졌을 것이다. 또한 새로운 정부의 출범 자체가 국민통합의 시발점으로 평가받았을 것이다. 정말이지 좋은 기회였다. 그리고 아까운 기회였다.

그러나 대통령에 당선된 이도, 그와 경쟁을 벌였던 이들도, 그리고 그들을 뒷받침하는 정당과 지지세력들도 이런 기회를 제대로 활용하지 못했다. 시대와 국민은 미래를 향해 가고 있는데, 이들은 여전히 과거에 묶여 있었기 때문이다.

하지만 그 누구도 거스를 수 없는 것을 대세라고 한다. 대한민국 정치는 이미 이념정치에서 생활정치로 발을 떼었다. 오랫동안 '교류냐 대결이냐'로 첨예하게 엇갈리던 남북관계에서조차 그렇다. 지금 북한과 대화를 하느냐 마느냐를 문제 삼는 사람들은 없다. 그 속도와 방법만이 논쟁의 대상일 뿐이다.

최근 불거진 갑을 논쟁에서도 이런 사고의 전환이 확인된다. 일부에서는 아직도 과거의 선부론적 발상을 고집하는 목소리들이 있지만, 사회경제적 약자의 보호가 한국경제 전체의 활력을 되살리기 위해 필수적이라는 데 이의를 제기할 사람은 없다. 다만 방법과 범위, 속도에 있어 이견이 있는 것이다.

단언컨대 이런 추세는 19대 대선까지 이어질 것이다. 예전의 남북관계는 순수한 이념적 사안이었지만, 이제는 국민의 삶에 어떤 의미를 갖고 어떤 영향을 미칠 것인가를 논의해야 하는 현실적 의제가 되었다. 경제와 민생 이슈들은 지금보다 더욱 구체화될 것이다. 보수와 진보가 양자택일적 의제를 국민 앞에 놓고 선택을 강요하는 방식의 정치는 더 이상 용납되지 않을 것이다.

2017년 프레임
예언

7

프레임이 앞으로의 정치 지형, 선거 판도를 바꿀 것이라는 것은 분명한 사실이다. 그렇다면 궁금해진다.

2017년에 판을 벌일 19대 대선에서는 어떤 의제들이 제기될까? 18대 대선에서 표출된 시대정신이 그대로 유지될까? 아니면 어떤 변화가 감지될 것인가? 여기에 대응한 정치세력의 프레임 작업은 어떻게 진행될까? 그리고 결국 누가 승리하게 될까? 지금 시점에서는 가장 흥미로운 주제일 것이다. 지금 대선후보들은 어떤 프레임을 짜고 있을까? 아마 다음에 거론할 3가지 대안들이 뼈대로 떠오를 것이다.

가진 자의 횡포에 저항하다: 공정사회 프레임

19대 대선은 18대 대선의 시대정신이 심화되는 방향으로 표출될 것이라는 것은 합리적인 발상이다. 즉 경제민주화와 복지 의제는 현재보다 더 구체화, 세분화될 것이다. 2014년 말 대한항공 조현아 부사장의 소위 '땅콩 회항' 사건은 '가진 자'들의 횡포에 대해 국민적 공분을 사기에 충분했다. 아파트 경비원의 분신자살, 백화점 아르바이트 학생을 무릎 꿇린 모녀 사건 등 사회적 약자들의 문제는 양극화 사회에서 끊임없이 제기될 수밖에 없다.

또한 중소기업, 골목상권, 비정규직, 청년실업 문제는 당분간 우리 사회의 최대 이슈가 될 것이다. 이러한 문제는 개별적인 것이 아니라 우리 사회의 총체적인 문제이다. 그 해결책 또한 전반적인 시스템 개조와 사회 구성원의 의식 변화에 기초해야 할 것이다.

본격적인 저출산·고령화 사회로 접어들면서 우리 사회도 복지문제가 필수불가결한 의제가 되었다. 복지는 막대한 예산이 소요되는 사회 전반적인 문제이다. 따라서 증세를 비롯한 조세정의 문제는 반드시 쟁점이 될 수밖에 없다. 부자에겐 세금을 깎아주고 유리지갑인 봉급자들에겐 세금을 더 걷는 정책들은 격렬한 조세저항에 부딪칠 공산이 크다. 공정사회 건설이란 거스를 수 없는 시대적 요구다. 공정사회를 주제로 공감할 수 있는 강력한 프레임을 구축하는 정당과 후보라면 19대 대선에서 분명히 우위를 점하게 될 것이다.

- 경제민주화 : 갑을 관계의 재정립, 노동이 존중받는 사회
- 복지의제의 심화 : 조세민주화, 조세정의

세월호가 남긴 깊은 상처: 안전사회 프레임

2014년 4월 세월호가 침몰했다.

차가운 바닷물 속에서 영문도 모르고 죽어간 아이들은 온 국민을 패닉 상태에 빠지게 했다. 우리는 황망해 하다가, 분노하다가, 절망했다. 구조작업 하나 제대로 못한 정치지도자와 정치시스템에 대한 의구심과 원망, 배를 침몰시킨 근본 원인이 되었던 정경유착의 고리에 대한 분노, 그리고 이런 참사를 겪고도 전혀 변하지 않는 정치권에 대한 절망… 세월호 참사는 '국가란 무엇인가'에 대한 근본적인 문제의식을 던져주는 엄청난 사건이었다. 나와 내 가족의 생명을 보호해주어야 할 국가는 사실상 존재하지 않는다는 자각은 가히 충격이었다.

세월호 참사는 19대 대선에서 모든 후보들이 거론하게 될 것이며 '국민의 안전을 지켜주는 국가'는 새로운 시대정신이 될 것이다. 국가가 존재해야 할 가장 근본적인 이유가 21세기 대한민국에서 시대정신이 된다는 것은 조금은 서글픈 일이다.

세월호 참사로 촉발된 '안전' 이슈는 범죄, 재난뿐 아니라 환경, 식품위생 등 포괄적 개념으로 진화하고 있다. 원자력 발전, 수질오염, 미세먼지, 황사 등 환경 이슈로 취급되어 왔던 것들도 '안전' 의제로 포괄되

고 있다. 과거 식품 안전에 대한 문제 제기는 주로 영세 식품가공자들의 비양심적 행태를 고발하고 시정하는 데 초점이 맞춰져 왔다. 하지만 최근에는 대량생산과 원가절감을 추구하는 기업들의 이해관계가 개입되어 있어 소비자 감시나 언론 고발과 같은 방법으로는 규제할 수 없는 문제가 되었다. 식품 생산 전반에 대해 국가적 개입과 통제가 요청되는 정치적 의제로까지 부상하게 된 것이다.

18대 대선에서 안전 문제를 언급한 것은 박근혜 후보가 유일하다. '국민안심 프로젝트'를 제안하면서 '성폭력, 학교폭력, 가정파괴범, 불량식품'을 4대악으로 규정했다. 사실 이것은 전통적 안전 개념, 즉 안전 문제를 치안에 국한시킨 것이다. 최근의 안전문제가 치안, 환경, 재난 등을 포함한 포괄적 개념으로 진화하고 있다는 것을 감안하면 조금은 후진적이라 평가할 수 있다. 안전에 대한 포괄적 인식은 시민사회 차원에서 시작되었으나, 아직 정치권에서는 수용되지 않은 상태이다. 누가 이를 선점하느냐에 따라 19대 대선의 판도가 출렁일 것이다.

'안전'에는 외부위협에 대한 대응이라 할 수 있는 '안보' 이슈도 포함된다. 북한의 핵 보유가 기정사실화되고 김정은 정권의 불안이 심화되고 있는 정세는 안보문제의 양상을 변화시키고 있다. 핵 보유 국가인 북한을 상대함에 있어 과거와 같은 '대결-대화'의 이분법은 통용되지 않을 것이다. 누가 더 신중하고 현실적인 북한 관리 방안을 내놓느냐가 국민의 선택에서 중요한 기준으로 작용할 가능성이 크다.

또한 김정은 정권의 취약성은 북한에서 돌발사태가 발생할 가능성을 높이고 있다. 이에 따라 주변 강대국의 개입 가능성 또한 높아지고 있다. 한반도 문제의 당사자로서 미국, 러시아, 중국, 일본의 4대 강국과 어떤 관계를 맺을지, 여기서 얻은 성과를 남북관계에 어떻게 투사할지가 국민적 관심사로 대두할 것이다. 남북관계란 복잡하고 미묘한 문제를 누가 가장 잘 관리할 것인가에 대한 국민적 판단 역시 19대 총선의 주요 변수가 될 것이다.

- 세월호 참사가 촉발시킨 안전하고 믿을 수 있는 국가에 대한 열망
- 북한을 비롯한 외부 위협으로부터 국민을 보호해주는 국가

박근혜 대통령이 못 한 것, 안 한 것: 소통과 공감 프레임

시대정신은 현 정권에 대한 반작용으로 나타나는 경향이 있다.

노무현 정부의 부동산 폭등과 서민경제 피폐화는 무조건적인 '경제성장'을 시대정신으로 만들었다. 국회에서 거의 대부분의 법안이 날치기 통과되고 여야의 극한대립이 정치의 실종을 가져왔던 MB정부는 '안철수 현상'이라는 새 정치에 대한 열망을 불러왔다.

현 정부는 '불통정부'라 불리고 있다. 박근혜 대통령은 소신과 고집을 오가며 자신의 수첩에 의지해 국가를 운영한다. 국정원 댓글사건, 잇따른 인사 낙마, 대형 참사, 청와대 내부 권력암투 등 많은 사건사고는 국정시스템이 작동되지 못하고 있는 상황을 여실히 보여준다. 박근혜 정부에 대한 국민적 불신과 회의는 19대 대선에서 '소통'에 대한 열망을

키울 것이다.

국민이 원하는 정치는 '공감의 정치'이다. 과거의 권위주의는 이제 막을 내려야 한다. 개인의 카리스마에 의한 통치가 아니라, 국민의 의사를 결집해 집단지성을 이끌어내야 하는 것이다. 갈등 사안에 대해서는 사회적 대타협 기구를 만들고, 이런 과정에서 도출된 결론에 대해 정부는 원활한 집행자의 역할을 해야 한다.

현재 몸살을 앓고 있는 노사문제, 세대갈등, 지역갈등, 대기업과 중소기업 상생 등 모든 사회적인 문제들이 이에 해당된다. 19대 대선에서는 '소통과 공감의 정치'를 어떻게 이룰 것인지에 대한 대안과 정책을 제시하는 것이 아주 중요할 것이다.

- 박근혜 정권의 불통에 대한 반감 고조
- 공감 없는 정치인들만의 정치로 야기된 국민의 피로감

Chapter
2

후보 자신이
최고의 전략이다

1
경쟁력 있는
후보가 가진 2가지

이제까지 대선에 승리하기 위한 첫 번째 조건은 프레임이라고 했다.

만약 프레임 전략이 완비되었다면 다음의 핵심 변수는 후보의 경쟁력이 될 것이다. 정당의 조직이 아무리 탄탄하고 좋은 정책들을 나열한다고 해도, 후보가 함량 미달이면 분명히 한계가 있다. 반대로 후보가 뛰어나다면 다른 부분에서의 악조건은 얼마든지 극복할 수 있다. 그래서 모든 나라, 모든 시대, 모든 정당들은 선거를 앞두고 좋은 후보를 찾기 위해 전력투구했다.

그런데 이와 관련해 대한민국 대선에서는 한 가지 흥미로운 현상이 발견된다. 여론조사의 지지율이 후보 선택의 유일한 기준인 것처럼 받아들여지는 것이다. 하지만 등락을 거듭하는 여론조사 지지율을 후보 선택의 절대적 기준으로 삼는 것은 어리석은 일이다. 좋은 후보라면 일시적으로 여론조사 지지에서 열세라 해도 다시 반등하여 우위를 차지할 수 있다. 2002년 노무현 후보를 예로 들어보자.

노무현 후보는 민주당 후보로 선출된 직후 여론조사에서 60%를 상회하는 지지를 얻지만 곧 추락하여 15%까지 내려앉게 된다. 당 안팎에서 후보를 교체하라는 목소리가 높아졌다. 그러나 대선을 두 달 앞두고 노무현-정몽준 단일화가 이루어지고 노무현 후보의 지지율은 급반등하게 된다.

2002년 초, 또는 그해 8~9월 시점의 여론조사만 놓고 보면, 노무현 전대통령은 대통령은커녕 후보 자격도 없었다. 그러나 결국 대통령에 당선되었다. 이처럼 특정 시점의 여론조사 지지율은 신기루와 같다. 특히 민심이 출렁이는 대선 1년 또는 몇 개월 전의 여론조사를 후보 선택의 기준으로 삼는 것은 위험천만한 일이다.

중요한 것은 여론조사로 표현된 민심의 맥락을 정확히 읽고 그것에 대처하는 것, 그리고 민심과 소통하는 자질과 능력이다. 그런 점에서 후보 선택의 기준은 후보의 리더십과 콘텐츠여야 한다. 후보의 리더십이란 소통을 통해 자신을 지지하는 정치세력과 지지층을 결속하는 능력이다. 콘텐츠는 후보가 유권자에게 전달하는 국가 비전, 정책, 메시지 등을 합한 총체적 개념이다.

리더십과 콘텐츠를 갖추지 못한 후보는 일시적으로 형성된 이미지, 또는 조작된 캐릭터를 통해 잠시 여론조사에서 높은 지지율을 획득한다 해도, 곧 한계를 드러내고 대선 레이스에서 탈락하고 만다. 반면 강한 리더십과 풍부한 콘텐츠를 가진 후보는 급변하는 대선 정국에서 흔들리지 않고 유권자의 지지를 창출하며 대선 레이스를 끝까지 완주해 낸다.

강한 자가 이기는 것이 아니라 이기는 자가 강하다 했다.

같은 맥락에서 대통령에 당선되었다는 것은 리더십이 출중했다는 의미다. 어떤 의미에서든 리더십이 없었다면 최고의 권력자가 될 수 없었을 것이다. 따라서 대통령 후보에서 당선자가 되었던 역대 대통령들의 모습을 살펴보면 우리 국민들이 대통령에게 요구되는 리더십이 어떤 것인지 짐작할 수 있다.

리더십의 대부, 김영삼

일제 강점기, 사천중학교 학생들은 일본군 비행장 건설에 동원된다. 그 자리에서 중학교 3학년 학생 하나가 일본인 학생이랑 싸웠다는 이유로 정학을 받게 된다. 이 일을 계기로 그 학생은 하숙방 책상 앞에 이런 쪽지를 써놓았다. '미래의 대통령, 김영삼'. 그리고 그 꿈은 평생 한 번도 바뀌지 않았다고 한다.

1992년 대통령에 당선된 그는 고향에 내려가 "아버지, 이걸 따는 데 40년이 걸렸습니다." 하고 당선 통지서를 보여드렸다고 한다. 그 만큼 집념이 강하고 권력욕이 강했던 사람이다. 김영삼 대통령은 '머리는 빌리면 되지만 건강은 빌릴 수 없다'며 아침 운동을 거르지 않았다는 점에서 알 수 있듯이 콘텐츠에서는 낙제점을 받았다.

대선을 앞두고 그의 국정운영능력을 의심하는 질문이 나오면 "경험

이야말로 값진 지식입니다. 자질이 부족했다면 어찌 최연소 의원, 최연소 원내총무, 최연소 야당 총재를 하고 오늘까지 올 수 있었겠어요?"라고 대답했다고 한다. 이는 '어느 대학 나왔냐'는 기자들의 질문에 '아직 경험 대학에 재학 중이다'라고 답했던 등소평의 말을 연상시킨다.

아무튼 김영삼 후보는 자신도 인정한 콘텐츠의 부족을 리더십으로 극복함으로써 대통령에 당선되었다. 그의 결단력, 추진력, 조직능력은 타의 추종을 불허할 만큼 탁월했다. 1983년 군부정권에 맞선 단식투쟁, 군부정권과의 3당 합당 등은 심장이 약한 지도자는 절대 할 수 없는 결단력과 추진력의 결과였다. 또한 '민주산악회'를 통해 지지자들을 결속시키고 '상도동계'라는 집권세력을 만들어낸 조직능력은 김영삼의 뛰어난 리더십을 입증해주는 사례이다.

대통령이 된 후 실시한 금융실명제, '하나회' 숙청, '역사 바로 세우기' 등은 김영삼의 리더십이 있었기에 가능한 역사적 결과물들이다. 그러나 한 국가의 최고 정책결정권자로서의 콘텐츠 부족은 결과적으로 국민들에게 엄청난 고통을 안겨주었다. 남북관계 경색, IMF 외환위기 등이 그것이다.

콘텐츠의 대가, 김대중

'영원한 선생님, 민족의 지도자, 노벨평화상 수상자'
'빨갱이, 대통령병 환자, 권모술수의 대가'

이렇게 극과 극을 달리는 이미지를 형성한 정치인은 아마 그가 유일할 것이다. 그는 죽을 고비를 5번 넘겼다고 한다. 군사정권에서 사형선고, 납치 감금, 연금, 국외 망명생활 등 보통사람은 상상도 못할 고난을 겪었다. 4번의 도전으로 국회의원에 당선되었으며, 똑같이 4번의 도전 끝에 대통령에 당선되었다.

김대중은 김영삼처럼 결단력과 저돌적인 추진력을 갖지 못했다. 오랜 시간 투옥과 망명으로 김영삼처럼 자신의 조직을 만들고 관리할 기회도 얻지 못했다. 그러나 그에게는 자생적인 지지자가 있었다. 그들과 함께 김대중은 동교동계라는 집권세력을 만들 수 있었다. 그것이 가능했던 것은 그에게 뛰어난 웅변술과 해박한 지식이 있었기 때문이다.

그 앞에 가면 날고 긴다는 그 누구라도 고개를 끄덕이고 존경의 마음을 가질 정도로 그의 지혜와 지식은 뛰어났다. 사람들을 따르게 하는 원천은 그의 콘텐츠였다. 김대중 대통령은 뛰어난 콘텐츠로 부족한 리더십을 보완하였던 것이다.

김대중 대통령의 콘텐츠 능력은 집권 이후에 더욱 빛을 발하였다. 2년 만에 IMF환란을 수습하고 IT산업을 일으켰으며, 4대 보험과 생산적 복지체계를 정비하였다. 또한 역사적인 남북 정상회담을 통해 남북화해와 협력의 장을 마련했다. 그가 가지고 있던 철학, 신념이 대통령의 자리에서 그대로 구현된 것이다. 그의 선거 슬로건이었던 '준비된 대통령'은 선전문구나 공연한 수사가 아니었던 셈이다.

바보 혹은 승부사, 노무현!

"이의 있습니다!"

그의 리더십은 이 한마디로 귀결된다. 3당 합당이 있었던 1990년, 통일민주당 해체를 결정하는 전당대회에서 있었던 일이다.

"이의 없습니까? 이의가 없으므로 통과되었음을…"

사회자가 선언하려는 순간, 침묵이 흐르던 객석에서 한 남자가 갑자기 팔을 번쩍 들고 "이의 있습니다!"를 외쳤다. 뉴스를 통해 이 장면은 고스란히 보도되었다. 수많은 정치인들이 자신의 기득권을 지키기 위해 3당 합당을 묵인하는 자리에서 용기 있게 자신의 신념대로 행동했던 그의 모습은 많은 국민들에게 강렬한 이미지로 각인되었다.

'시대의 풍운아' 노무현은 상고를 졸업한 지 9년 만에 사법고시에 합격하여 변호사가 되었다. 가난을 벗어나기 위해 시작한 일이었지만 우연한 기회에 인권변호사의 길로 접어들어 인생의 전환기를 맞게 된다. 그는 학습능력이 뛰어났고 자신의 정치철학이 분명한 정치인이었다. 종로 보궐선거에서 당선 되자마자 누가 봐도 낙선이 예상되는 부산에서 다시 출마했던 결단은 그에게 '바보 노무현'이란 애칭과 함께, 최초의 정치인 팬클럽인 '노사모'라는 큰 정치적 자산을 안겨주었다.

당당히 대통령 후보에 선출되었는데도 여기저기서 후보교체론을 들고 나오자 정몽준 후보와 후보단일화를 감행하였다. 또한 검찰수사로 마지막 남은 자신의 도덕성에 상처를 입게 되자 스스로 생을 마감한다. 그야말로 온몸을 던져 정치를 했던 투사형 정치인으로 그의 삶은 결단의 연속이었다. 그는 벼랑 끝에 서서 결단하는 승부사였다. 위기의 순간이 오면 모든 것을 던져버리고 승부를 걸었다.

대통령이 된 후 시행했던 지방분권 정책, 양극화 해소 정책, FTA 등은 논란의 여지는 있었지만 그의 뛰어난 콘텐츠 능력을 입증해준 사례이다. 노무현의 돌파력과 결단력은 대통령이 되기까지는 훌륭한 리더십으로 작용했지만 국가 전체를 운영해야 할 대통령이 되고 나서는 여러 가지 문제점을 야기했다. 보수 기득권 세력과 필요 이상으로 충돌했고, 대연정 파동에서 볼 수 있듯 도를 넘는 승부사 정치로 도리어 같은 편의 전열을 뒤흔드는 패착을 범하기도 했다. 자연인 노무현은 훌륭했으나 대통령 노무현은 그렇지 못했다는 평가를 받는 이유이다.

묻지 마 리더십, 이명박

샐러리맨 신화의 주인공 MB는 '대한민국 주식회사'의 CEO를 자처했다. 그런데 생산성과 효율성을 중시하는 CEO형 리더십은 대의를 추구하며 사회적 합의를 중시하는 국정운영의 특성에 배치되는 것일 수 있다. '하면 된다'는 개발시대의 신념을 토대로 국정을 돌파하려 했던 MB의 독주형 리더십은 장단점을 모두 갖고 있다.

서울시장 재직 시절, 1천여 명의 상인을 직접 만나 설득하여 청계천 복원사업을 성공시켰다. 이러한 추진력은 성공한 사람은 무언가를 만들어낸다는 인식을 심어주었으며, 대통령 후보가 되는데 결정적인 요소로 작용하였다. 당원투표에서는 박근혜에게 졌으나 국민여론조사에서 승리하여 대통령 후보가 되었던 것이다.

그러나 민주적 절차나 과정을 무시함으로써 갈등을 양산하고 엉뚱한 사업을 밀어붙이기도 했다. 대표적인 것이 한반도 대운하, 혹은 4대강 개발사업이다. 결과적으로 이런 '묻지 마, 돌격' 식의 리더십은 부메랑이 되어 이명박 대통령을 덮쳤다. 정권이 출발하자마자 터진 광우병 파동으로 촛불시위가 전국을 뒤덮었으며, 소위 '고소영' 인사로 국민과 점점 멀어져 갔다. 친기업 정책으로 사회 양극화는 심해졌으며, 남북관계는 꼬일 대로 꼬여 한걸음도 나아가지 못하고 엄청난 후퇴를 거듭했다.
자원외교는 국정조사 대상이 될 만큼 실패했고, 미국에 편중된 외교는 원만하지 못한 국제관계를 초래했다. MB가 우리에게 주는 교훈은 개발독재 시절의 강력한 추진력, 돌파력, 독주형 리더십으로는 더 이상 국가를 이끌어 갈 수 없다는 것이다.

2

그녀가 콘텐츠 결함에
대처하는 자세

박근혜 대통령에게 아버지란 정치적 자산임에 틀림이 없다.

하지만 그녀가 아버지의 후광만으로 대통령이 되었다고 하는 것은 어불성설이다. 그녀에겐 분명히 무언가가 있었다. 지금부터 그 '무언가'를 알아보도록 하자.

대한민국 보수의 눈으로 보자면 박근혜 대통령은 보수의 구원자이다. 2004년 탄핵사태로 한나라당은 최고의 위기를 맞았고, 총선에서 100석도 못 건질 것이란 비관적 전망이 나돌았다. 바로 그때 박근혜 의원이 당대표로 선출된다. 그녀는 당사 매각을 발표하고 천막당사를 차렸다. 전국을 누비며 총선 지원 유세에도 나섰다. 중장년층, 노년층을 중심으로 박근혜 바람이 불기 시작했다.

그녀의 활약에 힘입어 한나라당은 2004년 총선에서 예상을 웃도는 121석을 확보했다. 노무현 정부를 충분히 견제할 수 있는 의석이었다.

2004년 정기국회에서 당시 여당인 열린우리당은 4대 개혁입법(국가보안법 폐지, 언론관계법 개정, 사립학교법 개정, 과거사법 제정)을 추진한다. 박근혜 한나라당대표는 국가보안법 문제를 고리로 국가 정체성 논쟁을 벌이며 응수한다. 긴 논란 끝에 4대 개혁입법의 쟁점은 사장되고 만다.

그녀는 국가정체성 수호세력 대 해체세력의 대결 구도를 만들어 보수세력과 그 지지층을 단결시켰고, 결과적으로 이러한 프레임을 성공을 거두었다. 노무현 정부와 열린우리당이 야심차게 추진한 4대 개혁입법은 보수세력의 거센 저항에 부딪혀 좌초했고, 오랜 논란과 교착상태로 인해 많은 국민들이 피로감을 느끼게 되었다. 이 일을 계기로 노무현 정부는 보수세력과 진보세력 모두로부터 비판받는 사면초가의 처지가 되었다.

18대 대선에서 위력을 발휘한 박근혜 후보의 고정 지지층은 이때부터 축적된 것이라 할 수 있다. 그들에게 있어 박근혜는 보수의 수호자이자 대한민국의 수호자였다. 2007년 대선에 도전한 박근혜는 MB와 겨룬 대선후보 경선에서 패배했다. MB 취임 이후, 국회의원 신분으로 돌아간 박근혜 의원은 MB와 곧바로 충돌한다. 공천문제 때문이었다.

박근혜 의원은 기자회견장에서 "저는 속았습니다. 국민도 속았습니다"란 메시지를 발화했다. 공천 과정의 불공정성을 지적하면 될 일이었다. 그런데 그는 '속았다'는 감정적 언사를 지극히 절제된 어조로 말했다. 그리고 여기에 '국민'을 연계시켰다. 엄밀히 말해 박근혜는 속았을지 모르나 국민이 속은 것은 아니었다. 그러나 이 메시지는 그녀의 지지층을 더욱 공고하게 만드는 역할을 했다.

결국 낙천한 친박계 의원들이 탈당하여 일부 당선된다. 정치권 내에서 자신의 지분을 어느 정도 지켜내는 데 성공한 것이다. 하지만 이보다 더 큰 성과가 있었다. 이제 박근혜는 보수세력을 위기에서 구하고 이명박 대통령 탄생에 협조했지만 배신 당하고 박해받는, 그러나 굴하지 않는 강인한 지도자란 캐릭터를 구축하게 된 것이다.

그리고 이런 캐릭터는 세종시 문제로 빛을 발했다. 당시 박근혜 의원은 세종시를 무산시키려는 MB에게 격렬히 반발했다. 이는 박근혜 의원에게 세 가지 자산을 안겨주었다.

첫째, 충청권 민심을 얻었다. 세종시를 기획한 것은 노무현 정부였지만, 그를 계승한 민주당이 지지부진한 가운데, 박근혜 의원은 세종시의 수호자이자 충청권 민심의 대변자가 되었다.

둘째, 원칙과 신뢰의 지도자란 캐릭터를 구축했다. 박근혜 의원은 자신이 야당대표 시절 정부·여당과 합의 하에 추진된 정책이란 이유로, 자신이 국민과 약속한 정책이라 주장했다. 결과적으로 세종시는 원안에 근접한 형태로 건설되었다. 그리하여 사실관계가 어찌 되었든 박근혜 의원은 약속을 지킨 지도자가 되었다.

셋째, MB와 확실한 차별화를 달성한다. 세종시 문제를 기점으로 박근혜 의원은 여당 속의 야당, 또는 반이명박 정치인으로 인식되었다. 18대 대선이 치러지기 얼마 전, 12월 10일 미디어리서치에서 발표한 여론조사에 따르면, 약 40.6%의 응답자가 박근혜 후보의 당선을 정권교체로 인식하고 있다는 희한한 답변을 한다. 박근혜 핵심지지층인 50대는 50.9%가, 60대는 56.5%가 정권교체로 인식한다고 답변했다.

대한민국 유권자의 40%에게 지난 2012년은 정권교체가 이루어진

해이다.

대선 당시, 콘텐츠 측면에서 박근혜 후보는 높은 평가를 받지 못했다. 경제민주화, 복지란 시대정신을 간파하긴 했지만, 구체적인 정책으로 발전시키지 못했다. 또한 TV토론에서 자신의 정책적 메시지를 조리 있게 전달하는 데 있어서도 심각한 결함을 노출했다. 그러나 이런 모든 결함을 리더십으로 극복했다고 평가할 수 있다.

유권자는 대통령 감을 판단하는 데 있어 정책에 대한 이해력, 표현력만큼이나 실행력을 중시한다. 한나라당과 새누리당의 지도자로서 박근혜는 자신의 원칙, 정견을 관철해내는 강력한 리더십의 소유자였다.

박근혜의 반대편에 선 사람들에겐 이런 모습이 리더십으로 보이지 않을 수도 있다. 오만과 독선, 감성으로 포장된 무지라는 비판도 존재하는 것이다. 사실 그의 원칙과 신뢰라는 것도 '보수적'이란 수식어가 동반되어야 한다. 강력한 리더십, 실행력이란 것도 보수세력의 지도자로서 최적화된 것이지, 국가지도자로서 적합한 것인지는 미지수이다.

그러나 그의 지지자들, 또는 그에게 호감을 가진 잠재적 지지층에게 박근혜는 준비된 후보, 준비된 여성대통령으로 받아들여졌다. 그의 당선이 그것을 증명한다.

3
급조된 리더십의
결말

    야당 및 진보세력은 노무현 이후 무력감에 빠졌다.

    2011년 노무현 대통령 2주기를 즈음하여 당시 문재인 노무현 재단 이사장이 「운명이다」란 책을 출간하며 언론에 언급되기 전까지, 그리고 서울시장 재보선에서 안철수 서울대 교수가 전면에 부상하기 전까지, 유력 대선주자를 내놓지도 못했던 것이다.

    문재인과 안철수는 모두 자의에 의해서라기보다 대중들에 의해 발굴되고 견인된 측면이 있다. 문재인 후보가 발굴된 계기는 노무현 전 대통령의 장례식 과정에서였다. 묵묵하고 침착하게 장례식 전 과정을 주관하던 모습은 대중들, 특히 노무현 전 대통령 지지자들로 하여금 저 사람이 노무현의 계승자란 인식을 심어주었다.

    안철수 후보가 발굴된 계기는 청춘콘서트였다. 시골의사 박경철과 전국을 돌며 토크 콘서트를 개최, 실의에 빠진 청춘들의 멘토로 급부상한 것이다. 결정적 계기는 서울시장 재보선이었다. 재보선이 확정된 당시 안철수 교수가 서울시장 출마 의사를 내비치자, 여론조사 지지도에서 압도적인 1위를 차지했다. 그런데 지지율 차이가 엄청나게 나는 박원순 아름다운 재단 이사장에게 조건 없이 양보하는 비정치적인 모습을 보여주며, 선거 승리를 견인했다.

당시 안철수 교수의 이 같은 행보는 박근혜 대세론에 상처를 입힌 것이기에 중요한 의미를 갖는다. 나경원 후보를 적극 지원했던 박근혜 의원에 비해, 안철수 교수는 딱 2번의 언론 노출, 단일화 선언, 그리고 선거 막판 지지 의사를 밝힌 편지 발송을 통해 승리를 이끌었다.

미완의 리더십, 문재인

2012년 총선이 다가오면서 문재인 이사장의 언론 노출 빈도도 높아졌다. 노무현 전 대통령의 지지층 내에 국한되었던 인지도가 전 국민적으로 확산되면서 지지율도 올라가기 시작했다. 민주당 후보군 중에서는 1위를 굳혔고, 안철수 교수의 지지율에 근접해갔다. 안철수 교수의 대선 출마가 기정사실화 되어 가면서, 18대 대선은 사실상 박근혜, 문재인, 안철수 3강 체제로 굳어졌다.

이런 과정을 돌이켜보면 문재인, 안철수 양자 모두 매력적인 인물들이란 것은 틀림없는 사실이다. 그토록 짧은 시간 안에 대중들의 주목을 받고 대권후보로까지 밀어 올려진 것은 이들이 가진 개인적 매력 빼고는 설명할 길이 없다. 문재인 후보의 경우, 노무현 후광 덕을 봤다고 할 수도 있겠지만 '노무현의 사람'이 그 한 사람만은 아니었다는 것을 생각해야 한다. 안철수란 인물도 이미지로 포장되었다고 말할 수 있지만 그가 정치인으로서 언론에 노출된 것이 1년 남짓이었음을 고려해야 한다. 그냥 노출이 아니라, 여당과 보수세력의 집요한 공격에도 노출되었던 1년이다. 이미지를 만드는 데는 오랜 시간이 걸리나 깨지는 건 한 순간이다. 안철수 후보의 좋은 이미지가 허상이었다면, 1년은 그것이 몇 번도 깨질 수 있는 시간이었다.

분명 문재인과 안철수는 대중이 발굴해낸 후보였다. 그러나 대중은 유력 대권주자를 발굴할 수는 있을지언정, 그를 대통령 선거에서 이길 만큼 좋은 후보가 되게 할 수는 없다. 광부는 광산에서 다이아몬드 원석을 캐내고, 가공업자가 그것을 진짜 다이아몬드로 다듬는다. 문재인과 안철수가 원석이라면 18대 대선에서 광부 역할을 한 것은 대중이었다. 그렇다면 가공업자는 누구인가? 후보 자신이나 소속 정당, 또는 정치세력일 것이다.

리더십과 콘텐츠 측면에서 문재인과 안철수 후보를 평가해보자. 결론적으로 두 후보는 급조된 후보의 한계를 여실히 노출시켰다. 정치인으로서, 그리고 대권 후보로서 그들의 리더십과 콘텐츠는 완성되지 못했다. 미완의 리더십, 미완의 콘텐츠였다.

문재인 후보의 리더십은 적시에 적소에 발휘되지 못했다. 총선을 앞두고 민주당이 공천 내홍에 빠졌을 때, 문재인 후보는 조기에 개입하여 이를 진화했어야 했다. 총선 패배 이후, 이해찬-박지원 담합 문제가 터졌을 때에도 그는 명확한 입장을 밝히지 않았다. 자신의 대권 가도를 위해서 이해찬-박지원 체제를 확실하게 지지하든가, 반대의사를 밝히든가 했어야 했다. 대중들은 정치적 쟁점에 대해 명확한 입장을 밝히지 않는 문재인 후보를 우유부단한 인물로 평가하게 되었다. 더불어 그는 자신의 소속 정당을 결속시키는 데도 별 다른 리더십을 발휘하지 못했다. 경선이 불공정 시비를 안은 채 심각한 후유증을 남기고 끝났을 때, 문재인 후보는 경쟁 후보 및 민주통합당 비주류 세력을 민첩하게 포용하지 못했다. 포용하지 않을 거면 단호히 배척하기라도 했어야 했다. 당의 조직력은 걷잡을 수 없이 이완되었고, 대선 기간 동안에 사실상 태업상태로 방치되어 있었다.

문재인 후보의 이런 모습은 여러 측면에서 박근혜 후보와 대조적이었다. 박근혜 후보는 여당 내에 주요 쟁점이 불거질 때마다 확실한 자기 입장을 내놓았다. 비대위 시절 리모델링론과 재창당론이 맞붙었을 때, 박근혜 후보는 리모델링 입장을 명확히 하고, 당의 내분을 잠재웠다. 경선 규칙 논란이 일었을 때도 '경기 룰에 선수가 맞춰야지 선수가 바뀌었다고 해서 경기 룰까지 바꿀 수 없다'면서 반대의사를 분명하게 표명했다. 또한 경제민주화를 둘러싸고 김종인-이한구 논쟁이 붙었을 때도, 직접 개입하여 사태를 수습한 바 있다.

문재인 후보는 자기만의 콘텐츠를 유권자 앞에 내놓는 것에도 실패했다. 후보 선출 이후, 줄곧 단일화에만 주력했고 단일화 이후에는 안철수 후보의 새정치 의제를 주된 화두로 삼았다. 이는 그를 안철수에 기댄 존재감 없는 후보로 만들어버린 결과를 낳았다. 안철수 후보 지지층을 흡수하기 위한 불가피한 선택이었다고 말할 수도 있다.

이런 주장은 안철수 현상을 본질적으로 잘못 이해하고 있는 것이다. 안철수 현상은 기성 정치권에 대한 혐오감에서 비롯된 것이다. 따라서 안철수 지지자들에게 있어서 새로운 정치란 곧 새로운 인물의 정치였고, 그런 인물로 지목된 것이 안철수였다. 그런 이유로 안철수란 인격과 '새 정치'란 의제는 불가분의 관계를 맺고 있었다. 다시 말해, 안철수의 지지자들에게 '새 정치'는 문재인에 의해 대행될 수 있는 것이 아니었다.

안철수의 후보 사퇴 선언과 함께 그의 지지층 내에서 '새 정치' 의제는 소멸된 것이나 마찬가지였다. 지지층의 선택은 두 가지였다. 선거에서 기권하거나, 박근혜와 문재인 둘 중 마음에 드는 후보를 차선책으로 선택하는 것이다. 안철수 지지층을 흡수하는 방법은 그의 퇴장과 함께 소멸된 '새 정치' 의제를 리바이벌하는 것이 아니라, 문재인 후보의 독자적인 자기 콘텐츠를 안철수 지지층 앞에 분명하게 제시하는 것이어야 했다.

거품 혹은 추락, 안철수

안철수 후보의 대선 출마는 야당과 진보세력이 총선에서 패배하면서 기정사실화된 것이나 마찬가지였다. 그럼에도 안철수 후보는 대선 출마를 선언하지 않고 모호한 언행을 지속했다. 이로 인해 '간철수'라는 비아냥거림까지 들어야 했다.

그의 최대 약점은 준비되지 않은 후보란 것이었다. 대선 출마 선언이

지체되면서 캠프 구성 및 정책공약 준비에 차질을 빚게 되었다. 대선을 2달여 앞둔 시점에 안철수 주변에는 안철수 이외의 인물이 눈에 띄지 않았다. 여전히 그는 개인일 뿐 세력으로 발전하지 못한 것처럼 보였다. 그리고 이는 결과적으로 유권자들에게 안철수 후보의 수권능력에 대한 불안감을 키우게 했다. 이로 인해 안철수 후보의 지지율은 일정 수준 이상으로 치고 올라가지 못했다. 지지율에서 문재인 후보를 압도하지 못하였기에, 단일화는 불가피했다. 불과 1년 전, 박근혜 대세론을 그 혼자의 힘으로 깨뜨렸던 것을 기억한다면 무척이나 초라해진 위상이었다.

안철수의 리더십에서 가장 큰 패착은 단일화 과정에서 노출되었다. 그는 민주통합당 측의 공세에 너무나도 민감하게 대응했다. 심지어 단일화 협상을 중단하기까지 했다. 문재인과 안철수를 지지하는 사람들의 염원은 공히 박근혜의 집권을 저지하는 것이었다. 안철수 후보의 단일화 협상 중단은 지지층의 대의를 거스르는 행동처럼 비춰졌고, 정치적 미숙함을 드러내는 것으로 인식되었다.

문재인-안철수의 지지도가 눈에 띄게 역전되기 시작한 것이 이즈음이었다. 물론 여전히 박근혜 후보와의 양자대결 구도에서는 안철수가 문재인보다 더 높은 지지율을 기록했다. 아직까지도 안철수 후보의 지지자들은 안철수로 단일화 되었으면 이길 수 있는 선거였다고 한다. 이런 주장은 불필요한 가정이다. 게다가 단일화는 안철수 후보의 자진 사퇴 형식으로 이루어졌다.

우리가 주목해야 할 것은 박근혜 지지층을 보정한 상태에서 야권 단일후보에 대한 지지 여부를 묻는 여론조사에서는 문재인 후보의 지지율이 더 높게 나오고, 박근혜와의 가상 양자 대결 시에는 안철수 후보가 더 높게 나왔던 현상이다. 이는 결국 야당 지지층, 또는 진보적 지지층 내에서 안철수 후보가 문재인 후보에게 뒤쳐졌음을 의미한다. 왜 이런 결과가 나왔을까? 단일화 과정에서 안철수 리더십에 대한 불안함을 느꼈기 때문은 아닐까?

문재인과는 달리 안철수는 '새 정치'라는 확실한 자기 콘텐츠를 가지고 있었다. 그러나 그는 '새 정치'란 의제를 구체적으로 발전시키지 못했다. 10월 말 발표된 새 정치 방안이란 것도 안철수 후보의 정치인으로서의 성숙도를 의심하게 할 만한 내용뿐이었다. 안철수 후보가 대중의 주목을 받게 된 이유 중 하나는 그가 MB와는 정반대의 방식으로 성공한 CEO라는 데 있었다. 유권자들은 그가 한국 경제를 한 단계 혁신시킬 복안을 가지고 있을 것이라 기대했다. 그러나 이 분야에서도 구체적인 대안은 제시되지 않았다. 그는 끝없이 '새 정치'를 외쳤지만, 거기서 단 한 걸음도 더 나아가지 못했다.

그들이 선택 받기 위한 조건

18대 대선에서 대중들은 스스로 문재인과 안철수란 후보를 발굴해 냈다. 거꾸로 말하자면 정당이 직무유기를 한 것이다. 그동안 한국의 정당, 특히 야당은 카리스마적 지도자에 의존해 운영되어 왔다. 김대중, 노무현과 같은 그야말로 준비된 정치인이 야당을 이끌어왔기 때문에 대선후보를 발굴하고 훈련시키는 임무를 스스로 할 필요가 없었다.

현재 야당과 진보세력은 '문재인, 박원순, 안철수'라는 차기 대권주자들을 거느리고 있다. 조선일보는 이들을 3강으로 분류한 바 있다. 이는 대한한국 보수세력이 이들을 예의주시하고 있다는 것을 의미한다. 야당 및 진보세력이 이들을 한편으로는 보호하고 다른 한편으로는 보조해주지 않는다면, 이들은 19대 대선 이전에 탈락되거나 대선에 출마한다 해도 18대 대선의 한계를 극복하지 못할 것이다.

그런데 여당과 보수세력도 크게 다르지 않다. 어떤 면에서 야당보다

열악하다. 현재 여당에는 박근혜 대통령을 이을 유력한 대권주자가 부재한 상황이다. 여당이 대선후보군을 발굴하는 노력을 하지 않으면, 19대 대선에서는 여당 후보조차 급조되는 사태가 발생하게 될 전망이다.

대선후보의 능력을 리더십과 콘텐츠 측면에서 살펴보자.

우선 리더십은 3가지로 세분화되는데 결단력, 조직능력, 소통능력이 그것이다. 급변하는 선거 정국에서 정당과 지지층의 다양한 견해들을 교통정리하는 능력이 결단력이다. 또한 대선 출마 자체에 대한 결정 또한 여기에 포함된다. 수많은 국민의 출마 요구를 받고도 입장 정리를 빨리 하지 않는다는 것 자체가 대통령 후보의 자격에 하자가 있는 것이다. 또한 소속 정당과 지지층을 하나로 묶고 한 방향으로 이끌어가는 조직능력이 없는 사람은 국가를 제대로 운영할 수 없다. 조직능력 역시 당연히 갖춰야 할 능력이다.

소통능력은 자신의 정치적 의사를 명확하게 표현하고, 지지자들의 의사를 열린 마음으로 수용하는 것이다. 자신의 의사를 모호하게, 또는 에둘러 표현하는 것은 '개떡같이 말해도 찰떡같이 알아들으라'는 왕정 시대 국왕이나 귀족의 태도일 뿐이다. 민주적 정치 지도자의 언어는 품격을 잃지 않는 선에서 직설적이어야 한다.

콘텐츠 측면에서 대선후보의 자질은 정책에 대한 종합적 이해력과 표현력으로 집약된다. 국가정책은 외교, 안보, 경제, 통상, 사회, 문화 등 그 범위가 방대하다. 대통령이라면 이 모든 것을 종합적으로 이해할 수 있어야 한다. 민주주의 국가에서 모든 정책은 국민의 동의가 전제되어야 한다. 국민의 동의를 얻기 위해서는 정책에 대한 이해력은 기본이고 국가정책이 집행됐을 때의 장단점, 그것이 가져올 국민 삶의 변화에 대해 쉽게 설명할 수 있는 표현력을 갖춰야 한다. 대선은 정책에 대한 국민적 동의를 얻는 절차이기도 하다. 정책에 대한 표현력이 부족한 후보는 자격 미달이라 할 수 있다.

특히 19대 대선을 전망할 때, 이런 능력들은 더욱 중요하게 부각될 것이다. 개헌, 증세 등 정치권의 이합집산을 촉발할 가능성이 높은 이슈들이 돌출되고 있는 가운데, 19대 대선은 여야 공히 대대적인 세력 개편 와중에 치러질 가능성이 크다. 강력한 리더십을 갖추고 자기 세력을 튼튼히 구축할 수 있는 후보가 당내 경선은 물론 본선에서 승리하게 될 것이다.

지난 10년 간 이명박·박근혜 정부가 보여준 불통 행보로 소통과 공감의 리더십에 대한 바람이 어느 때보다 절실해져 있는 상황이다. 강력한 리더십을 가지되, 정확한 언어 구사와 풍부한 표현력으로 지지 세력 및 국민들에게 자기 콘텐츠를 전달할 수 있는 후보가 대선에서 우위를 차지할 것이다.

마지막으로 경제에 대한 풍부한 지식도 필수적이다. 최근의 핵심 현안으로 떠오르고 있는 증세 및 복지문제는 향후 대선에서도 주요 어젠다로 자리 잡을 가능성이 크다. 그런데 이것은 본질적으로 경제문제이다. 성장과 복지의 선순환 체계에 대한 고민을 바탕으로 국가경제를 혁신시킬 구체적 대안을 제시하는 사람이 19대 대선의 승자가 될 것이다.

Chapter
3

대통령의 자격

1

국가는 '경영'이
아니라 '운영'이다

사전에서 'statecraft'를 찾아보자.

국정 및 외교의 기술, 정치적 수완, 정치적 경륜이란 뜻이 나온다. 한 마디로 대통령이 갖춰야 할 '국정운영능력', 더 쉽게 말해서 대통령의 '자격'이다. 대통령은 국정의 한 분야를 책임지는 장관이나 한 지역을 책임지는 도지사와는 다르다. 국가 전체를 이끌어갈 수 있는 특별한 능력, statecraft가 요구되는 것이다. 합리적 보수로 잘 알려진 윤여준 전 환경부 장관은 저서 '대통령의 자격'에서 'statecraft'에 대한 자세한 내용을 다루고 있다. 여기서는 간단히 살펴보자.

우선 대통령은 경제에 식견이 있어야 한다. 국가경제는 기업경제와 다르다. CEO 출신 전직 대통령 한 분이 그것을 친히 가르쳐주셨다. 우리는 비싼 수업료를 내고 그것을 체험학습 했다. 국가경제를 운영하는 대통령은 넓게, 그리고 동시에 멀리 볼 줄 알아야 한다. 거시경제 지표와 잠재성장률까지 관리할 수 있어야 한다. 또한 양극화 현상을 개선하지 않고는 지속적인 성장이 어렵다는 철학을 바탕으로 '경제민주화'를 추진할 배짱도 요구된다.

또한 '성장'과 '복지'라는 2개의 축에서 적절하게 균형을 잡아야 한다. 한쪽으로 일방통행을 할 경우 국가는 균형을 잃고 흔들리게 된다. 성장 일변도 정책을 추진한 미국이 금융위기를 불러왔으며, 과도한 복지정책을 펼쳤던 유럽의 몇 나라가 국가부도 위기에 몰렸던 사례를 보면 국가 지도자의 식견이 얼마나 중요한지 알 수 있다.

다음은 국민의 안전과 직결되는 외교안보 분야의 능력이다. 한반도의 균형 있는 외교정책은 생존의 문제와 직결된다 해도 과언이 아니다. 분단 상황에 있는 우리는 북한을 통일의 대상으로 인식하고 협력해야 한다. 북한과의 관계는 우리의 경제에도 결정적 영향을 미친다. 대북관계가 새로운 성장 동력이 될 수도 있고, 경제를 파탄내는 주범이 될 수도 있다. 대통령의 위기관리 능력 역시 국민의 생명과 재산을 보호해주는 아주 중요한 국정운영능력이다. 우리는 2014년 4월 세월호 사건을 겪으면서 국가와 지도자에 대한 근본적인 문제의식을 가졌다. IMF라는 절망적인 상황에서 '금 모으기' 운동을 벌여 국민의 에너지를 모으고 다시 일어날 수 있다는 희망을 주었던 김대중 대통령의 위기관리능력을 귀감으로 삼을 수 있다.

마지막으로 대통령은 사람과 조직을 관리할 수 있는 능력이 있어야 한다. 대통령이 국가의 공공성을 충분히 이해하지 못한 채 일반적인 조직으로 국가를 관리하려 하면 대단히 위험하다. 청와대 참모로부터 각

부처의 장관과 참모, 정부 산하기관까지 대통령이 임명하고 관리해야 한다. 적재적소에 사람을 기용하는 조직관리 능력은 정부의 성공과 직결된다.

대통령의 국정운영능력을 국민의 시선으로 보자.

국민들은 어떤 후보의 능력을 평가할 때 경제, 외교, 안보, 위기관리 능력 등으로 분류하고 조목조목 따지지 않는다. 포괄적인 이미지로 인식한다. 그리고 그 중요한 이미지가 바로 '안정감'이다.

2012년 12월 7일, 대통령선거를 며칠 앞두고 실시한 한국갤럽의 조사를 보자.

- 가장 신뢰감이 가는 후보 : 박근혜 45%, 문재인 39%
- 경제문제를 가장 잘 다룰 후보 : 박근혜 44%, 문재인 36%
- 국가 위기상황에 잘 대처할 후보 : 박근혜 47%, 문재인 37%

중요한 분야에서 박근혜 후보가 앞서고 있다. 문재인 후보는 '사회복지'와 '변화와 쇄신'과 같은 상대적으로 중요도가 떨어지는 두 분야에서만 앞섰다.

갤럽 조사는 유권자들이 박근혜를 국가를 운영할 수 있는 안정감 있는 후보로 보고 있음을 명확히 보여준다. 문재인 후보는 국민들에게 상대적으로 불안한 후보였다. 억울해도 할 수 없고, 사실이 아니어도 할 수 없다. 대통령이 되고 싶다면 '안정감'이란 이미지는 필수적이다.

그렇다면 유권자들에게 안정감 있는 후보, 국정운영능력이 있는 후보로 인식되기 위해서는 어떻게 해야 할까? 먼저 자신의 단점을 보완

해줄 수 있는 사람을 등용하면 된다. 갤럽조사를 보면 박근혜 후보는 '사회복지'와 '변화와 쇄신' 분야에서 문재인 후보에게 뒤졌다. 박근혜 후보 측은 재빨리 경제민주화라는 어젠다를 표방하며 김종인 전 의원을 영입했으며, 이준석과 손수조라는 청년들을 전면에 내세웠다. 한편 문재인 후보는 합리적 보수라고 하는 윤여준 전 장관을 영입하였으나 논란만 불러일으키고 안정감을 부여하는 데는 성과를 내지 못했다.

안정감을 갖기 위한 두 번째 방법은 공약이다. 국정운영에 대한 비전을 공약으로 제시하고, 후보 본인이 유권자를 설득할 수 있는 논리를 체화하고 있어야 한다. 자신의 말이 앞뒤가 맞지 않거나 상대 후보에게 공격의 빌미를 제공하게 되면 유권자의 불안감은 증폭된다. '저 정도 인식을 갖고 있는 사람이 과연 국가를 제대로 이끌어갈 수 있을까?'란 의문이 드는 것이다. 공약이란 자신의 국정운영능력을 유권자들로부터 검증받는 것이다. 공약을 어떻게 구성하느냐에 따라 선거 판도가 달라질 수 있다.

2
유권자는 바보가 아니다

공약(公約)은 공약(空約)이란 말이 있다.

정치인들이 공수표만 남발한다는 비판의식이 깃들어 있는 표현이다. 그런데 애초부터 공약이란 그대로 지켜지기 힘든 측면이 있다. 하루가 다르게 급변하는 현대사회에서 공약을 발표한 시점과 이행해야하는 시점 사이엔 분명 간극이 있을 수 있다. 가령 10% 경제성장을 공약했는데, 대통령 취임 이후 세계 경제상황이 크게 바뀔 수 있고 내수시장에서 예상치 못한 악재가 터질 수도 있다. 또한 대통령이 된 이후에 국정을 보는 관점이 달라지면서, 후보 시절의 공약을 불가피하게 수정해야 하는 경우도 발생할 수 있다.

후보 시절 주택 200만 호 건설을 약속했다고 치자. 그런데 대통령이 되고 나서 부동산 시장을 살펴보니 그 정도의 주택을 건설하면 공급과잉이 일어나 국민경제에 많은 부작용이 생길 것으로 판단되었다. 이런 경우, 국민과의 약속을 지키기 위해 200만 호 건설을 밀어붙여야 할 것인가, 아니면 국민들에게 양해를 구하고 공약을 폐기해야 할 것인가?

대통령 후보들은 선거에 앞서, 자신이 이 나라를 어떻게 운영해 나갈 것인지, 어떤 나라를 만들 것인지에 대해 포부를 밝힌다. 대통령의 생각을 추상적 단어로 압축한 것이 바로 '캐치프레이즈'이다. 예를 들어 '행복한 나라', '정의로운 나라'와 같은 식이다. 그런데 이것만으로 대통령 후보가 그리는 국가의 미래상을 실감나게 전달하기는 어렵다. 그래서 공약이 필요하다. 국민들은 공약을 통해 대통령 후보가 캐치프레이즈로 밝힌 국가의 미래상이 어떤 수단과 방법을 통해 실현될 것인지를 구체적으로 검증할 수 있게 된다.

A후보가 '행복한 나라'라는 캐치프레이즈를 내걸었다고 가정해보자. A후보는 '행복한 나라'가 가정의 행복으로부터 시작한다고 주장하면서 '보육수당 증액', '교육비 지원', '질 좋은 임대주택 공급 증대' 등을 공약한다. 이로써 유권자들은 A후보가 생각하는 '행복한 나라'가 어떤 의미인지를 분명히 알게 된다. 공약은 후보의 비전을 담아내는 그릇이며 유권자들에게 제시되는 일종의 정책 모형, 로드맵이라 할 수 있다.

그런데 이제까지 한국 정치에서는 공약의 이런 특성에 어울리지 않는 '공약 평가'가 이루어져 왔다. 공약을 평가하는 데는 2가지 방법이 있다. 후보가 제시하는 국가 비전과 공약을 연계하여 체계적 합리성과 내용의 타당성을 검증하는 맥락적 접근, 단순히 공약의 이행 여부만 평가하는 축자적(逐字的) 접근이 그것이다. 우리에게 보다 익숙한 축자적 접근은 역대 대통령의 국정 수행을 업적주의로 몰아간 측면이 있다. 후보 시절에 인쇄 배포된 공약집을 글자 그대로 이행하는데 전념해온 것이다. 이는 국정운영을 비합리적으로 왜곡하고 경직화시키는 결과를 낳게 된다.

공약에 대한 우리의 접근방식은 축자적 접근에서 맥락적 접근으로 변화시켜 나가야 한다. 대통령 후보들이 제시하는 국가 비전과 공약이 체계적으로 잘 연동되어 있는지, 공약과 공약의 체계가 상호 모순에 빠져 있지는 않은지, 공약 하나하나가 내용적으로 타당하며, 실행가능성을 담보한 것인지를 종합적으로 판단해야 한다.

이 중 우리가 가장 눈여겨봐야 할 것이 공약과 공약 사이의 체계이다. 후보 한 사람이 내는 공약은 보통 수 백 개에 이르는 경우가 허다하다. 그 결과 공약은 자연스럽게 대표공약이 있고 그 아래 세부공약이 존재한다.

만약 대표공약과 세부공약으로 분화되어 있지 않고, 그 둘 간에 체계와 맥락이 형성되지 않은 채 백화점 식으로 나열되어 있다면, 아무리 공약 하나가 좋은 내용이더라도 소용이 없다. 유권자들은 후보가 자신의 임기를 어떻게 이끌어갈지에 대한 큰 그림을 그릴 수 없다. 그저 공약 하나하나가 파편처럼 인식될 뿐이다.

그런 관점에서 공약은 후보와 유권자를 매개하는 정책적 신호체계라 할 수 있다. 신호체계가 잘못 잡혀 있으면 후보가 '발신'하는 신호를 유권자들이 '수신'할 수 없다. 선거 과정에서 개별적 공약의 내용이나 의미는 그다지 중요한 게 아니란 말이다. 후보와 가치와 비전을 응축하고 있는 대표공약, 그리고 대표공약과 세부공약들이 맺고 있는 체계와 그 안에서 환류되고 있는 맥락이 더 중요하다. 유권자는 공약을 글자의 의미로 받아들이지 않는다.

다시 한번 말하지만, 유권자는 공약(公約)이 공약(空約)임을 잘 알고 있다. 선거에서 이기고 싶다면 공약이 '신호체계'라는 것을 절대 잊으면 안 된다. 인간의 통신체계가 더 단순하고 명료한 방향으로 진화한 것처럼, 공약도 누가 더 단순하고 명료하게 체계를 구성하느냐가 관건이다. 만약 효과적인 통신체계 구축에 실패하면, 후보와 유권자 간의 소통에 문제가 생길 뿐 아니라 후보가 대통령직을 수행할 능력을 갖추지 못했음을 스스로 공표하는 꼴이 된다. 우리는 수차례의 대선을 치르면서 이런 사실을 확인했다.

3

승리를 이끌었던
2가지 공약

　노무현에게 '신행정수도 공약'은 대선 승리의 마침표와도 같았다. 캐스팅보트를 쥐고 있던 충청권 득표율을 높여주었기 때문이다. 그러나 그보다 더 중요한 것은 이 하나의 공약 안에 노무현 후보가 지향하는 국가 비전이 담겨 있었다는 것이다. 그리고 이는 구체적으로, 또 실감 나게 유권자들에게 전달되었다. 노무현 후보가 제시하는 여타 공약들이 생명력을 갖게 되는 효과도 있었다.

　16대 대선에서 노무현 후보는 '지역균형발전, 분권을 통한 권위주의 청산, 반칙과 특권이 없는 사회'를 자신의 국가비전으로 제시했다. 신행정수도는 지역균형발전을 실천할 수 있는 최적화된 방안으로 받아들여졌다. 또한 행정 권력과 경제 권력의 소재지를 이원화함으로써 수도권 집중을 해소하겠다는 아이디어는 분권을 통한 권위주의 청산이란 추상적 가치를 현실 속에서 구체화시키는 효과를 가지고 있었다. 무엇보다 신행정수도는 천도를 국가개혁의 계기로 활용하려 했던 왕조 시대 개혁군주들의 모습과 겹치면서, 반칙과 특권 없는 사회라는 노무현 후보의 비전을 뚜렷하게 형상화하는 효과도 발휘했다.

노무현 후보는 신행정수도란 공약을 통해 자신이 주장하는 '지역주의 타파, 권위주의 청산, 반칙과 특권이 없는 사회'와 같은 비전이 추상적 담론이 아닌 구체적인 실행력을 담보한 국정운영계획이며, 자신이 이런 비전을 실현할 수 있는 능력을 갖춘 정치인이라는 것을 유권자들에게 과시할 수 있었던 것이다.

노무현 대통령에게 신행정수도가 있었다면 MB에게는 '청계천 복원'과 '한반도 대운하'가 있었다. 청계천 복원은 당시 개혁 피로감을 느끼고 있던 국민들에게 강력한 추진력을 통해 확실한 결과물을 내는 정치인이란 이미지를 심어주었고, 이로써 MB는 대통령 후보가 될 수 있었다. 그는 이 기세를 이어 한반도 대운하를 17대 대선의 대표공약으로 제시한다.

17대 대선에서 MB를 지지한 유권자 중 한반도 대운하가 내용적 타당성을 갖춘 공약이라 생각한 유권자가 과연 얼마나 되었을까? 아마 거의 없었을 것이다. 그럼에도 불구하고 유권자들이 MB를 지지한 것은 한반도 대운하 공약을 맥락적으로 접근하고 그 의미를 나름대로 해독했기 때문이다.

노무현 정부 시절을 생각해보자. 이전부터 축적되어 왔던 주택 공급 과잉과 더불어, 노무현 정부의 부동산 정책으로 인해 부동산 경기가 하락 추세에 접어들고 있었다. 오랫동안 토목경제 시스템에 익숙해 있던 국민들은 부동산 경기 위축이 경제 전반의 하락을 야기한다고 믿었다. 특히 은행 대출을 끼고 평생 모은 재산을 부동산에 투자했던 5060세대들에게 이는 믿음 이상의 것이었다.

당신 국민들이 MB의 한반도 대운하 공약에서 유추한 것은, 운하 건설의 경제적 타당성이 아니라 신정부의 경제운용 방향이었다. 그것이 부동산 경기를 부양해 자신들이 보유한 부동산의 자산 가치를 올려줄 것이며, MB가 이를 실행할 수 있는 능력을 갖춘 후보라고 판단한 것이다. MB가 서울시장 재임 시절 벌인 뉴타운 사업으로 인해 이런 판단은 확신으로 굳어진다. 실제로 MB가 당선된 직후 치러졌던 18대 총선에서 한나라당 후보 다수가 뉴타운 사업을 대표공약으로 내세우며 당선되었다. 17대 대선의 한반도 대운하, 18대 총선의 뉴타운 사업은 동전의 양면이었으며, MB 정부의 정치적 기반을 강화시켜준 대표공약들이었다고 할 수 있다.

한반도 대운하는 타당성이나 현실성 측면에서 결코 좋은 공약이라 할 수 없다. 배가 산으로 가는 한반도 대운하는 비용 대비 효용에서 최악의 사업이었고, 교통수단의 진화 추세로 볼 때도 시대착오적인 발상이었다. 그런데 역설적이게도 바로 그런 점에서 대표공약이 중요하다는 것을 알 수 있다. 타당성이 현저히 미달되더라도 후보가 제시하는 비전과 가치를 대표하고 여타 세부공약을 체계적으로 통합할 수 있다면, 최소한 선거에서만큼은 유용하다는 것이 확인된 것이다. 즉 공약은 맥락이 중요하다는 것을 여실히 깨닫게 된다.

그렇다면 최근에 치러진 18대 대선이 궁금해진다. 박근혜, 문재인,

안철수는 유권자에게 보내는 신호체계를 얼마나 효율적으로 구성했는지 살펴보기로 하자.

그 많던 공약들은
어디로 갔나?

박근혜의 398페이지

노무현 하면 신행정수도, MB 하면 한반도 대운하가 떠오른다. 그런데 박근혜 하면 무엇이 떠오르는가? '없다.' 박근혜 후보가 선거를 앞두고 출간한 공약집은 무려 398페이지이다. 공약 하나하나를 살펴보면 흠 잡을 데 없이 좋은 것들뿐이다. 그러나 이 하나하나의 세부공약들이 모여서 어떤 나라를 만들어낼지에 대해서는 선뜻 그림이 그려지지 않는다. 박 후보 측은 2010년 12월에 이미 경제민주화와 복지라는 시대정신에 부응하여 '생애주기형 맞춤형 복지' 정책을 제시한 바 있다. 공약 하나하나의 타당성은 물론, 공약의 체계와 맥락을 누구보다 단순 명료하게 구성할 수 있었다. 그러나 결과적으로 박 후보의 공약은 문재인, 안철수 후보와의 차별성 확보에 실패했을 뿐 아니라, 박근혜의 가치와 비전을 통합할 수 있는 대표공약도 제시하지 못했다. 한마디로 유권자와 소통하는 정책적 신호체계를 구축하는 데 실패한 것이다.

그의 행보를 살펴보면 대통령 선거 본선이 시작될 즈음부터, 대국민 메시지가 변화했음을 알 수 있다. 10~11월경부터 경제민주화와 복지에 대한 메시지가 급감했으며, 대통령 선거 본선에 들어와서는 이런 메시지를 구체적으로 뒷받침하는 공약이 제시되지 않았다. 선거 초반부의 캐치프레이즈는 '준비된 여성 대통령'과 '100% 대한민국'이었고, 중반부에는 '시대교체', 후반부에는 '다시 한번 잘살아보세'로 바뀌어갔다. 무엇이 준비되었다는 것인가? 어떤 시대로 교체하겠다는 것인가? 그리고 어떻게 다시 한번 잘 살도록 해줄 것인가? 유권자에 대한 정책적 신호체계가 제대로 구축되기 위해서는 이 세 가지 메시지를 뒷받침하는 대표공약과 세부공약들이 제시되었어야 했다. 하지만 그런 것은 끝내 없었다. 캐치프레이즈의 공허한 반복만이 있었을 뿐이다.

사람이 먼저, 새 정치가 먼저?

문재인과 안철수 후보는 박근혜 후보에 비해 선거 준비기간이 현격히 짧았다. 특히 문재인 후보의 경우, 여론조사에서 박근혜 후보를 한번도 이겨본 적이 없었다. 안철수 후보도 여론조사에서 박근혜를 앞서고 있었지만 그 차이는 근소했고, 이는 박근혜 후보 지지층의 두터움과 견고함을 고려할 때 결코 안심할 수 없는 수치였다. 그럴수록 두 후보는 정책공약에 많은 공을 들였어야 했다. 진보적 성향의 두 후보는 과거의 노무현 전 대통령이 그랬던 것처럼 자신의 미래 비전을 실체적으로 함축해낸 대표공약을 제시했어야 하며, 이를 통해 광범위하게 퍼져 있는 잠재적 지지층을 불러 모았어야 했다. 안타깝게도 두 후보는 이런 기대와 상반된 길을 걸었다. 박근혜 후보와 별 다른 차별성을 보여주지 못했다. 보수와 진보 지지층의 성향 차이로 볼 때, 야권의 패배는 당연한 일이었다. 과연 안철수 지지자들의 생각대로 안철수 후보로 단일화되었다면 야당과 진보세력이 18대 대선에서 승리할 수 있었을까?

문재인 후보는 민주당 예비후보로 출마하면서부터 '사람이 먼저다'는 캐치프레이즈를 내걸었다. 또한 민주당 대선후보 수락연설에서는 '기회는 평등하게, 과정은 공정하게, 결과는 정의롭게'란 메시지를 전파했다. 이것은 산업화 시대와는 다른 패러다임을 구축하겠다는 것으로서 경제민주화와 복지라는 시대정신을 의식한 것이었다. 또 다른 측면에서는 MB 정부의 토목경제와 대기업 및 부유층 편향의 정책 행보를 겨냥한 메시지이기도 했다. 그러나 이는 어디까지나 추상적인 가치일 뿐이다. 이런 이야기는 대선후보가 아닌 대학교수들에게도 들을 수 있는 이야기이다.

대선후보라면 이런 추상적 가치를 현실적 대안으로 전환시킨 대표공약을 제시해야 한다. 하지만 문재인 후보는 이런 작업을 수행하지 못했다. 그 역시 박근혜 후보처럼 '재벌구조 전면개선', '출자총액 제한제 부활', '금융산업 분리 강화 및 지주회사 규제 강화'를 내걸었고, '부자감세 철회 및 슈퍼부자 증세', '반값 등록금' 등과 같은 공약을 백화점 식으로 열거했다.

안철수 후보는 18대 대선의 시대정신 중 '새 정치'란 부분에서 독보적인 위상을 확보하고 있었다. 문재인 후보는 민주당의 내분조차 확실히 수습하지 못하는 존재로 비춰졌고, 박근혜 후보는 외면적으로 보수정당의 개혁을 선도한 듯 보였지만 알맹이 없는 연출에 불과하다는 비판이 여러 곳에서 제기되고 있었다. 대선 출마 이후, 안철수 후보에 대한 기대감이 높은 가운데, 정치 분야에서 처음으로 구체적인 정책 공약을 발표했다. 과정만 놓고 보면 탁월한 선택이었다. '새 정치'의 비전과 구체적인 실행방안을 제시하고 그 여세를 모아 경제, 사회 분야로 확산시켜 갔다면, 안철수 후보에 대한 지지도는 더욱 올라갔을 것이며, 그에 반비례하여 문재인 후보의 지지도는 급감했을 것이다. 그랬다면 단일화 논쟁은 싱겁게 끝났을 수 있다.

그런데 그가 발표한 정치 분야 개혁안은 많은 사람들을 실망시키고 말았다. 국회의원 정수 축소, 중앙당 폐지 또는 축소, 국고보조금 축소가 정치개혁안의 주요 골자였다. 현재 한국의 국회의원 정수는 인구에 비례해 오히려 적은 편이다. 500인 이상으로 늘려야 한다고 주장하는 전문가들도 있다. 국회의원 정수 축소는 자칫 국회의 기능 약화를 가져와 안 그래도 강력한 행정부 권한이 더 비대해질 우려가 있다. 그런데 기묘하게도 안철수 후보는 국회의원 정수는 200인 정도로 축소하되 비례대표 비율은 높여야 한다고 주장했다. 지역구 의원의 정수가 인구 비례로 정해진다는 점을 고려하면 그 정수의 감축에는 한계가 있다. 의원 정수를 200인 정도로 축소하면서, 도대체 어떤 방법으로 비례대표 비율을 늘린다는 것인가? 또한 풀뿌리 정치가 활성화되지 않은 상태에서 중앙당 폐지 및 축소는 지구당에 대한 현직 의원의 지배력을 강화시키는 결과를 가져올 것이다. 지금보다 정치 신인의 진출이 더 어려워질 우려가 있고, 지역 토호의 영향력 확대를 가져올 가능성도 크다. 더불어 국고보조금 축소는 정당의 기업 및 기득권층에 대한 의존도를 높이며, 금권정치를 부추길 우려도 있다.

그런데 더 큰 문제는 '새 정치'에 대한 실망이 다른 정책분야에까지 그대로 이어졌다는 것이다. 국민은 안철수에게서 '한국판 스티브 잡스'를 보았다. 잡스가 애플을 확 바꿨듯이 한국 사회를 확 바꿔줄 수 있는 인물이라고 믿고 싶었다. 안철수 후보는 자신의 경제정책 비전을 '혁신경제'라고 선언했다. 그러나 박근혜의 '창조경제'가 왜 창조적인지 알 수 없었던 것처럼, 안철수의 '혁신경제'는 무엇이 혁신적인지가 모호했다. 그는 불확실한 세계경제 상황 속에서 한국 경제가 나아갈 방향이 무엇인지, 한국경제를 선진국으로 도약시킬 수 있는 신성장동력은 무엇인지, 중공업과 건설업, IT를 뛰어넘을 한국 경제의 신형엔진이 무엇인지에 대해 이렇다 할 답변을 내놓지 못했다.

만약 안철수 후보가 이와 관련해 획기적인 메시지와 공약을 던졌다면 18대 대선 판도는 달라졌을 것이다. 아마도 안철수가 아닌 문재인이 후보 단일화 경쟁에서 자진 사퇴하지 않았을까?

결론적으로 18대 대선에서 효과적인 공약체계를 구성한 후보는 없었다. 이것은 곧 유권자들에게 국정운영능력을 검증받은 후보가 아무도 없었다는 것, 대통령이 되어 자신이 최우선적으로 추진해야 할 정책이 무엇인지를 명확하게 인식하고 있는 후보가 없었다는 것을 의미한다. 어찌 보면 박근혜 대통령이 현재 연출하고 있는 국정 난맥상은 예고된 것이다. 그리고 지난 대선 때의 모습만 보자면, 문재인 후보나 안철수 후보가 대통령이 되었더라도 크게 달라지지 않았을 것 같다는 생각을 갖게 한다.

5
공약은 하루아침에
만들어지지 않는다

지난 18대 대선은 공약다운 공약은 없는 선거였다. 있었던 것은 공허한 캐치프레이즈와 이미지뿐이었다. 상대적으로 두텁고 견고한 지지층을 가진 박근혜 후보가 더 잘해서가 아니라, 덜 못해서 승리한 선거였다. 19대 대선을 준비하는 정치세력은 18대 대선을 반면교사로 삼아야 한다. 가장 중요한 것은 후보의 가치와 비전, 그리고 세부 공약들을 통합하는 대표공약이다. 16, 17대 대선에서 보았던 것처럼 19대 대선도 대표공약 1~2개가 선거의 승패를 좌우할 수 있다.

대표공약이 부재했던 18대 대선의 불행을 반복하지 않으려면 어떻게 해야 할까? 대표공약은 한두 명의 번뜩이는 아이디어에서 나오는 것이 아니다. 후보와 캠프가 오랫동안 민심을 서핑하고, 그 안에 담겨 있는 시대정신을 읽어내어 자기만의 정치적 비전으로 형상화해야 한다. 형상화란 구체적인 실천방안으로 재구성하는 작업이다. 이를 통해 최종적 산물로서 도출되는 것이 대표공약이다.

비록 정치적 대척점에 서 있었지만 노무현과 MB는 공히 매우 효과적인 공약체계를 구성했다. 그런데 여기서 주목할 것이 있다. 두 전직 대통령의 대표공약인 신행정수도와 한반도 대운하는 아주 오랫동안 준비된 것이란 사실이다. 신행정수도 공약이 공개된 것은 2002년 9월이었다. 하지만 노무현 전 대통령은 1993년부터 지방자치연구소를 통해 지역분권에 대해 연구해왔으므로 오랫동안 모색하고 검토했을 가능성이 크다. 지방자치연구소를 함께 했던 김병준 전 청와대 정책실장은 신행정수도가 노무현 대통령이 평생 주장이었다고 전한 바 있다.

MB의 최측근인 이재오 의원 역시 MB가 한반도 대운하를 구상한 것은 초선의원 때부터라고 한다. 그는 서울시장 재임시절인 2005년에 시정개발연구원에 대운하의 타당성을 검토하는 연구용역을 발주했다. 개인의 정치적 목적을 위해 공공 연구기관을 전용했다는 점에서 비판받기도 하지만, 어쨌거나 대표공약을 오래 전부터 치밀하게 준비했다는 것은 분명한 사실이다.

19대 대선을 준비한다면 앞서 언급된 '공정사회, 안전사회, 소통과 공감의 정치'가 현 시대의 민심이 담긴 새로운 시대정신임을 잊어서는 안 된다. 19대 대선의 대표공약은 여기에서 도출될 가능성이 크다.

Chapter 4

선거 환경이 변하고 있다

돈 안 드는 조직이 강하다

1

돈으로는 살 수 없는 것

선거에서는 '조직'이 필수이고, 조직을 만들려면 '돈'이 필수이다.

혈연관계나 친구 등 정말 가까운 사이가 아닌 순수한 자원봉사자란 현실에 존재하지 않아서, 그들로 조직을 구축하기란 불가능에 가깝다고 봐야 한다. 결국 돈을 주고 사람을 고용해야 한다. 이른바 '유급사무원'이다. 그런데 현행 선거법은 유급사무원의 수를 엄격하게 제한하고 있다. 선거 유형별로 차이가 있지만 예비후보자가 되면 사무실에 유급사무원을 둘 수 있고, 선거기간에 돌입하면 지역별로 유급사무원을 두고 실비를 제공할 수 있다. 따라서 실질적으로 움직이는 핵심조직은 법이 허용하는 유급사무원으로 하고 나머지는 지지자 그룹으로 구축해야 한다.

문제는 선거법에 규정하고 있는 유급사무원의 수가 너무 적다는 데 있다. 조직은 필요한데 돈은 쓸 수 없는 상황인 것이다. 어찌 보면 선거법을 준수하면서 조직을 구축한다는 것은 모순이다. 후보들이나 참모들의 중요한 고민 중 하나가 '어떻게 하면 선거법에 걸리지 않고 운동원에게 실비를 제공할까?'이다.

물론 상황이 이렇게 된 데에는 우리의 오랜 선거문화가 그 원인을 제공하고 있다. 돈을 들여야만 조직이 움직였던 것이다. 얼마 전까지만 해도 선거에서 조직은 세를 과시하는 유력한 수단이었으며 선거 판세를 결정짓는 가장 중요한 요소였다. 하지만 선거문화가 바뀌었다. 강화된 선거법규로 인해 기부행위를 하는 자는 처벌을 받게 되고, 기부 받은 자는 50배의 과태료에 처하게 된다. 따라서 이제는 후보자나 유권자 모두 금품이나 향응을 제공하거나 받지 않으려는 풍토가 점차 확산되고 있다. 이에 따라 조직의 패러다임도 바뀌었다. '조직에는 반드시 돈이 들어가야 한다'는 기존의 그릇된 틀을 깨지 않으면 변화된 선거문화에 부합하는 조직을 꾸릴 수 없다. 돈을 뿌려 조직을 구축하고 돈으로 표를 사는 시대는 끝났다는 사실을 인정해야 한다. 그렇다면 어떻게 선거조직을 꾸려야 할까?

지난 2002년 대선에서 노무현 후보를 탄생시킨 '노사모'와 2012년 박근혜 대통령을 탄생시킨 '박사모'를 생각해보자. 본인들이 자발적으로 활동비를 걷고, 인터넷과 SNS를 통해 소통하고, 전국 방방곡곡을 찾아가 노무현과 박근혜를 외쳐댔던 자발적인 지지조직이다. 이들은 기존의 정당이나 후보가 꾸려왔던 조직과는 완전히 다른 형태이다. 물론 노무현과 박근혜라는 캐릭터와 그들로 대표되는 가치가 이러한 조직을 탄생시킨 것은 맞지만, 향후 선거에서는 이와 유사하게 돈 안 드는 조직을 구성해야 한다는 점에서 벤치마킹 대상이 된다. 아무리 조직선거 시대가 끝났다고 하더라도 선거에서 조직은 필수이다. 다만 예전 조직이 수직적이고 동원 중심이었다면 현재는 수평적이고 네트워크 중심으로 바뀌었다는 것이 차이점이다.

조직원의 휴대폰에서 시작하라

선거는 본인의 한 표로부터 시작하여, 한 표가 열 표가 되고, 열 표가 다시 백 표, 천 표로 확산되는 과정의 연속이다. 즉 자신으로부터 시작해 가장 가까운 곳에서부터 표가 확산되지 않으면 결코 이길 수 없다. 자신의 가족, 친지, 친구, 동문, 종친, 향우를 기본으로, 후보가 살고 있는 지역이나 출신 지역에서 이기고 가야 한다. 바람은 자신의 주위에서 점차 외부로 불어 나가는 것이다.

선거 준비 과정부터 끝날 때까지 후보가 만날 수 있는 유권자는 매우 제한적이다. 결국 선거가 끝날 때까지 후보를 단 한 번도 만나지 못한 유권자는 주변 사람의 이야기를 듣거나 언론을 통해서, 또는 홍보물을 보고 투표하게 된다. 따라서 선거운동에서 말하는 조직의 힘은 만날 수 있는 소수 유권자를 통해 만날 수 없는 다수 유권자에게 전파력을 확산시키는 것이다.

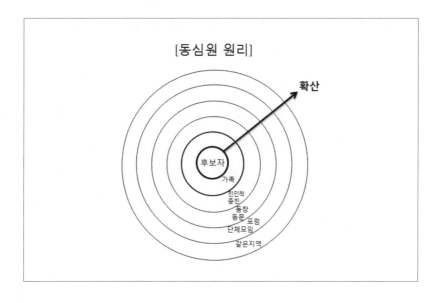

[동심원 원리]

확산

후보자

가족
친인척
동창
동문 포럼
단체모임
같은지역

　세계 최고의 자동차 판매왕으로 알려진 죠 지라드(Joe Girard)는 15년 동안 1만 3천 대의 자동차를 팔아 기네스북에 오른 입지전적 인물이다. 그가 강조했던 것이 '250명의 법칙'이다. 한 사람의 평균적 인맥은 약 250명 정도라고 한다. 영업자 한 명이 그들을 정성스럽게 대할 경우, 그는 다시 자기 주변의 250명에게 그 제품에 대해 좋은 이야기를 하고 영업을 도울 수 있다는 것이다. 제품을 후보로 보고, 영업을 선거활동으로 보아도 그 법칙은 똑같이 적용된다.

　따라서 선거조직 구성은 선거캠프에 있는 참모들의 휴대폰에 저장된 명단을 털어내는 것부터 시작해야 한다. 무작위로 보내는 문자보다 참모들의 휴대폰에 들어 있는 사람들에게 보내는 문자가 보다 확실한 지지자를 만들 수 있다. 참모의 휴대폰 명단에서, 참모 지인의 휴대폰 명단으로 확산될 수 있다면 가공할 영향력을 지닌 조직이 구성되게 된다.

'조직은 철도망과 같다'란 말이 있다. 후보라는 상품을 목적지까지 안전하게 실어 나르기 위해 간이역 역할을 하는 사람도 있고, 간이역과 간이역을 연결해주는 역할을 하는 사람도 있다. 사람과 사람이 그렇게 방사선으로 퍼져 나갈 수 있도록 연결하는 것이 바로 조직이다. 정치 신인이든 현역이든 아주 열성적으로 움직일 수 있는 조직과 효과적으로 가동이 가능한 인력이 구축되어 있다면 선거에서 바람몰이는 충분히 가능하다. 가장 열렬히 도와줄 수 있는 조직을 특별히 관리할 필요가 있다는 뜻이다.

자발적으로, 열성적으로!

돈으로 움직이는 조직은 시키는 일만 한다. 그것도 겨우 한다.

하지만 돈을 받지 않고도 스스로 움직이는 조직이 있다. 이른바 '이슈조직'이다. 이슈조직이란 현안이나 후보의 가치를 적극적으로 믿고 따르는 자발적인 조직을 말한다.

정치인 최초의 팬클럽 '노사모'를 생각해보자. 그들은 노무현 후보의 지역감정 타파, 바보 노무현이라 불릴 만한 무모한 도전 등 그의 가치를 적극 지지한 그룹이다. 그들은 당시 한나라당 조직원에 비해 일당백의 역할을 했다고 평가되고 있다. 노사모의 뜨거운 진정성은 많은 유권자를 감동시켰으며, 대한민국 정치 역사상 자발적인 선거 참여의 효시가 되었다.

물론 정치 신인이 팬카페를 만들 정도로 지명도와 충성도를 갖기는 힘들다. 하지만 불가능한 것은 아니다. 일단 지역 내 현안에 적극 참여함으로써 이슈조직을 만든 후, 그 지역의 후보로 출마한다면 조직원은 곧바로 지지 조직이 될 것이다.

이슈조직을 만들기 위해서는 다음의 몇 가지 여건이 충족되어야 한다.

첫째, 대중의 관심사를 정확히 읽어야 한다. 관심에서 멀어진 분야라면 아무리 이슈를 제기해도 유권자의 관심을 끌 수 없다. 예를 들어 학부모들의 관심이 집중되는 교육문제, 공공이 이용하는 도로문제, 교통문제, 공원문제 등 각 지역의 숙원사업에 대한 이슈를 제기하면 누구나 관심을 가질 수 있다.

둘째, 지역 내에 갈등을 유발시켜서는 안 된다. 지역 내에 이해관계가 얽혀있는 사안이나 찬반이 나뉘어 있는 이슈는 오히려 화를 자초할 수 있다. 예를 들어 어느 지역에 가스충전소가 들어서게 되었다고 하자. 충전소 부지 주변의 주민들은 안전문제도 있고 집값이 떨어질 것이 예상되므로 반대운동을 하게 된다. 그러나 멀리 떨어져 있는 지역주민들은 가스충전소가 있어야 편리하니까 당연히 찬성한다. 이렇게 이해관계가 상충되는 문제를 이슈로 만들어서는 안 된다. 이런 경우 이슈제기보다는 찬반 양측의 이해를 조율하는 조정자 역할을 하는 것이 오히려 낫다.

셋째, 이슈를 확산할 수 있는 장치가 필요하다. 이슈는 확산되지 않으면 사라져 버린다. 대중에게 쉽게 확산될 수 있는 신문이나 방송, SNS, 그리고 인터넷 네트워크를 구축하는 것이 필수적이다.

넷째, 타깃 계층을 명확하게 해야 한다. 만약 지역의 생활문제가 이슈라면 주로 주부들이 대상이 된다. 그러나 정치적인 문제는 주로 남성들이 대상이 될 것이다. 지난 6.2지방선거에서 가장 첨예하게 대립된 정책 중 하나가 '무상급식'이었다. 무상급식 쓰나미는 경기도를 필두로 전국을 휩쓸었다. 한편 18대 총선에서 서울에 불었던 이슈는 '뉴타운'이었다. 이처럼 큰 이슈에 편승하는 방법도 있지만, 지역 이슈에 적극 참여함으로써 탄탄한 조직을 만드는 사례도 심심찮게 발견된다.

2
여론조사의 함정

18대 대선에서 투표율 70%가 넘으면 문재인 후보가 유리하다는 것은 당시 거의 정설이었다. 그러나 투표율이 무려 75.8%였음에도 박근혜 후보가 당선되었다. 앞서 자세히 설명했듯이 그 이유는 50대의 높은 투표율이었다.

새누리당은 유권자 분석 결과 50대가 대선의 결정적인 키를 가지고 있음을 간파하고 베이비붐세대를 위한 다양한 공약을 내세웠다. 여기에 TV 토론에서 이정희 후보가 보여준 감정적 대응은 결정적으로 50대를 야당과 진보진영으로부터 등돌리게 만들었다. 정당의 여론조사는 판세를 읽고, 집중해야 할 유권자 계층을 명확히 하는 데 있어 아주 중요하다. 그리고 이런 측면에서 민주통합당은 선거에서 질 수밖에 없었다고 볼 수 있다.

새누리당에겐 여의도연구소가 있다. 지속적인 여론조사를 통해 데

이터를 축적하고 그 데이터를 효과적으로 분석하는 노하우가 있는 것이다. 그러나 민주통합당은 잦은 이합집산으로 정당의 여론조사와 분석 기능이 단절된 것이 사실이다. 침대만 과학이 아니다. 현대선거도 과학이다. 여론조사의 과학적 통계분석이야말로 승리의 관건이다.

여론조사에서 가장 중요한 2가지가 있다.

'표본을 어떻게 추출할 것인가', 그리고 '조사결과를 어떻게 해석할 것인가'이다. 여론조사에서 표본은 가장 핵심적인 용어다. 표본이 정확하게 추출되어야 여론조사가 의미를 갖게 된다. 결국 이 과정이 여론조사의 신뢰도에 결정적 영향을 미치게 되는 것이다. 임의, 할당, 무작위의 세 가지 방법이 주로 사용된다.

전체 집단의 의사를 정확하게 대변할 수 있도록 여론조사를 설계하는 것도 중요하지만, 그 결과를 어떻게 읽을 것인가 또한 중요하다. 여론조사는 읽는 사람마다 자신에게 유리하게 해석할 수 있다. 더욱이 이해 당사자인 후보들은 자기중심적으로 해석할 소지가 많다. 조사 결과를 제대로 읽지 못한다면 여론조사는 하나마나일 것이다.

전략 수립을 위한 여론조사

* 유권자의 생생한 목소리를 듣다

선거엔 함정이 있으니 '무조건 내가(우리 후보가) 당선될 수 있다'란 생각이다. 지역구에서 선거운동을 할 때 일부 지지자들의 호응과 격려를 전체 유권자의 성향이라고 오해하는 것이다. 이런 후보에게 여론이 별로 좋지 않다고 말해도 절대 믿으려고 하지 않는다. 이런 함정에 빠지지 않기 위해서는 보다 객관적으로 여론을 파악할 필요가 있다.

후보의 인지도와 지지도를 파악하고 선거 전략의 기본을 마련하기 위한 조사에는 집단심층면접토의(FGD, Focus Group Discussion)가 있다. FGD는 일반 유권자를 대상으로, 보통 2~4개 그룹으로 나누어 진행한다. 예를 들어 40대 여성 6~7명 한 그룹, 50대 남성 6~7명 한 그룹을 대상으로 할 수 있다. FGD 대상자를 선발할 때는 인맥을 활용하는 것보다 전문업체를 통해 무작위로 집단을 구성하는 것이 객관성을 기할 수 있다. 어느 한편에 편향되지 않도록 공정하게 해야 하는 것이다. 또한 FGD 진행자를 선택할 때도 내부 인사보다는 객관적이고 중립적인 외부 인사가 바람직하다. FGD는 설계에서부터 보고서가 제출되기까지 대략 2주 정도가 소요된다.

여론조사가 유권자의 속내를 들추어내는 데는 한계가 있는데 반해, FGD는 유권자의 생생한 목소리를 들을 수 있다는 장점이 있다. 최근 선거운동 초기에는 전화조사 대신 FGD로 대체하는 경우가 늘어나고 있다. FGD는 대통령, 광역자치단체장, 국회의원 또는 기초단체장의 선거에서 유명 인물이 맞대결을 펼칠 경우에 효과적이다. 다만 후보의 인지도가 높지 않은 경우에는 후보에 대한 평가가 도출될 수 없다는 한계가 있다.

* 오피니언 리더에게 묻다

정치 신인이 선거에 나선다면 준비해야 할 것이 더 많다. 선거운동의 기조를 마련하고 현안 및 공약에 대한 후보의 입장도 정리해야 한다. 이런 작업이 되어 있지 않으면 선거구의 오피니언 리더나 유권자를 자신 있게 만날 수가 없다. 자칫하면 일정한 방향 없이 중구난방으로 뛰다가 시간과 비용을 낭비할 수 있다. 이러한 기초 작업은 정치 신인이 아니더라도 모든 후보가 해야 하는 선거운동의 첫 관문이라 할 수 있다.

기초 작업을 위한 조사기법으로는 심층면접조사(In-depth Survey)가 있다. FGD가 무작위로 추출된 일반 유권자를 대상으로 하는데 비해 In-depth 조사는 오피니언 리더가 대상이다. 선거 유경험자, 지역 언론인과 시민단체 관계자, 자영업자와 공무원 등 일반 유권자 중 정치에 관심이 많은 사람이 여기에 해당되고, 보통 6~7명이 하나의 집단으로 구성된다.

In-depth 조사 진행자는 이들을 찾아가 일대일로 만나 사전에 준비한 가이드라인을 참고하여 심도 깊게 면접조사를 진행한다. 이는 해당 선거구의 선거지형, 각 후보의 장단점, 현안 파악에 매우 효과적이다. In-depth 조사 역시 설계에서부터 보고서 제출까지 대략 2주 정도가 필요하다.

당내 경선을 위한 여론조사

2007년 한나라당의 대통령 후보 경선, MB가 박근혜 후보를 극적으로 이겼다. 현재 새누리당의 대통령후보 경선 규칙을 살펴보자. 전체 유권자수의 0.5% 이상으로 선거인단을 구성해 전체 80%를 반영하며

(대의원 20%, 당원 30%, 일반국민 30%), 여기에 여론조사 20%를 합산하는 방식이다. 2007년 박근혜 후보는 선거인단 경선에서 이기고도 여론조사에서 패배해 대통령 후보가 되지 못했다.

이렇듯 당내 경선에서도 여론조사 결과가 결정적인 승패를 가를 수 있다. 국회의원 선거나 지방선거에서는 선거인단을 모집하지 않고 여론조사만으로 후보를 선정하는 경우도 많으므로 여론조사는 절대적 권력을 갖고 있다 할 수 있다.

민주당의 경선 방식은 독특하게도 모바일(휴대폰)을 중시하는 방향으로 발전되어 왔다. 18대 대통령 후보 경선은 역시 선거인단의 현장투표와 모바일 투표를 결합해 진행되었다. 제주도를 시작으로 전국을 돌며 실시한 경선은 대단한 호응을 불러일으켰다. 제주도에서만 3만 명 이상, 전국에서 108만 명이 넘는 대규모 인원이 선거인단으로 참여했고 이 중 56.5%를 얻은 문재인 후보가 선출되었다. 하지만 모바일 투표의 부작용으로 중간에 경선이 중단되는 사태가 빚어지기도 했다. 민주당의 경선 방식은 아직까지 유동적이다. 국민참여선거인단 중 당원과 국민의 비율을 어떻게 할 것인지, 모바일 투표의 시행 여부 등이 핵심 쟁점이다.

✱ 역선택은 분명히 존재한다

2012년 12월 대통령 선거 얼마 전 여론조사가 한창 진행 중이었다.

박근혜 후보 지지자에게 야권 단일후보 지지도를 묻는 여론조사 전화가 걸려왔다. 그들의 정치 성향으로 보아 문재인보다는 안철수 후보를 지지하는 경향이 강했다. 하지만 그들 중 많은 사람들이 '문재인'이라고 대답했다. 한마디로 '역선택'이다.

최근 선거의 여론조사에서 '역선택'이 뜨거운 쟁점으로 떠올랐다. 역선택이란 응답자가 자신이 지지하는 후보를 위해 진심과 다른 응답을 하는 행위를 말한다. 역선택이 실제로 존재하는지 명확히 입증되지는 않았지만, 현장에서는 기정사실로 받아들이고 있다.

역선택은 두 가지 형태로 이루어지는데 첫 번째가 '자발적인 역선택'이다. 충성도가 높은 지지자라면 자신이 지지하는 후보의 당선을 위해 상대적으로 손쉬운 후보를 선택한다. 두 번째는 '조직적인 역선택'이다. 예를 들어 서울 한 자치구의 유권자가 15만 명이고 가동할 수 있는 선거운동조직이 500명 있다고 하자. 선거가 임박하면 여론조사 응답률은 현저하게 떨어진다. 전화조사는 10% 이내, ARS는 2% 남짓밖에 안 된다. 유권자 15만 명을 가구로 환산하면 대략 7~8만 가구다. 이 중 10%가 응답하면 7~8천 명, 2%가 응답하면 1,500명 남짓이다. 선거운동조직 500명이 동원되어 응답률 100%를 확보하면 전화조사의 경우 7~8%, ARS의 경우 30%까지 영향력을 발휘할 수 있다는 계산이 나온다.

다시 2012년 대선으로 돌아가보자. 민주당 문재인 후보와 무소속 안철수 후보의 야권후보 단일화 경쟁이 한창이었던 시기, 매일경제신문과 MBN이 한길리서치에 의뢰해 조사한 바에 따르면 10월을 기준으로 문재인 후보가 안철수 후보를 역전했다. 다른 조사기관의 결과도 이와 유사한 궤적을 보였다.

그런데 당시의 모든 여론조사에서 문재인 후보는 박근혜 후보에게 일시적인 경우를 제외하고는 일관되게 밀렸다. 반면 안철수 후보는 일시적인 경우를 제외하고는 박근혜 후보보다 앞섰다. 그럼에도 불구하고 문재인 후보가 야권후보 단일화 지지율에서 안철수 후보를 앞섰다. 역선택의 가능성이 농후함을 시사하는 대목이다.

그렇다면 역선택을 막을 수단은 없는가. 주요 정당, 각 후보, 여론조사기관은 역선택을 막기 위해 각종 수단을 마련했다. 다른 정당 지지자가 당내 경선에 개입하는 것을 차단하기 위해 이중삼중의 방어망을 설치하지만 유권자도 시간이 갈수록 똑똑해지고 있다. 또한 선거운동조직이라도 동원하면 역선택은 불가항력이다. 이제 여론조사에서 역선택도 일종의 선택이 되고 있음을 인정해야 한다.

〈문재인 · 안철수 야권후보 단일화 지지율 추이(단위: %)〉

구분	9월 2주차	9월 4주차	10월 2주차	10월 4주차
문재인	38.9	40.1	42.1	39.2
안철수	42.0	47.5	43.5	42.2

* 총동원령이 내려지는 당내 경선

당내 경선의 여론조사 의존률이 높아지고 있다. 더불어 조직이 동원될 확률도 높아지고 있다. 당내 경선의 여론조사 역시 RDD 방식의 전화조사, ARS, 면접원의 직접 전화로 이루어진다. 정당에서는 경선 여론조사의 시간을 발표한다. 간혹 조직 동원을 막기 위해 여론조사 시간에 혼선을 주기도 하지만, 별 효과는 없다. 후보들마다 중앙당이나 도당에 각종 인맥이 있고 이들을 활용하면 그다지 어렵지 않게 여론조사 시간을 알아낼 수 있기 때문이다. 또한 후보들마다 여론조사 시간을 파악하여 SNS를 활용해 여론조사 참여를 독려하기 때문에 여론조사 시간은 쉽게 노출된다.

여론조사에서 비정상적으로 높은 응답률이 나오는 경우는, 각 예비 후보 캠프에서 총동원령을 내렸기 때문이라고 해석할 수 있다. 자기 후보의 지지도를 높이기 위해 반드시 조사에 응한다는 것이다. 여론조사 당일은 집에 붙어 있거나 외출할 때는 집 전화를 휴대폰으로 착신하는 것은 기본이다. 여론조사에서 젊은층의 응답률이 매우 낮기 때문에 응답자의 나이를 실제보다 낮추는 경우도 심심찮게 발견된다.

꿈보다 해몽이 중요하다

* 2012년, 그랜드크로스는 없었다

2012년 12월 19일 대선을 앞두고 12월 12일 마지막 여론조사 결과가 발표되었다. 박근혜 후보를 문재인 후보가 바짝 추격하고 있는 상황, 야당 지지자들은 여론조사 결과가 발표되지 않은 일주일간 문 후보가 박 후보를 추월하는 소위 그랜드 크로스가 일어났다고 주장했다. 하지만 결과적으로 그런 일은 일어나지 않았다.

선거일이 다가올수록 유권자는 속속 발표되는 여론조사에 깊은 관심을 기울인다. 여론조사의 변화 추이에 흥미를 느끼고, 역전과 재역전 상황을 은근히 기대하기도 한다. 그렇다면 유권자의 기대처럼 '역전'이란 것이 흔하게 일어나는 상황일까?

정답은 '그렇지 않다'이다. 대체로 공식선거운동 돌입 이전의 여론조사 결과가 최종 선거 결과와 동일하다. 다만 충청도와 같이 속내를 잘 드러내지 않는 지역은 예외다. 그러나 이런 지역도 여론조사에 나타나지 않는 바닥 민심을 제대로 읽는다면 짧은 선거운동 기간 동안 지지도가 급변하지 않는다는 사실을 알 수 있다. 상당수 언론은 공식선거운동 기간이 시작되는 시점에 여론조사 결과를 발표한다. 따라서 만약 여론조사 결과가 앞서 있다면 이러한 결과를 유권자에게 충분히 알릴 필요가 있다.

여론조사는 선거전략 마련을 위해 꼭 필요하다. 어느 지역이 우세하고 열세한지, 나이나 계층 또는 남녀별 지지도 차이가 있는지를 파악해 선거운동에 반영해야 한다. 여론조사 지지도가 크게 변하지는 않지만 지지도 차이가 미세하다면 이에 대한 적절한 대처가 필요하기 때문이다.

마지막 여론조사는 대체로 선거일 5일 전에 추진하는데, 그때쯤이면 대부분의 유권자가 지지후보를 결정하기 때문이다. 여론조사가 거의 그대로 개표 결과로 이어지게 된다. 만약 지지도가 호각세라면 5일 전의 여론조사를 통해 투표 참여 여부에 대한 미결정 유권자나 10% 내외로 줄어든 부동층에 대한 대책 등을 마련해 마지막 득표활동에 나설 여지가 있다.

✳ 힘없는 개에게 물릴 수도 있다

언더독(underdog)이란 패배자, 약자를 의미한다.

원래 투견에서 유래되었다고 하는 이 말이 선거판에서도 사용되고 있는데 바로 '언더독 효과(underdog effect)'이다. 상대적인 약자가 강자를 이겨주기를 바라고 상대적 약자를 응원하는 현상이라고 할 수 있다. 이의 반대 개념으로는 '밴드왜건 효과(band-wagoon effect)'가 있다. 남이 하니 나도 따라한다, 대세에 따라 움직인다는 의미이다.

선거에서 언더독 효과는 심심찮게 목격된다. MB 정부 3년차이던 2010년 3월 천안함 피격 사건 이후 치러진 지방선거가 언더독 효과의 대표적 예이다. 당시 정부와 여당은 대대적으로 안보정국을 조성했고, 급기야 MB는 지방선거를 며칠 앞두고 용산 전쟁기념관을 찾아 "전쟁불사"를 외쳤다.

당시 대부분의 여론조사는 여당인 한나라당의 압승을 점쳤다. 그러나 막상 뚜껑을 열어보니 야당인 민주당의 압승이었다. 한나라당은 서울시장과 경기도지사, 영남권에서 간신히 이겼을 뿐 대부분의 광역단체장을 야당에 내줘야 했다. 서울과 경기도에서도 기초단체장과 광역의원, 기초의원은 대부분은 야당으로 넘어갔다.

정부 여당은 자신들의 승리에 자신만만했고, 야당은 여론조사의 열세로 참패를 예상했지만 유권자들은 묵묵히 투표장으로 가서 야당에 한 표를 던졌다.

✻ 2014년 4월 18일, 박근혜 대통령이 진도에 갔다

2014년 초반, 박근혜 대통령의 국정운영에 대한 긍정적 평가는 무려 71%라는 피크를 찍었다. 세월호 참사 이전에 발표된 여러 여론조사에서도 지지율이 65%를 상회했다. 여론조사 결과를 액면 그대로 받아들인다면 국민 3명 중 2명이 박 대통령을 지지한다는 의미다. 대선에서 자신이 얻은 표를 훨씬 상회하는 수치다.

박근혜 대통령의 콘크리트 지지율은 2014년 4월 세월호 사건을 계기로 균열이 가기 시작했다. 그렇다면 견고했던 지지율이 세월호 사건 하나로 깨지기 시작한 것일까? 그것이 아니라면 그 전의 높은 지지율에 거품이 끼어 있었던 것일까? 합리적 판단을 한다면 후자에 무게감이 실린다. 여론조사에서 나타난 박근혜 대통령에 대한 긍정적 평가는 실제로 일을 잘한다는 의미보다는 잘할 것이란 기대와 믿음, 절제된 말과 행동에 의한 실수의 최소화, 딱히 잘못한 것도 없다는 점이 복합적으로 작용한 것이다.

노엘레 노이만(Noelle-Neumann)이 주창한 '침묵의 나선형 이론(spiral of silence theory)'에 따르면 자신의 의견이 언론이 전파하고 있는 다수 의견과 다를 때 침묵하게 된다고 한다. 여론조사에서 나타나는 박 대통령의 높은 지지율은 이 이론으로 설명이 가능하다. 박 대통령의 적극 지지층은 응답률이 매우 높고 비판적인 질문에 대해서는 신경질적인 반응을 보인다. 대통령의 지지율이 60%를 넘는다는 여론조사 결과가 화젯거리가 되고 있는 가운데, 중도와 비판세력 중 일부는 동조하는 척하고 일부는 침묵한 것이다.

박 대통령의 지지율을 세부 항목으로 나눠 살펴보면 이러한 경향은 더욱 두드러진다. 내일신문과 디오피니언이 2013년 말과 2014년 초에 걸쳐 박 대통령의 지지율이 높은 이유를 조사했더니 "실제 일을 잘한다"는 25% 남짓이고, 나머지는 "잘할 것 같은 기대", "특별히 잘못한 게 없어서" 등으로 나타났다. 한마디로 지지율은 높은데 높을 이유는 딱히 없다는 것이다.

새누리당 지지율 역시 50%를 넘나들고 있지만 실제 민심과는 다소 거리가 있다. 박 대통령 지지율과 유사하게 '침묵의 나선형' 효과를 보고 있는 것이다. 이처럼 선거를 앞두고 사회적 파장이 큰 이슈가 터지면 여론조사와 민심은 괴리가 생기게 된다. 천안함 폭침 이후 정부 여당에 의해 안보정국이 형성되었다. 수십 명의 장병이 사망하거나 실종된 상황에서 북한에 강경 대응해야 한다는 여론이 압도적이었다. 자신의 의견과 다르더라도 동조하는 척하거나 침묵하는 사람들이 많았다. 여론조사의 적은 표본으로는 대중의 속마음까지 파악하는 데 한계가 있다. 여론조사가 민심 파악의 만능열쇠는 아닌 것이다.

미디어는 음식이 아니라 그릇이다

3

선거가 버라이어티해졌다

20세기의 선거는 단순했고 정태적이었다.

미디어 환경이 그랬기 때문이다. 후보가 노출될 수 있는 방법은 신문과 방송이 전부였고, 후보의 메시지는 기자를 통해 유권자들에게 일방적으로 전달되었다. 언론사 기자들은 오랜 기간 정치인들과 관계를 맺으며 서로 높은 수준에서 소통하고 있었다. 정치인의 메시지는 의도하든 의도하지 않았든 기자들에 의해 필터링되어 유권자들에게 전달되었다. 설령 후보가 사소한 말실수를 하더라도 그것이 치명적이지 않은한, 유권자들에게 알려지지 않았다.

21세기에 접어들자 미디어 환경이 복잡해지고 역동적으로 변했다.

따라서 선거의 양상도 그렇게 변했다. 일단 신문에 비해 방송의 비중이 압도적으로 증가했다. 신문과 방송은 같은 대중매체지만 그 내용에 있어서는 상당히 차이가 있다. 신문의 메시지는 정제된 문자언어를 통해 유권자들에게 전달되므로 이성적이고 논리적이다. 그런데 방송의 비중이 증가했다는 것은 보다 감성적 메시지가 필요해졌다는 의미이다. 정치인은 자신의 메시지를 짧은 시간에 강렬하게 각인시켜야 한다.

또한 인터넷과 SNS와 같은 쌍방향 매체의 등장은 커뮤니케이터(언론)와 커뮤니케이티(독자, 시청자) 간의 경계를 무너뜨렸다. 과거엔 언론이 정치권의 움직임을 자신의 주관에 따라 편집하여 유권자에 알렸고, 유권자는 이를 그냥 받아들였다. 그런데 이제 유권자들은 저마다 개인 미디어로서 기능하기 시작했다. 정치인과 유권자 사이에 중계자(언론)가 위치하던 직선 구도에서 정치인, 언론, 유권자가 복합적으로 소통하는 삼각 구도로 대체된 것이다.

이와 같은 미디어 환경의 변화는 정치인의 행동 하나, 말 한마디가 미치는 파급효과를 비약적으로 증가시켰다. 인터넷 홈페이지, 페이스북이나 트위터에 부적절한 게시물이라도 올릴 경우, 이는 빠른 시간 안에 인터넷과 SNS 상으로 유포되며, 이런 파장이 언론에 보도되면서 파급효과는 확대재생산된다. 선거에 임하는 후보 및 정당은 자신의 메시지 하나하나를 정련할 필요에 직면한 것이다. 그리고 이런 미디어 환경의 변화를 자신에게 유리하도록 이용하는 전략에 고심하게 된다.

스마트폰에서 권력이 나온다

중세시대까지 권력은 '총칼'에서 나왔다.

근대와 현대에 들어와서는 '돈'이 권력을 창출했다.

현재 21세기의 권력과 부는 '검지'에서 나온다.

스마트폰을 정점으로 한 스마트 인프라가 스마트 네트워크로 모이고, 스마트 권력으로 확장되고 있다. 우리의 일상 전체가 스마트폰 안으로 들어온 것이다.

"스마트폰의 알람으로 눈을 뜬다. 일정 위젯을 검색해 오늘 일정을 확인한다. 날씨 어플을 보고 우산을 챙긴다. 버스 정류장에 도착해 대중교통 어플로 버스가 오는 시간을 찾아본다. 버스 안에서 오늘의 이슈나 뉴스를 검색한다. 트위터, 페이스북, 밴드를 통해 친구들이 올려 놓은 정보를 공유한다. 직장에 가서 틈틈이 주식 어플을 보고 주식투자의 정보를 얻는다. 점심 메뉴는 맛집 어플에서 찾고, 가는 길은 스마트폰의 길 안내로 찾아간다. 스마트폰으로 초등학교 동창을 찾고, 유럽에 살고 있는 친구들과 안부를 묻는다. 저녁 회식을 한 후, 술안주 사진을 SNS에 올린다. 귀가 후에는 태블릿 PC와 스마트 TV에 스마트폰의 오늘 작업 내용을 올린다. 하루 일과를 정리해 SNS에 올리고 친구들과 정보를 나눈다. 스마트폰에 알람을 설정하고 잠든다."

이렇게 스마트폰은 우리에게 '마법상자'가 되었다. 책, 영화, 음악, 신용카드, 카메라, 녹음기, 수첩, 일기장, 노트북 등 모든 것이 그 안에 통합되었다. 스마트폰이 제공하는 서비스와 콘텐츠는 우리가 상상하기 힘들 정도로 발전하고 있다. 스마트 시대는 전 세계에 스마트형 인간을 양산하고 있으며, 네트워크로 연결된 집단들은 끝없이 팽창하고 있다.

　스마트 권력은 네트워크를 타고 흘러 다니기 때문에 지금까지의 조직이나 기구로는 담을 수가 없다. 마치 유령처럼 형체가 흐릿하지만, 일단 특정 이슈나 사안에 스마트 의지가 결합되면 엄청난 집중력과 확산성을 보여준다. MB 정권이 출범하자마자 불길처럼 타올랐던 광우병 소고기 수입반대 운동을 기억하면 된다. PD수첩에서 방영된 내용은 SNS를 타고 급속히 전파되었으며, 광화문에 모이기 시작한 군중의 분노는 촛불을 들게 하였다. 이 시위에는 목적성을 지닌 거대한 조직이나 지도부는 없었다. 정치인들도 시위대의 일원일 뿐이었다.

　선거에서도 스마트폰의 활약은 눈부시다. 과거 민주당은 당내 경선에 모바일 투표를 도입했다. 당대표를 선출하는 지도부 경선에는 백만 명이 넘는 선거인단이 참여했다. 그러나 모바일선거는 비밀투표의 보장이 어렵고 특정집단이 정당의 선거에 개입하여 왜곡된 의사를 만들 수 있다는 문제점을 노출하였다. 아직도 많은 논란 속에 있지만 선거 속에 스마트환경이 들어올 것이라는 것은 분명한 흐름이다. 더 나아가 간접민주주의, 대의민주주의의 대안으로 스마트폰을 통한 직접민주주의를 실현하는 길도 열리게 될 것이다. 스마트폰을 잘 활용하는 자가 선거에서 승리하게 되는 세상이 왔다. 앞으로는 정당의 중앙당 선거대책위원회에서 '스마트대책위'가 가장 중요한 조직이 될 것이다.

내용 없는 미디어는 독이 된다

2002년 뉴미디어의 가공할 위력을 경험한 야당과 진보세력은 뉴미디어의 출현 자체가 선거의 승리를 가져올 것이란 미디어 물신주의에 빠졌다. 하지만 이는 사실이 아니었다. 2008년 대선에서 UCC란 뉴미디어가 출현했다. 당시 대통합민주신당은 UCC가 대선 승리의 발판이 될 것이라 기대했다. 그러나 선거 구도가 완전히 한나라당 쪽으로 넘어간 상태에서 UCC는 아무런 영향력도 미치지 못했다.

그 후 SNS의 시대가 도래했다. 이번에도 야당은 SNS에 기대를 걸었다. 2010년 지방선거와 2011년 서울시장 재보선에서 SNS는 위력을 발휘했다. 젊은층 유권자들이 SNS를 통해 결속했고, 이것은 야당의 선거 승리에 크게 기여했다. 하지만 여당 및 보수세력은 2002년처럼 속수무책으로 당하지 않았다. 그들은 뉴미디어에 빠르게 적응했다. 그들의 자산인 물량공세를 벌이며 야당을 가볍게 제압했다.

이즈음에서 꼭 짚고 넘어가야 할 문제가 있다.

2002년 16대 대선에서 노무현 후보의 승리는 과연 인터넷이란 뉴미디어의 출현으로 가능했던 것일까? 건물을 예로 들어보자. 견고한 골조로 튼튼하게 지어진 건물이 하나 있다. 그런데 그 안에는 가구도 없고 사람도 없다. 과연 그 건물은 건물로서 기능하고 있는 것일까? 형식은 거기에 적절한 내용이 담길 때, 의미를 가질 수 있다. 내용 없는 형식은 가구도, 사람도 없는 빈 건물과 같다.

노무현 후보가 당선된 것은 인터넷 때문이 아니라, 그 형식에 담긴 메시지 때문이었다. 시대정신을 담은 메시지, 그것을 실현할 수 있다고 믿어지는 후보, 그리고 그 메시지를 전달할 수 있는 미디어가 모두 있었기 때문에 승리한 것이다. 뉴미디어 자체로는 선거에서 결코 이길 수 없다. 2012년 총선과 대선에서 야당 및 진보세력은 SNS라는 뉴미디어의 출현에만 주목했지, 거기에 어떤 메시지를 담아야 할지, 그리고 어떻게 유통시켜야 할지에 대해 제대로 고민하지 않았다. 미디어 내의 메시지는 SNS에 친화적인 젊은층 유권자들에게만 유통되었고, 중장년층과 노년층에 확산되지 못했다. 때론 즉흥적 발언, 부정확한 사실의 유포로 여당 및 보수세력에게 역공의 빌미를 주기도 했다.

여당 및 보수세력은 SNS를 건전한 정치논쟁의 장이 아닌 네거티브 선거의 장으로 활용한 측면이 있다. 일명 '십알단'이나 국정원 댓글 공작을 통해서 여당의 SNS 전략을 짐작해볼 수 있다. 그와 같은 행위는 궁극적으로 SNS에서 형성된 정치담론의 공신력을 떨어뜨림으로써, 그것이 여당 지지층 또는 부동층에 미치는 영향을 최소화하려는 의도였을 가능성이 크다.

그런데 이런 네거티브 전략이 통했던 것은, 상대편이 뉴미디어에 유통될 메시지를 제대로 관리하지 못했기 때문이기도 하다. 야당 및 진보세력의 SNS 담론이 상대편을 희화화하면서 우리 편을 감성적으로 결속시키는 방향으로 구성되었기 때문에, 이에 대한 감정적 역공도 가능했던 것이다. SNS에서의 정치담론이 합리적, 이성적으로 이끌어졌다면 여당 및 보수세력의 네거티브 전략은 애초부터 성립되지 못했다.

앞으로도 미디어는 계속 진화할 것이며, 선거전의 새로운 변수로 작용할 것이다. 그러나 이런 변수가 '태풍이 되느냐 미풍이 되느냐', 또는 '순풍이 되느냐 역풍이 되느냐'는 정치세력이 미디어의 진화에 조응하는 메시지 혁신을 일궈내느냐의 여부에 달려 있다.

선거는 드라마로 진화한다

4

현행 선거법상 대통령선거 공식 선거운동 기간은 22일이다. 그 전에는 유세와 TV광고 등을 할 수 없다. 하지만 최근 추세에서 대선은 실질적으로 대선투표일 1년여 전부터 시작된다고 봐야 한다. 이즈음에 후보들은 대선 출마를 선언하고, 각 정당은 경선을 준비한다. 대선 6개월을 앞두고 후보 선출을 위한 경선이 치러지며, 각 정당의 후보자가 확정되는 순간부터 대선 국면은 더욱 가열된다. '공식선거운동 기간이 굳이 필요할까'라는 의문이 드는 대목이다.

이런 의문은 공식선거운동 기간에 벌어지는 캠페인을 살펴보면 해결된다. 이 기간 동안 후보자들은 대통령감으로서 자신의 자질과 능력, 국가비전과 정책공약을 압축적으로 홍보한다. 그리고 이 과정에서 후보 간 상호충돌이 일어나고, 각 후보자들은 자신의 장점과 단점을 노출하게 된다. 유권자 입장에서 보면 합리적 투표를 하기 위해 각 후보에 대한 정보를 집약적으로 제공받는 기간이다.

공식 선거운동 기간 22일, 후보에겐 마치 하루가 한 달 같은 무게로 다가온다. 그 이전의 대권 행보를 아무리 잘 꾸려왔어도 이 시기에 실수하면 모든 것이 헛수고가 될 수 있다. 선거 기간 중 몇 번의 말실수, 사소한 스캔들의 폭로로 2~3년의 우세가 뒤집어질 수도 있다. 후보자와 소속 정당이 공식선거운동 기간의 캠페인에 사활을 거는 이유이다. 우위에 선 후보는 그것을 뺏기지 않기 위해, 열세에 처한 후보는 실낱같은 역전의 희망을 현실화하기 위해 사활을 걸고 움직인다.

선거 캠페인이 날로 고도화되고 있는 것은 전 세계적인 추세다. 과거의 선거는 후보와 유권자가 만날 수 있는 통로가 거의 없었다. 후보의 지역 순회 유세, 신문 및 방송의 인터뷰나 토론회가 전부였다. 후보자와 유권자의 소통은 일방향적이었고, 선거운동에 유권자의 견해가 투사될 가능성은 전무했다고 봐야 한다. 이렇게 유권자에 대한 정보 획득 경로가 한정적이었으므로 캠페인 전략수립에 있어서도 몇몇 정치인의 직관에 의존해야 했다.

그러나 현대 선거에서 후보와 유권자 간 만남의 통로는 다변화되어 있다. 인터넷과 SNS와 같은 쌍방향 미디어의 출현은 후보와 유권자 간의 소통을 항시적으로 가능하게 했으며, 선거운동에 유권자가 직접 개입하며 자신의 의사를 직접적으로 전달할 수 있게 되었다. 여론조사 기법과 쌍방향 매체의 발달을 통해 선거 캠페인 기획자들은 유권자의 이성적 신념과 감성적 기호를 보다 정확하게 파악할 수 있게 된 것이다.

과거 선거의 후보가 아나운서처럼 행동했다면, 현대 선거의 후보는 배우처럼 행동한다. 정치적 메시지를 단순히 말로만 전달하는 게 아니라 일종의 캐릭터 연출을 통해, 다양한 표정과 몸짓을 가미한 스토리텔링을 통해 전달한다. 과거 선거에서 캠페인은 일종의 공청회 같은 것이었지만, 요즘은 콘서트나 드라마처럼 연출되고 있다.

이런 현대 선거의 양상을 부정적으로 바라보는 시각도 있다. 정책공약에 대한 합리적 판단이 아니라 감성적 호소에 치우쳐 선거 본연의 목적과 기능을 상실하게 한다는 것이다. 그러나 미디어 환경의 변화가 정치 수준의 저하로 곧바로 연결되는 것은 아니다. 감성의 증대가 반드시 이성의 저하를 가져온다고도 할 수 없다. 오히려 이성적으로 잘 정리된 정치적 메시지가 감성적 표현방식을 통해 유권자에게 효과적으로 전달될 수 있으며, 이는 국정 방향성에 대한 국민적 합의 수준을 제고시켜 민주주의의 발전에 기여하는 결과를 낳을 수 있다.

5
진보는 소녀가장을
넘어서지 못했다

지금까지 조직, 여론조사, 미디어, 캠페인의 측면에서 변화된 선거운
동의 양상을 살펴보았다. 그렇다면 지난 18대 대선에서 박근혜, 문재인
두 후보의 조직, 여론조사, 미디어 전략, 캠페인은 어떠했을까? 이를 평
가해보는 것은 19대 대선을 전망하기 위한 기초작업이 될 것이다.

박근혜, 가족을 지켜낸 소녀가장

* 조직의 승리

야당은 여당의 조직력을 따라갈 수 없다. 이합집산을 거듭하는 야당
과 달리, 오랫동안 단일정당을 유지해왔기에 지구당 조직률이 월등히
높은 편이며, 과거 권위주의 정권으로부터 유래된 관변조직과도 내밀

한 유착관계를 형성하고 있다. 지난 대선에서 여당은 이외에도 청년, 여성, 직능 등 세분화된 조직을 운영했다. 이런 우세는 선거결과에 그대로 반영되어 미디어보다 전통적 정당조직의 영향이 큰 도농복합지역, 농촌산간지역 등에서 박근혜 후보가 월등히 앞서는 결과를 가져왔다.

✱ 여의도연구소의 힘

여당의 싱크탱크 조직인 여의도연구소는 정확한 여론조사로 정평이 나있다. 야당 정치인들조차 자기 당의 여론조사보다 여의도연구소의 여론조사를 신뢰할 정도이다. 여의도연구소와 여당이 어떻게 협업하는지 예를 들어보자. 2010년 지방선거에서 여당이 참패한 직후, 여의도연구소는 골목상권 침해 등으로 중소자영업자들이 여당에 대한 지지를 철회했기 때문이란 보고서를 제출했다.

이후 여당은 골목상권 보호 입법에서 전향적인 태도를 견지하게 되고, 이는 18대 대선에서 자영업자 표심이 야당에 쏠리는 것을 막는 결과를 가져왔다. 선거에 관련된 여당의 의사결정이 정치적 직감이 아닌 여론조사에 기반하고 있음을 알려주는 단적인 사례이다.

18대 대선 공식선거운동 기간 중 박근혜 후보는 총 3회에 거쳐 선거의 핵심 구호를 교체했다. 선거 초반부에는 '준비된 여성 대통령'과 '100% 대한민국', 중반부에는 '시대교체', 후반부에는 '다시 한번 잘살아보세'였다. 중반부에 '시대교체'란 구호를 제시했던 시점은 안철수 후보가 문재인 후보의 지원에 나서면서 정권교체론이 확산되던 때였다.

'다시 한번 잘살아보세'란 구호로 교체된 시점은 박근혜, 문재인 후보 간 지지율 격차가 줄어드는 시점이었다. 지지율 격차가 줄어들자 기존 지지층을 결속시키는 방향으로 방향을 선회한 것인데, 그 타이밍이 실로 절묘했다. 정황상 이런 핵심 구호의 교체와 그 시점은 여론조사로 포착된 민심과 지지율 변화에 근거한 것으로 판단된다.

＊ 종편의 반격

박근혜 후보는 그 누구보다 유리한 언론환경에 처해 있다고 볼 수 있다. 주류 기득권 언론인 조선, 중앙, 동아일보의 전폭적 지원을 받고 있고, 공중파 방송에서도 여당 후보의 프리미엄을 누리고 있다. 또한 이번 대선에서 새롭게 출현한 종합편성채널(이하 종편)이 측면지원을 떠맡았다. 하지만 유리한 미디어 환경을 갖고 있어도, 그것을 활용할 전략이 없다면 그 효과는 미미할 수 있다. 박근혜 후보의 미디어 전략이 뛰어났다고 속단하기는 어렵다. 그러나 어느 정도 유효적절한 전략이 구사된 측면이 있음은 인정해야 한다.

우선 박근혜 후보가 각각의 미디어 특성을 십분 활용했다는 사실을 주목해야 한다. 2012년 내내 박근혜 후보 측은 공중파 방송 출연에 적극적이지 않았다. 공중파 방송은 그 특성상 공정성을 유지하며 여야의 견해를 공평하게 다뤄야 한다. 이런 과정에서 어떤 쟁점에 자칫 어설프게 대응할 경우, 우리 편을 동요시키며 상대편 지지층의 결집을 불러오는 결과를 초래할 수 있다. 고정 지지층에서 우위에 있는 박근혜 후보에게 있어 이는 감수할 필요가 없는 위험 요인이었다. 그래서 후보 자신이나 여당 관계자들은 최대한 공중파 출연을 자제했다. 또 토론 프로그램 등에 패널을 파견할 때도 여당의 거물급 인사가 아닌 주변부 인사를 출연시켜 설화가 발생한다고 해도 패널의 책임으로 돌릴 수 있도록 안전판을 마련하는 방식으로 대선에 임했다.

박근혜 후보와 보수진영이 적극 활용한 것은 종편이었다. 종편이 시청률 타깃을 중장년층에 맞추고 있었기 때문이었다. 강하고 선동적인 발언을 남발하는 친여 성향의 보수논객들이 종편에 대거 출연하기 시작했다. 이들은 감정적 언사를 거리낌없이 발화하며 야당 후보를 공격했고, 박근혜 후보를 옹호했다. 박근혜 후보의 선거전략이 지지층과의 정서적 동화에 집중되어 있다는 사실을 떠올려보면 종편은 가장 효과적인 미디어였다.

인터넷, SNS와 같은 쌍방향 매체와 관련한 박근혜 후보 측의 특징은 카카오톡(이하 카톡)의 적극적 활용이었다. 카톡 플러스친구에 있어 박 후보는 68만 9000여 명의 자발적 친구를 모집해 문 후보(53만 8000여 명)를 앞섰다. 5060 세대 박 후보 지지자들이 트위터, 페이스북보다 카톡을 편리하게 받아들였기 때문이다. 카톡이나 플러스친구는 메시지의 확산에 있어 트위터나 페이스북에 뒤진다는 분석이 있다. 하지만 카톡을 통한 투표독려 운동이 중장년층의 투표율 제고에는 상당한 위력을 발휘한 것으로 평가된다. 범야권이 트위터나 페이스북 등 SNS의 주도권을 선점하고 있는 사이, 비교적 사용이 용이한 카톡을 통해 50대 이상 중장년층을 공략했던 것이다.

그렇다고 트위터나 페이스북을 방치하지는 않았다. 대선 기간 중 고소고발 당한 친여 성향의 댓글 부대에서 볼 수 있듯이, 여당 측은 트위터와 페이스북을 네거티브 선거전에 활용했다. 이는 자신의 지지층 결속이 아닌, 야당 지지층을 분해하기 위한 의도로 풀이된다. 한편으로는 선거 판세를 혼탁하게 만들어 부동층의 투표 불참을 유도하고, 다른 한 편으로는 세대 갈등을 부추기는 수단으로 사용한 것이다.

이처럼 박근혜 후보는 조직, 여론조사, 미디어 등 모든 측면에서 압도적 우위를 점했다. 하지만 정작 선거 캠페인에서는 부모 잃은 소녀가장의 이미지를 연출했다. 박근혜 후보가 2006년 지방선거 당시 당했던 테러의 상흔, 얼굴 흉터를 클로즈업하는 TV광고를 내보낸 것도 그런 전략 하에서였다. 박근혜 지지자들은 그 흉터에서 그의 부모의 죽음과 그 후 그가 당한 개인적 고난을 떠올렸을 것이다. 고도의 감정이입 전략이다.

선거기간 진행된 캠페인은 '나라사랑 가족사랑, 민국아 사랑해'이다. '나라사랑'과 '가족사랑'이란 두 구호의 병렬배치를 통해 나라와 가족은 일체화 된다. 그리고 국민은 '민국'이로 호명된다. '민국아 사랑해', 이는 마치 누나나 언니가 동생에게 말하는 것과 같은 느낌을 준다.

부모를 잃고도 동생들과 더불어 가족을 지켜낸 소녀가장처럼, 국가라는 대가족을 지켜낼 큰누나, 큰언니의 이미지를 구축하려 한 것이다. 한마디로 부잣집 상속녀처럼 대선 승리의 모든 요건을 다 갖추고도 소녀가장 코스프레를 하며 유권자들의 동정심을 자극한 것이다. 그 진정성 여부와 상관없이 이런 캠페인 전략은 선거 승리에 크게 기여한 것으로 판단된다.

문재인, 응답 없는 '어게인 2002'

* 방치된 갈등

야당의 조직은 여당과 비교할 때 왜소하기 그지없었다. 지역조직이 튼튼히 살아 있는 것도 아니고, 외부의 지지조직이 있는 것도 아니었다. 관변단체는 여당에 가깝고 노동자나 농민 등 기층조직은 진보정당에 가까웠다. 그렇다고 2002년 노무현 후보와 같이 자발적인 지지조직이 들불처럼 일어난 것도 아니었다. 민주통합당과 문재인 후보는 늘 해오던 대로 관성적인 선거조직을 꾸리고 민주적인 유권자의 양심에 맡기는 선거운동을 할 수밖에 없었다. 새누리당의 치밀한 조직과는 애초에 비교가 되지 않을 정도였다. 그 결과 젊은 유권자가 많은 수도권을 빼고는 전패하게 되었다.

더구나 문재인 후보는 참모조직인 선거대책위원회마저 야당 내 친노, 비노 갈등으로 제대로 꾸릴 수 없는 처지였다. 10월 중순 기존 캠프를 이끌던 친노 인사들이 사퇴했고, 11월 단일화 과정의 잡음으로 인해 선거캠프의 실질적 좌장인 이해찬 당대표가 일선에서 물러났다. 후보가 대권과 당권을 겸임하는 사태가 벌어진 것이다. 더 큰 문제는 문재인 후보가 이런 참모조직의 공백을 메울 수 있는 정치적 리더십을 발휘하지 못했다는 것이다.

그는 당내 비주류에게 과감히 손을 내밀어 야당 내 갈등을 봉합하고 선거캠프의 전열을 재정비하지 못했다. 야당 내 갈등은 방치되었고 선거캠프는 제대로 된 시스템을 갖추지 못한 채 선거를 치렀다. 승리했다면 오히려 이상한 상황이었던 셈이다.

* 조사 없는 전략

문재인 후보는 선거 기간 내내 젊은층 투표를 독려하며, 노년층을 사실상 포기하는 모습을 보였다. 노년층에서 전통적인 야당 지지자들은 알아서 투표할 것이니, 젊은층만 투표장에 끌어낸다면 선거에서 이길 수 있다고 판단한 것이다. 이는 문재인 후보 측이 유권자의 연령별 분포를 전혀 확인하지 않은 상태에서 선거를 치렀음을 반증해준다. 만약 연령별 분포에 입각한 여론조사 데이터를 보고 그를 기본으로 선거전략을 세웠다면, 이처럼 젊은층 투표 독려에 올인하는 전략을 구사하기는 힘들었을 것이다.

* SNS의 치명적 한계

여당이 미디어 각각의 특성에 맞는 전략을 구사한 것과는 달리, 야당 및 진보세력은 미디어들을 상호 연계하는 전략을 썼다. 팟캐스트에서 발화된 메시지는 인터넷, 트위터, 페이스북을 통해 전파되었고 인터넷, SNS 상에서 형성된 담론은 팟캐스트로 전파되었다. 트위터 5인방 안에 들어가는 공지영, 조국 등의 명망가들이 담론 생산자로 활동하고 있었다.

그런데 여기서 주목할 것은 팟캐스트, 인터넷, SNS의 움직임이 자연발생적이고 역동적이었다는 것이다. 야당 지지자들은 문재인 후보 및 야당의 별 다른 요구 없이도 스스로 움직였다. 보수적인 신문사나 종편의 편파보도가 있으면 지지자들 스스로가 항의행동을 조직했다. 여당의 허위사실 유포에 대해서도 스스로 증거를 찾아 반박했다. 하지만 이와 같은 자발성, 역동성의 이면에는 무질서란 문제가 도사리고 있었다.

검증되지 않은 사실을 언급하다가 역효과를 맞이한 경우가 적지 않았고, 일반 유권자들의 즉흥적 대응을 자제시켜야 할 담론 생산자들이 오히려 갈등을 증폭시키기도 했다.

가령 문재인 후보의 명품 의자와 고가 패딩이 문제가 되자 소설가 공지영 씨는 "의자가 비싸다고? 박근혜 입고 다니는 의상, 백, 구두 값 밝혀봐라!"고 트윗을 날렸다. 그런데 이 트윗은 트위터 사용자들에게 뭇매를 맞는 봉변을 당했다. 또한 "공지영 작가 말대로 의상이랑 구두 찾아봤더니 10년 신은 구두 나오고 이러잖아요.ㅠㅠ"라는 트윗은 박 후보의 낡은 구두 사진과 함께 일파만파로 확산되어 오히려 역풍을 맞기도 했다.

팟캐스트, 트위터, 페이스북이 상호 연계된 야당과 진보세력의 미디어 체계는 그 내부에서 유통되는 담론이 모든 사람들에게 그대로 노출되는 구조를 가지고 있었다. 따라서 위와 같은 설화(舌禍)들이 언론을 통해 여당 지지층이나 부동층에게 중계되었고, 이는 문재인 후보의 득표율에 상당한 악영향을 끼쳤을 것으로 보인다.

문재인 캠프는 이런 문제를 직시하고 그 예방책을 강구했어야 했다. 야당 지지층의 특성상, 캠프 구성원이 직접 나서서 여당의 악성 댓글에 일일이 맞대응하고, 직접 트윗을 팔로잉할 필요는 없었다. 오히려 인터넷, SNS 내에 유포되는 메시지와 담론의 관리에 주력했어야 했다. 캠프가 앞장서 세련된 메시지를 만들어내고, SNS 여론을 주도하는 명망가나 파워블로거들과 협의체계를 구축해 부정확한 정보 및 불필요한 논쟁을 불러올 수 있는 메시지를 사전에 걸러냈어야 했다. 여론의 동향을 신중히 체크해 폭주의 조짐이 있을 때는 지지층의 자제를 유도했어 야 했다.

팟캐스트, 인터넷, SNS를 통해 생산되는 메시지는 정치적으로 동질 적인 사람들에게 유통되기에, 어느 정도는 자아도취적인 경향을 띠게 된다. 특히 팔로워, 또는 페이스북 친구들의 호응을 유도하기 위한 재 치 있는 표현들이 문재인 후보의 잠재적 지지층을 이탈시키거나 여당 지지층을 결속시키는 결과를 가져오기도 했다. 잠재적 지지층과 부동 층을 설득하기 위해서는 고도로 세련된 메시지가 필요하다. 이것이야 말로 대선후보의 캠프, 또는 그 소속 정당이 해야 할 역할이었다.

마지막으로 반드시 언급해야 할 것이 종편 문제이다. 야당이 종편 출 연을 거부한 것은 역설적으로 종편의 고삐를 풀어준 결과를 초래했다. 종편이 보수 논객들의 놀이터가 된 것이다. 물론 종편에 섣부르게 출연 했다가 설화(舌禍)를 빚게 되고 이것이 선거에 악영향을 끼칠 위험을 우 려했을 수도 있다. 여당에 비해 불리한 미디어 환경에 처한 야당은 이 용할 수 있는 미디어는 모두 활용하고 공세적으로 대처할 필요가 있었 다. 보수적 유권자들에게 호감을 살 수 있는 야당인사 또는 진보논객을 종편에 출현시켜 5060세대에 숨어 있는 문재인 후보에 대한 잠재적 지 지자들을 공략했어야 하는 것이다.

조직, 여론조사, 미디어의 모든 측면에서 문재인 후보 측은 '일사불 란'은커녕 '오합지졸'의 한계를 드러냈다. 모든 선거운동은 과거의 관 성대로 움직였다. 마치 "응답하라 2002"란 주문을 외듯, 노무현 대통령 이 당선된 2002년 대선의 방식을 답습한 것이다. 여당의 TV 광고가 박근혜의 얼굴 흉터를 클로즈업했듯이, 야당의 TV 광고는 문재인 후보의 발을 클로즈업했다. 2002년 노무현 후보를 당선시키는데 일조한 평범한 서민 이미지를 재연하려 했던 것이다. 또한 선거유세도 2002년의 반복이었다. 노란 목도리, 노란 손수건을 두른 청중들이 배우 문성근과 명계남, 유시민 전 보건복지부 장관, 조국 서울대 교수 등 쟁쟁한 출연진과 함께 화려한 정치 이벤트를 선보였다.

문제는 시대가 변하고 후보가 달랐다는 점이다. 2002년 노무현 후보의 서민 이미지가 먹혔던 것은 그 당시가 3김 보스정치의 막바지였기 때문이다. 3김 보스정치에 질린 대중들은 수평적 리더십을 갖춘 민주적 지도자를 갈망했다. 그러나 2012년 대한민국은 침체에 빠진 애플을 재기시킨 스티브 잡스처럼 대한민국을 새로운 시대로 이끌 영웅적 정치인을 염원하고 있었다.

야당의 광고가 부각시켜야 했던 것은 문재인 후보의 '평범'이 아닌 '비범'이었다. 공수부대의 혹독한 훈련을 감당해내고 우수표창을 받은 강한 사나이, 얼마 안 되는 준비 기간에도 사법고시에 합격한 명민한 두뇌, 노무현 정부 5년 동안 이가 다 빠질 정도로 국정 수행에 전력투구했던 투철한 사명감의 소유자. 어쩌면 클로즈업 되었어야 했던 것은 맨발이 아닌, 그의 틀니였어야 했을지도 모른다.

더불어 화려한 정치 이벤트로 구성된 선거유세는 강렬한 카리스마를 가진 노무현에게는 안성맞춤이었을지 몰라도, 상대적으로 이미지가 약한 문재인 후보에게는 독이 될 수도 있었다. "응답하라 2002!" 그러나 응답은 없었다.

2017년은 이슈를 기다린다

6

현재 몇 명의 정치인들이 차기 대선주자로 거론되고 있다. 여론조사에서는 야당의 대선 주자들이 앞서고 있지만 3년이나 남아 있는 시간, 그 중간에 끼어있는 총선을 고려하면 이는 언제든지 뒤집힐 수 있다고 보는 것이 타당하다.

조직적 측면에서 여당의 우위는 여전하다. 여당 조직은 변함없이 공고하게 구축되어 있는 반면, 야당의 계파 갈등은 수습될 기미가 보이지 않는다. 도리어 분당의 가능성까지 점쳐지고 있다. 차기 총선과 대선이 양당제가 아닌 다당제로 치러질 가능성도 있다. 이처럼 야당이 여러 개로 쪼개진다면 여당의 조직적 우위는 상대적으로 더 강화될 것이다.

여론조사 측면에서도 여당의 우위는 흔들림이 없다. 야당의 싱크탱크 조직이 지난 대선에 비해 한 치도 나아지지 않았기 때문이다. 다만 18대 대선에서 여론조사에 기초한 과학적 선거운동의 중요성이 입증된 만큼, 야당도 그 나름대로 여론조사 분석에 힘쓸 가능성이 있다. 하지만 이런 노력만으로 수년 동안 여당이 축적한 노하우를 이기기는 힘들 것이다.

　미디어 측면에서도 큰 변화는 없을 것이다. 보수 종편에 대항하는 진보 종편이 출현한 것도 아니고 SNS를 능가하는 뉴미디어가 출현할 가능성도 없다. 트위터, 페이스북으로 구성된 현재의 SNS 체계에 큰 변화도 없을 것이며, 콘텐츠 측면에서 18대 대선 당시 활약했던 논객집단을 대체할 새로운 집단이 출현한 것도 아니다.

　이런 가운데 19대 대선에 영향을 미칠 한 가지 변수를 점친다면, 그것은 새로운 이슈조직의 출현일 것이다. 과거 노사모나 박사모가 특정 정치인의 캐릭터에서 시작된 이슈조직이었다면, 새로운 형태의 이슈조직은 미국의 '무브온'이나 '티파티'와 같이 정책이슈를 중심으로 조직될 가능성이 크다. 최근 정치권의 화두로 부상하고 있는 증세 및 복지 문제에 대해 특정한 입장을 견지하는 이슈조직이 부상해 선거판을 흔들 수도 있다. 만약 강력한 이슈조직이 출현한다면 과거의 노사모처럼 기존 정당조직을 무력화시킬 가능성이 크다.

　여론조사도 예전처럼 후보자의 지지율 변동만을 측정하는 것이 아니라 선거 승리를 가져올 수 있는 이슈가 무엇인지, 이와 같은 이슈를 어떻게 운용해야 하는지를 중심으로 활용될 가능성이 크다. 미디어 전략 또한 특정 후보와 정당에 대한 호불호를 감성적으로 전달하는 것이 아니라 특정 이슈에 대한 입장 차이를 부각하며 논쟁적으로 격돌하는 방향에서 구성될 것이다.

이런 전망이 힘을 얻는 것은 한국사회가 저성장, 저출산·고령화 시대로 접어들고 있기 때문이다. 이런 요인은 국가 패러다임의 전면적 수정을 요하고, 국가 자원의 재배치를 야기하게 된다. 이를 둘러싸고 계층, 지역, 세대 간 갈등의 심화는 불가피해진 것이다. 따라서 차기 대선은 증세와 복지에 대한 이슈를 선점하는 정치인들이 주도할 것이다. 최근 박근혜 정부의 '증세 없는 복지'를 둘러싼 여야 정치권의 갑론을박을 전조증상으로 볼 수 있다.

　저성장 시대 한국경제가 살아남을 수 있는 방법, 저출산·고령화의 문제를 풀 수 있는 절묘한 해법 등을 이슈로 만들고, 이를 기반으로 이슈 조직을 창출할 수 있는 사람, 또한 이를 정확하게 전달하고 지지자들을 결집할 미디어 전략을 수립할 수 있는 사람이 차기 대선의 승자가 될 것이다.

PART3

2017년을 미리 보다
2016년 총선, 2017년 대선 예측

Chapter
1

경제가 선거를 뒤흔든다

1
저성장하거나
추락하거나

"경제성장 7%, 국민소득 4만 달러, 세계 7위"

2007년 12월, 17대 대선에서 압승한 MB의 그 유명한 747공약이다. 지금 보면 터무니없는 이 공약이 당시는 많은 사람들의 가슴을 뜨겁게 했다. 성장에 배고팠던 국민들이 전폭적인 지지를 보냈던 것이다.

그로부터 5년 후 18대 대선은 경제침체가 지속되는 여건에서 치러졌다. 새누리당 박근혜 후보는 '경제민주화와 복지국가'라는 분배 담론을 들고 나왔다. 보수 정당의 예기치 않은 공약이어서인지, 전 정권이 남발한 고도성장에 대한 희망이 공수표로 밝혀져서인지는 분간하기 어렵지만 어쨌든 국민들은 박근혜 후보를 선택했다. 이렇듯 경제와 선거는 아주 밀접하게 연결되어 있다.

그렇다면 20대 총선이 치러지는 2016년과 19대 대선이 치러지는 2017년의 경제상황은 어떻게 될까? 세계경제 의존도가 높은 우리나라의 특성상 2016~17년의 세계경제 전망을 점검해볼 필요가 있다. 수많은 국내외 미래학자와 경제학자들이 세계 경제가 정점을 지나고 있다는 진단을 내리고 있다. 특히 미국의 경제학자인 해리 덴트는 2018년 경제절벽이 온다고 예측하고 있다(해리 덴트, 『2018 인구절벽이 온다』 청림출판, 2014.12, p55).

그에 따르면 일본은 1989~1996년에 소비의 정점을 지났다고 한다. 이 시기는 무엇을 의미할까? 1942년~49년 베이비붐 세대가 태어난 지 47년 후이다. 일본은 2013년부터 엔화 약세를 기조로 삼는 경제활성화 정책, 즉 '아베노믹스'를 가동하고 있지만 크게 효과를 보고 있지는 못하다. 세계 2위의 경제대국 자리는 중국에 내준 지 오래다.

〈주요 국가의 인구통계에 따른 소비 정점〉

국가	소비 정점
일본	1989~1996
미국	2003~2007
독일	2010~2013
영국	2010~2013
프랑스	2010~2020
이탈리아	2013~2018
대한민국	2010~2018
스페인	2025
중국	2015~2025

*자료: 『2018 인구절벽이 온다』(청림출판, 2015년 1월)

유럽도 소비 정점을 지나면서 깊은 침체의 터널을 통과하고 있다. 독일과 영국은 이미 소비 정점을 통과했으며 이탈리아와 프랑스도 정점에 거의 다가와 있다. 유럽에서는 스페인만 아직 여유가 있다. 그리고 이제 소비 정점에 진입하고 있는 중국은 부동산 시장의 불안과 부채를 해결해야 하는 과제가 남아 있다. 대한민국도 1970년대 베이비붐 세대가 장년층에 접어들면서 소비 정점의 막바지에 와 있다.

세계 경제의 이상 징후는 곳곳에서 감지되고 있다. 중국의 성장률 둔화, 유럽 경제의 침체, 일본의 제로 성장은 '뉴노멀(New Normal, 시대의 변화에 따라 형성되는 경제의 새로운 기준)'로 고착되고 있다. 2014년 말부터 급락세를 보인 국제유가도 세계 경제의 하락지표라는 분석이 많다.

이런 여건에서 향후 대한민국 경제는 두 가지 시나리오로 전망해볼 수 있다. 제1시나리오는 2014년과 비슷하거나 조금 더 낮은 2% 수준의 저성장 상태가 유지되는 것이다. 제2시나리오는 세계적 차원에서 경제위기가 발발하고 이의 영향을 받아 경제위축이 심각하게 진행되는 것이다.

제1시나리오

지속적인 저성장 상태는 정치에 어떤 영향을 미칠까?

사실 2008년 외환위기 이후 대한민국은 계속 저성장 상태에 머물러 있다. MB 정부의 747공약이 터무니없는 것으로 드러나면서 국민들도 더 이상 고도성장에 대한 미련을 버린 것으로 보인다. 한마디로 저성장

상태에 어느 정도 적응이 이루어진 것이다.

이러한 저성장 기조가 2017년까지 지속된다면 한편으로는 보수화가 진행되고, 또 한편으로는 분배 담론이 힘을 받을 수 있다. 중산층과 서민층은 더욱 허리띠를 졸라맬 것이고, 가뜩이나 침체에 빠진 부동산시장은 다시 일어설 기미를 보이지 않을 것이다. 부자들은 더 부자가 되고, 가난한 사람은 더 가난해지는 양극화 또한 심화될 것이다. 이는 곧 사회 갈등의 심화로 이어져 사회의 안정성을 떨어뜨리게 된다.

미래학자인 최윤식 교수는 대한민국이 2014~16년까지 부동산 디플레이션 단계에 빠질 것이라고 예측했다. 2016년부터 15~64세의 생산 가능인구가 감소하기 시작한다. 그런데 2015년과 2016년에 전국 43개 지역에서 모두 520만 명을 수용할 수 있는 주택 공급물량이 몰려 있다. 이와 함께 가계부채가 심각한 사회문제로 부각되고, 설상가상으로 미국이 금리를 인상한다면 한국의 부동산 시장은 침체가 장기화될 수 있다는 전망이다(최윤식, 『2030 대담한 미래 2』 지식노마드, 2014.8, p166).

물론 저성장이 지속된다고 해서 민심의 폭발이나 사회적 격변이 일어날 가능성은 거의 없다. 50대를 중심으로 한 기득권층은 사회적인 혼란을 원치 않으며, 우리 사회는 이미 저성장에 적응해가는 과정에 있다. 다만 침체된 경제상황은 복지 확대와 함께 새로운 성장 담론을 동시에 요구할 것이다. 국민들은 성장 없는 복지 확대에 한계가 있음을 알고 있다. 한계를 넘어서는 복지 확대보다는 새로운 성장 담론에 대한 요구가 강하게 분출되는 것이다. 새로운 성장 담론은 '강력한 통일 한국'의 건설이 될 수도 있다. 모든 상황을 종합해볼 때 저성장의 지속은 아무래도 야당보다는 보수 여당에게 많은 기회를 제공할 것이다.

제2시나리오

　1990년대부터 심각한 경제 불황에 빠진 일본은 2000년대 초반 반짝 상승하는 듯했지만 다시 기나긴 침체의 늪으로 빠져들었다. 미래학자인 최윤식 교수는 일본의 경기 침체 원인을 8가지로 분석하고 있다. 기존산업의 한계, 종신고용의 붕괴, 저출산·고령화, 경제성장률 저하, 재정적자 위기, 부동산거품 붕괴, 정부의 뒤늦은 정책이 그것이다(최윤식, 『2030 대담한 미래』지식노마드, 2014.8, p28).

　그렇다면 한국은 어떨까? 놀랍게도 일본을 불황에 빠뜨린 8가지 원인은 한국에도 똑같이 적용된다. 삼성과 현대로 상징되는 대기업의 기존 사업들은 언제든 위기에 빠질 수 있다. 반도체와 스마트폰이 그렇고 자동차가 그렇다. 비정규직 문제는 해결되지 못하고 있으며 정규직의 정년제도 또한 사실상 붕괴되고 있다. 저출산·고령화 속도는 세계에서도 가장 빠르다. 경제성장률은 3%대를 간신히 유지하고 있다. 국가부채와 가계부채 증가는 언제 터질지 모르는 시한폭탄이다. 최근 수년째 세수 결손이 계속되고 있다. 2007년 이후 부동산 침체는 장기 국면에 접어들었다. 정부의 정책도 더 이상 효과를 보지 못하고 있는 실정이다. 게다가 북한 리스크까지 안고 있다.

　2014년 말, 유가 하락을 초래한 세계경제의 침체 역시 현재진행형이다. 미국을 제외한 유럽, 일본이 동시에 경기하락을 겪고 있다. 중국 경제는 우리나라에도 커다란 짐이 되고 있다. 2014년 중국의 GDP 성장률은 7.4%에 그쳐 당초 목표를 달성하지 못했고, 2015년 경제성장률 전망 7.0%는 의문부호다. 만약 중국경제가 경착륙한다면 부동산과 부채 문제는 글로벌 경제에 엄청난 충격을 던지게 될 것이다.

중국 경제의 침체는 한국 경제뿐 아니라 동남아시아 경제에도 심각한 악영향을 끼치게 될 것이다. 홀로 세계경제를 떠받치고 있는 미국도 예외는 아니다. 전 세계로 확산된 경제위기 속에서 치러지는 2017년 대선은 어떻게 될까? 위기상황에서는 준비된 정당, 준비된 후보가 유리하다. 국민은 위기관리 능력을 갖춘 안정감 있는 대통령을 원하기 때문이다.

이제 북한의 자리는 없다

2

선거판에서 북한 문제는 항상 뜨거운 쟁점이 되곤 했다. 1996년 총선을 일주일 앞두고 벌어진 판문점 총격사건이 대표적이다. 그러나 남북한의 경제력 차이가 확대되면서 선거에서 북한요인은 점차 줄어들고 있다. 2012년 대선에서 노무현 전 대통령의 NLL 발언이 논란이 되었지만, 직접적인 북한 요인이라기보다는 국내 대북정책의 차이에서 비롯된 것이라고 볼 수 있다.

미국의 대북정책은 '전략적 인내'다. 말은 멋있어 보이지만 실상은 '아무것도 하지 않고 기다리는 정책'이다. 엄밀히 말하면 정책이라 할수도 없다. 미국의 대외정책 우선순위가 중동과 중국이 되면서 북한에대한 관심이 줄어든 것이다. 미국의 시각으로 볼 때 북한은 '대화상대가 될 수 없는 질 낮은 불량국가'일 뿐이다. 그러니 아무것도 하지 않고스스로 붕괴하기를 기다리는 것이다.

MB 정부의 대북정책은 '비핵개방 3000'이었다. 골수까지 친미라는 MB의 성향답게 임기 내내 '거의 아무것'도 하지 않는, 일종의 한국식 '전략적 인내'를 선보였다. 물밑에서 움직임은 있었지만 결국 합의에 이르지 못했다. MB 스스로 자서전 <대통령의 시간>에서도 밝혔지만 정상회담에 대한 북한의 대가 요구가 받아들일 수 없는 수준이었다고 한다.

미국의 대북전략이나 MB 정부와 박근혜 정부에 의해 벌어진 남북 관계 단절보다 더 놀라운 것은 국민들의 시각이다. 국민들은 미국과 한국 정부의 대북정책 변화를 요구하지도 않을뿐더러 관심 자체가 없다. "개선되어야 하지 않겠는가"라는 원론적 입장만 견지하고 있다. 북한은 대한민국 국민들에게 잊혀져가는 '투명 체제'가 된 것이다. 다음 총선과 대선에서 북한은 더 이상 쟁점이 될 수 없다.

북한이 빠진 그 자리에 들어갈 수 있는 쟁점 중 하나는 '서민'일 것이다. 경기 침체의 장기화로 벼랑 끝에 몰린 서민의 삶, 1000조 원을 넘어선 가계부채와 600조 원을 넘어선 자영업자 부채보다 더 중요하고 시급하고 절실한 문제는 없을 것이기 때문이다.

북한문제는 진보의 무기가 아니다

2013년 12월, TV 화면을 통해 충격적인 장면이 방송되었다. 이제 갓 서른이 된 북한의 지도자 김정은이 70세 고령의 고모부 장성택을 처형하는 장면이었다. 말로만 듣던 북한 인권유린의 민낯이 여과 없이 드러나는 순간이었다. 이 사건 이후 일반 국민들이 북한을 바라보는 시각은 급변했다. 김대중 전 대통령과 김정일 전 국방위원장의 정상회담을 통해 국민들은 북한을 '합리적인 대화가 가능한 상대'라는 인식을 하게 되었다. 그러나 장성택 처형 이후 국민들은 더 이상 북한을 정상적인 파트너로 보지 않게 되었다.

이러한 인식은 박근혜 대통령의 지지율에서도 확인할 수 있다. 2015년 초 대통령 국정지지도가 30% 아래로 떨어졌을 때도 대북정책 지지도는 여전히 높았다. 남북대화가 필요하다거나, 5.24조치를 해제하고 금강산 관광을 재개해야 한다는 의견에는 대체로 찬성하지만, 큰 틀에서 정부의 강경책에 큰 불만이 없었다.

이러한 변화는 2014년 헌법재판소의 통합진보당 해산 결정에서도 감지된다. 헌재는 법리적 결정이라기보다는 고도로 정치적인 결정을 한다고 볼 수 있다. 북한에 대해 사뭇 강경해진 국민 정서, 진보진영에 대한 비판적 시각이 헌재로 하여금 조금은 무리한 정당 해산 결정을 하도록 허용한 것이다.

이제 더 이상 북한문제는 진보의 자산이나 무기가 아니다. 야당을 비롯한 진보진영은 남북관계 개선을 주요 공약으로 내걸고 있지만 국민들은 관심을 갖지 않는다. 냉엄한 현실을 직시해야 한다. '다른 것은 다 깽판 쳐도 남북관계만 잘하면 되는 시대'는 다시 오지 않을 것이다. 국민은 진보진영에게 남북관계를 뛰어넘는 새로운 무언가를 요구하고 있다. 진보의 정치적 상상력이 절실하게 필요한 시점이다.

불황은 우 클릭을 유발한다

2012년 대선의 핵심 키워드 중 하나는 '향수(鄕愁)'였다.

사람들은 본능적으로 과거를 그리워하는 마음을 가지고 있다. 과거는 보통 아름답게 각색되어 어렵고 힘든 현실과 대비된다. 현실이 각박할수록 향수는 깊어지는 것이다. 2012년 지속적 경기 침체 상황은 '박정희'란 아주 오래된 향수 브랜드를 소환했다. '박정희 향수'의 주 소비자는 60대 이상, 화이트칼라, 주부들이었다. 지역별로는 영남, 인천, 광주가 두드러졌다. '박정희 향수'는 높은 투표율로 표출되었고 결국 박근혜 후보의 당선에 결정적 기여를 했다.

'등 따시고 배불렀던' 시절에 대한 향수는 선거와 정치에 일정한 방향으로 영향을 미친다. 일본의 사례를 살펴보자. 일본은 1990년대 이후 25년째 경제 침체에 빠져 있다. 세계 대다수 경제 전문가들은 일본이 여기서 벗어나기 어렵다는 암담한 전망을 내놓는다. 이런 여건 속에서 일본의 집권당은 한편으로는 경기부양을, 다른 한편으로는 주변국과 갈등을 증폭시키고 있다. 경제 침체는 향수를 불러일으키고, 향수는 보수화, 우경화, 심지어 '군국주의의 부활'로 연결되고 있다. 2차 세계대전과 화려한 국가 팽창을 경험했던 고령자들은 일본 우경화의 든든한 버팀목이다(홍성국, 『세계가 일본 된다』 매디치미디어, 2014.11, p151).

경제 전문가들은 한국 경제도 일본의 길을 똑같이 따르고 있다고 한다. 박근혜 정부의 부동산 활성화 정책인 '초이노믹스' 역시 일본이 즐겨 써온 정책이다. 그러나 이는 성공하기 쉽지 않을뿐더러 단기적으로 효과를 낸다 하더라도 극심한 후유증을 양산하게 된다. 일본의 길을 따라가고 있는 저성장 대한민국의 선택은 '경기부양'과 '외부로 시선 돌리기'가 될 것이다. 두 가지가 구체적으로 어떻게 나타날지는 다음 총선과 대선에서 지켜볼 수 있을 것이다. 하지만 이 두 가지 모두 보수의 프레임에 가깝다는 것이 문제다. 지금 진보진영의 실력으로 과연 어젠다 세팅을 할 수 있을까?

Chapter 2

한국 정치, 관성의 법칙

신당의 탄생 조건 1

'깨어 있는 시민의 조직된 힘!'

노무현 대통령은 민주주의의 핵심을 이렇게 일괄했다. 일단은 '깨어 있어야' 하고 그 다음에 '조직되어야' 한다. 그런데 우리의 현실에 빗대어 볼 때, '깨어 있기'는 그나마 쉽지만 '조직되기'는 어렵다. 유럽의 경우 시민 한 사람당 평균 2~3개의 시민단체에 참여한다고 한다. 반면 한국의 순수 시민단체 참여 비율은 10% 수준이다. 거의 시민활동을 하지 않는다는 얘기다.

한국 사람들은 종친회, 종교단체, 동향회, 동호회에 익숙하다. 이런 모임만이 활성화되어 있다는 것은 이념적 동종교배에 익숙하다는 의미이다. 이런 모임에서 공익의식이 발아될 수도 없고, 이념적 적대감이 완화되지도 않는다. 세계 10위권의 경제대국으로 발돋움하는 동안 사회나 시민의식은 후진적 상태에 머물러 있었다는 징표다(송호근 외, 『좌·

우파에서 보수와 진보로』 푸른역사, 2014.3, p52-53).

시민들이 사회단체에 활발하게 참여함으로써 사회적 자본이 축적되고 공동체가 발전할 수 있는 토대를 만든다. 사회단체 참여율은 2000년대 들어 큰 변화가 없으며 단지 친목, 종교, 취미 등 사적 영역으로만 확산되고 있다. 이는 사회적 자본의 확대가 이루어지지 않고 있다는 의미로 받아들여야 한다.

〈2013년 사회단체 참여율(단위: %)〉

전체	친목 사교	종교	취미 레저	시민 사회	학술	이익	정치	지역 사회	기타
50.1	75.3	26.4	32.8	11.3	4.6	2.1	0.7	8.9	0.3

*자료: 통계청, 『2013년 사회조사』 (2014년 10월)

2016년 총선을 앞두고 신당 창당 문제가 수면에 떠올랐다. 여당과 제1야당의 정치 독점이 지속되는 것은 한국의 미래를 위해서나 국민들을 위해서나 바람직하지 않다. 기존 정치에 대한 불신이 크고 중도와 무당층이 광범위하게 존재하는 현 상황은 신당에 우호적인 환경이다. 진보 정당에 대한 새로운 설계가 필요한 시점이라 볼 수 있다.

하지만 신당의 창당보다 지속가능성에 방점이 찍혀야 한다. 신당이 대중 정당으로 뿌리를 내리려면 지지자들의 자발적인 참여가 필수적이다. 낮은 사회단체 참여율, 더 낮은 정치활동 참여율, 사적 영역에 집중된 사회 참여는 대중정당 건설의 토양이 척박하다는 사실을 말해준다. 또한 진보에 기반한 신당이 만들어진다면 '통합진보당 해산'이라는 주홍 글씨를 어떻게 극복할지도 관건이다.

보수는 신화를
기다린다

2

네이버나 다음에서 '반기문'을 검색해보자.

어린이용 위인전기부터 '반기문 대망론'까지 거의 400여 종의 서적이 검색된다. 차기 대선주자로 거론되는 어떤 정치인들보다 관련 서적이 압도적으로 많다. 그만큼 반 총장에 대한 대중의 관심은 뜨겁다.

민주화가 이루어진 이후(김영삼 대통령 이후), 우리나라의 대통령은 대부분 신화를 가지고 있다. 김영삼, 김대중 전 대통령은 삶 자체가 신화다. 오랜 민주화운동과 옥고를 당하면서 꿋꿋하게 살아남고 결국 대통령이 됐다. 노무현 전 대통령 역시 고졸 출신 비주류로서 대통령의 자리에 올랐다는 성공 신화의 주인공이다.

MB는 평범한 직장인으로 시작하여 현대건설을 일구고 서울시장과 대통령 자리를 차례로 꿰찬 샐러리맨의 우상이다. 박근혜 대통령 역시 삶 자체에 신화적 요소가 차고도 넘친다. 어머니를 잃은 후 20대 중반부터 퍼스트레이디 역할을 수행했다. 고통과 고독의 나날을 견디어 낸 그녀는 보수 여당의 지도자가 되고 결국은 대통령이 되었다. 박 대통령은 미혼이라는 약점을 가지고 있었지만 '국민과 결혼했다'는 말 한마디로 경쟁자인 남자들의 비판을 궁색하게 만들었다.

정치인에게 신화적 요소를 요구하는 대중의 심리는 비단 한국만의 특징이 아니다. 케냐 출신으로 최초의 흑인 대통령이 된 오바마도 엄청난 신화성을 갖고 있다. 차기 유력후보로 거론되고 있는 힐러리도 차근차근 신화를 쌓아가고 있다. 일본의 극우 보수화를 주도하고 있는 아베신조도 신화적인 인물이다.

현재 보수진영의 고민은 신화를 갖고 있는 차기 주자가 없다는 점이다. 여권 내 선두권을 달리고 있는 김무성 당대표나 김문수 보수혁신특별위원장에겐 신화적 요소가 부족하다. 잠재적 주자들도 신화와는 다소 거리가 있다. 이런 점에서 반 총장은 신화 그 자체에 가깝다. 그래서 보수는 반기문을 부른다.

보수는 아직 답을 찾지 못했다

현재 보수진영은 최악의 인물난을 겪고 있다. 1987년 직선제가 실시된 이래, 지금처럼 차기 대선주자 풀이 빈약했던 적은 없었다. 이회창 전 후보는 두 번이나 대선에서 패배하기는 했지만 개표 당일 빼고는 대선 지지율 1위를 거의 독주하다시피 했다. 17대 대선을 3년여 앞둔 2005년 1월, 고건 전 총리는 45% 내외로 지지율 1위를 기록했고 당시 박근혜 한나라당 대표는 30%대 초중반으로 1위를 바짝 추격했다. 18대 대선을 3년여 앞둔 2010년 1월, 당시 박근혜 의원은 25% 내외의 지지율로 대부분 여론조사에서 1위를 내주지 않았다.

그러면 현재의 상황을 살펴보자. 2014년 가을에 실시한 '한국인 의식조사'를 보면 여권의 차기 주자 중 가장 순위가 높은 인물은 김무성 대표다. 가장 신뢰할 수 있는 정치인을 묻는 질문에 김 대표는 5.2%로 문재인 대표, 박근혜 대통령, 안철수 의원, 박원순 서울시장의 뒤를 이었다.

보수진영의 대선 주자 인물난은 2015년 신년 여론조사에서도 그대로 드러났다. 반기문 사무총장을 포함해서 조사할 경우, 지지율 10%를 넘기는 주자가 거의 없다. 반 총장을 제외하고 조사한 경우에도 김무성 대표가 10% 이상을 기록할 뿐 다른 주자들은 대체로 한자리수에 머물러 있다. 반면 야당은 문재인 당대표와 박원순 서울시장이 15~20%대를 안정적으로 유지하고 있다.

〈가장 신뢰할 수 있는 정치인(단위: %)〉

문재인	16.6
박근혜	15.6
안철수	10.4
박원순	6.5
김무성	5.2
노무현	2.3
손학규	1.8
박영선	1.0
이정현	0.9
김문수	0.9

*자료: 주간동아, "2014 한국인 의식조사"(2014년 9월 15일)

반여 반야의 인물, 반기문

반기문, 그는 희한하다.

정치인이라고 할 수도 있고, 아니라고 할 수도 있다. 여당 성향이라고 할 수도 있고 야당 성향이라 할 수도 있다. 유력한 차기 주자로 볼 수도 있고, 불쏘시개 역할을 할 것으로 예측할 수도 있다. 기존 정치인보다 우월한 입지를 갖고 있으면서도 그것이 제3의 공간에 위치하고 있다는 점도 그렇다.

보수진영에서는 기존 정치인 중에서 뚜렷하게 부각되는 대선후보가 없다는 점에서 반기문을 상수로 인정하는 분위기가 확산되고 있다.

2015년 1월 여론조사에 따르면 반 총장은 23.4% 지지율로 1위를 기록하고 있다. 그런데 이를 세부적으로 분석해볼 필요가 있다. 여당 지지층 내에서 반기문은 김무성을 제치고 1위를 기록하고 있다. 야당 지지층에서는 문재인과 박원순에 이어 3위다. 특히 주의해서 봐야 할 것이 지지하는 정당이 없거나 신당, 기타 정당이라고 대답한 사람들이다. 이들은 아직 확실한 정치색을 드러내지 않은 사람들이다. 그런데 그들에게 반 총장이 압도적 1위를 기록했다는 것은 시사하는 바가 크다.

〈반기문 지지율 세부 분석(단위: %)〉

전체	새누리당 지지층	새정치연합 지지층	정의당 지지층	신당 지지층	기타 정당	없음 잘 모름
23.4	27.8	16.2	5.3	29.4	30.6	30.9

*자료: 일요서울—시대정신연구소(2015년 1월 19일)

반 총장의 지지율은 보수층과 무당층의 압도적 지지, 다른 정당 지지층의 고른 지지라는 특성을 나타낸다. 무당층과 기타 정당 지지층이 다분히 보수 성향을 띤다고 보았을 때, 보수의 대다수가 반 총장을 차기 대선후보로 꼽고 있음을 알 수 있다.

집권에 대한 욕망으로 본다면 진보는 보수를 절대 따라갈 수 없다. 보수는 김대중, 노무현 정권을 '잃어버린 10년'이라고 표현한다. 사실 이 단어에는 많은 의미가 담겨 있다. 정권을 내준 것에 대한 황망함, 후회, 반성, 다짐이 복합적으로 깃들어 있는 것이다. 나아가 앞으로는 절대 정권을 내주지 않으리란 '결의'까지 엿볼 수 있다.

500만 표 이상의 압도적 차이로 MB를 당선시켰던 17대 대선, 75.8%란 경이적인 투표율을 기록한 18대 대선도 그 연장선에서 봐야 한다. 반 총장에 대한 보수의 지지는 보수의 정권 재창출에 대한 강렬한 의지이다. 이런 측면에서 반 총장 본인의 의사와 상관없이 그는 이미 2017년 대선의 독립변수가 되었다.

3

진보가 계파와
친한 이유

"차라리 문재인을 당대표 시켜라."

2012년 대선 이후 야당 내에서 '친노'란 패배자, 책임져야 할 대상, 혹은 척결해야 될 계파였다. 그런데 야당 스스로 친노의 수장인 문재인을 다시 불러내다니, 그동안 무슨 일이 일어났던 걸까?

2014년 초, 김한길 민주당대표와 안철수 의원은 합당 형식을 거친 후 공동대표에 올랐다. 그리고 6월 지방선거, 7월 재보궐선거를 진두지휘했다. 그런데 지방선거를 준비하는 단계에서부터 두 공동대표의 미숙한 일처리가 야당 지지자들의 도마에 올랐다. 온갖 정치행위의 집약판인 선거에서 정치 초년생인 안철수 전 공동대표가 제대로 대처하기를 바라는 것은 애초에 무리였다. 지방선거가 끝나자 대의원들 중심으로 '문재인 대안론'이 급격하게 부상했다. 안철수에게 맡겨 야당을 망치기보다는 문재인을 투입하여 추가 실점이라도 막아보자는 심산이었다.

이러한 인식의 행간에는 야당의 폐쇄성과 순혈주의가 깊숙하게 자리 잡고 있다. 이는 진보라는 태생적 한계 때문이라고도 볼 수 있다. 오늘날 진보의 뿌리가 된 것은 민주화운동이고, 그것은 폐쇄적인 동아리 중심으로 이루어져왔다. 탄압을 피하고 조직의 단결을 유지하기 위한 불가피한 선택이었다. 검증되지 않은 외부인을 철저히 배제함으로써 보안을 유지하는 것이다. 지금의 야당에까지 면면히 흐르는 폐쇄성과 순혈주의가 '문재인 대안론'을 부른 것이다.

진보의 가장 강력한 미신은 '확신의 과잉'이다. 즉 어떤 경우든 '내가 옳다'는 믿음이다. 그러나 어떤 과잉이든 모자람만 못하다. 막스 베버가 경고하듯 확신이 지나치면 균형적 판단에 문제가 생긴다. "내가 옳으니까 내가 나서야 되고, 우리가 옳으니까 우리가 해야 한다." 진보진영의 이런 확신이 정치적 헌신과 열정의 동력이 되는 것은 사실이다. 하지만 동시에 족쇄로도 작용하고 있다.

막스 베버와 문재인

막스 베버의 기준에서 정치인 문재인을 평가해보자.

막스 베버는 정치인의 자질로 열정, 책임감, 균형적 판단을 꼽았다. 열정이란 단순한 권력욕이 아니라 '대의'에 대한 열정적 헌신을 말하며, 대의를 위한 모든 정치적 행위의 길잡이가 되는 것이 책임감이다. 심리적 자질로서 균형적 판단은 내적 집중력과 평정 속에서 현실을 받아들일 수 있는 능력이다. 달리 말하면 사물과 사람에 대해 거리를 둘

수 있는 능력을 말한다(『막스 베버, 소명으로서의 정치』폴리테이아, 2011.4, p196-197).

3가지 기준에서 봤을 때, 문재인 의원의 대표 선출은 의문이다. 그는 대통령 선거에서 패배하고 현역의원직을 유지한 채 2년 만에 다시 당 대표에 복귀했다. 이전 주요 정당의 대통령 후보들은 모두 국회의원을 사퇴하고 대선에 임했다. 낙선한 뒤에는 잠시라도 정당을 떠나 해외 유학길에 오르거나 국내에 머물더라도 자숙과 성찰의 시간을 보내는 것이 관례였다. 그러나 문재인 후보는 국회의원 사퇴는 물론 어떤 성찰의 시간도 보내지 않았다. 문 후보 주변에서는 안철수의 미온적인 선거 지원과 부정 개표 의혹을 패배 원인이라고 주장하기도 했다. 문 후보는 책임감과 균형적 판단이란 측면에서 문제를 표출했다.

야당이 문 의원을 당대표로 선출한 것은 일종의 도박이기도 하다. 당 대표란 막중한 권한과 함께 책임을 져야 하는 자리다. 특히 국회의원 공천권은 약이 될 수도 있지만 독이 될 수도 있다. 문 대표 앞에 놓인 가장 큰 위기는 2016년 4월 총선이다. 이번 총선은 지금까지 어떤 선거보다 고령화된 유권자들을 대상으로 한다. 투표자 중간나이는 51세를 넘을 것으로 예상된다. 현재 야당의 이념, 인물, 정책으로 보수 여당을 쉽게 꺾을 수는 없을 것이다. '박근혜 정권심판론'이라는 무기가 있지만, '진보의 분열'이라는 악조건이 이를 상쇄하고도 남을 것이다.

만약 야당이 총선에서 패배한다면 문 대표는 책임론의 맨 앞에 설 것이다. 문 대표가 총선 이후에도 2012년 대선 이후처럼 여유만만 할 수 있을까? 야당 지지자들은 당장 다른 대안을 찾아 나설 것이며, 2017년 대선 패배에 대한 불안감이 쓰나미처럼 당 안팎을 덮칠 것이다. 유력 대선주자인 문 대표는 상처투성이가 되고 새로운 리더십이 정립되기까지 오랜 혼란의 시간을 보내야 할 것이다.

물론 이것은 최악의 시나리오다. 문 대표가 총선을 성공적으로 치르고 2017년 대선으로 직행하는 최상의 시나리오 역시 가능하다.

멀고도 어려운 새 정치

2015년 2월 새정치민주연합의 전당대회를 보면서 문득 떠오른 단어는 '축소지향', 그리고 당명과는 전혀 다른 '헌 정치'였다. 흐릿한 추억을 불러일으키는 'OB 회동' 같은 이벤트였다. 굳이 전당대회를 열었다면, 변화를 상징할 수 있는 인물이 전면에 나서야 했다. 김부겸 전 의원은 비록 보수 여당 출신이지만 확장성이 있는 상품이다. 그런데 야당 스스로 이런 기회를 차단해버렸다.

과거 김대중 대통령과 김영삼 대통령은 위기 때마다 당의 문호를 열고 새로운 인물을 받아들였다. 이른바 문호 개방과 '새 피' 수혈을 통해 많은 사람들에게 기회를 부여했다. 그러나 지금의 야당은 전혀 그렇지 못하다. 손학규 전 당대표는 그가 갖고 있던 정치적 자산의 10분의 1도 활용하지 못하고 정계를 떠나야 했다. 지난 대선에서 야당의 국민통합위원장으로 어렵사리 위촉된 윤여준 전 환경부 장관은 당내 반발로 실질적인 역할이 주어지지 않았다는 것은 공공연한 비밀이다.

2014년 가을 야당은 이상돈 교수의 비상대책위원장 영입을 놓고 한 바탕 내홍을 겪었다. 지난 대선 박근혜 캠프에 가담했다는 전력 때문에 이 교수를 반대하는 목소리가 높았기 때문이다. 과거의 색깔까지 문제 삼는 야당의 폐쇄성은 오래지 않아 스스로를 옥죄는 족쇄가 될 것이다. 벌써부터 시중에는 '야당에 들어가면 죽어서 나온다'는 농담이 흘러 나오고 있다.

　과거 야당은 인재들이 줄을 서고 펄펄 살아 움직이던 파시였다. 하지만 지금은 쇠락한 5일장이 되어 버렸다.

Chapter 3

이대로라면 보수가 또 이긴다

1

2가지
가상 시나리오

2016년 4월 총선에서 어느 정당이 과반의석을 차지할까?

그 누가 알겠는가? 아무리 가까운 미래라 하더라도 앞일을 예측하는 것은 어렵고, 더욱이 대한민국 정치의 역동성을 고려했을 때 더욱 위험한 일이다. 하지만 지금까지 분석해왔던 몇 가지 틀을 가지고 합리적 예측은 할 수 있다. 과거는 늘 반복되면서 하나의 패턴을 형성하기 때문이다.

우선 총선에 영향을 미칠 변수부터 살펴보자. 대통령과 여당 지지율은 '따로 또 같이' 연동되어 있다고 판단된다. 박 대통령 국정수행 지지도는 대체로 '정체 내지 완만한 하락세'를 보일 가능성이 높다. 소통 부재, 인사 불만족과 같은 부정적인 측면도 있지만 크게 실수하지도 않는다는 점에서 지지율이 급락할 가능성은 그리 크지 않다.

여당 지지도 역시 유사한 궤적을 그릴 가능성이 크다. 대규모 재보궐선거와 같은 정치 일정이 없기 때문에 정당 지지도 추락 요인은 비교적 작은 편이다. 친박과 비박 갈등이 잠재되어 있지만 2016년 제20대 총선을 앞두고 분당까지 나아가기는 어려울 것이다. 뚜렷하게 부각되는 대선주자가 없는 것이 단점이기는 하지만 반기문 유엔사무총장이라는 '히든카드'가 있다. 또 집권 중후반기라 하더라도 정부와 여당은 동원 가능한 무기들이 많다.

문제는 야당이다. 통합진보당 해산 결정에서도 볼 수 있듯, 지금은 민주화 이후 진보진영의 가장 심각한 위기상황이다. 국민의 보수화, 선거인과 투표자의 고령화, 단일화 딜레마, 총선을 겨냥한 신당 출현이라는 악재도 수두룩하다.

대통령선거를 1년 8개월 앞둔 시점에 치러지는 총선 시기도 불확실성을 높이고 있다. 총선의 쟁점은 '박근혜 대통령에 대한 심판이냐', '차기 리더십의 창출이냐'가 혼재되어 나타날 것이다. 쟁점이 부각되지 않는 선거는 젊은층의 관심을 끌지 못하고 투표율을 떨어뜨리는 요인이다. 전체적인 분위기는 변화보다는 안정에, 진보보다는 보수에, 야당보다는 여당에 유리하게 흘러가고 있다.

#1 여야의 파이널 매치

야당이 진보진영의 갈등을 효과적으로 수습한다면 여당과 야당의 일대일 구도로 총선이 치러질 것이다. 당장 여당이 분열될 이유는 없기 때문이다. 친박과 비박의 갈등이 되풀이되고 있지만 총선과 대선을 앞두고 분열까지 가지는 않을 것이다. 심각한 내홍을 남기게 되는 공천 갈등도 '오픈프라이머리'를 통해 비껴갈 수 있다.

일대일 맞대결 구도에서 야당이 과연 과반수 의석을 챙길 수 있을까? 정권심판론이 고조된다면 서울에서는 유리한 고지를 점할 것이다. 하지만 지난 대선처럼 50대 투표율이 높아진다면 2012년 총선 수준을 유지하기도 어려울 것으로 전망된다. 인천과 경기에도 지난 총선 수준이거나 지역에 따라서 여당의 약진이 이루어질 수도 있다. 대전, 충청, 강원은 여당의 우세가 쉽게 흔들릴 것 같지 않다. 한마디로 야당이 선전해도 지난 총선 수준일 것이다. 만에 하나라도 삐끗하면 120석 이하로 떨어질 수도 있다.

2016년 총선에서 여당이 과반수 의석을 확보한다면 어드밴티지가 주어진다. 여당의 최대 약점인 대선주자 문제가 자연스럽게 해결되는 것이다. 총선에서 패배한 야당 주자는 추락하고, 총선 승리를 주도한 여당 주자는 화려한 스포트라이트를 받게 될 것이 명확하기 때문이다.

#2 새누리, 새정치, 신당 3파전

야당이 진보의 분열을 수습하지 못하면 여당, 야당, 신당의 3파전이 예상된다. 두 번째 시나리오다. 2015년 1월 초, 정동영 전 의원이 새정치민주연합을 탈당하고 '진보 신당' 창당에 뛰어들었다. 정 전 의원은 진보적 성향의 '국민모임'과 함께 새로운 정당의 창당에 나서겠다는 뜻을 밝혔고, 정의당도 신당에 적극적인 반응을 보이고 있다. 문재인 당대표 선출에 불만을 가진 일부 인사 역시 신당에 합류하게 될 것이다. 정 전 의원, 국민모임, 정의당, 새정치민주연합 이탈세력이 모이면 제3당의 모습을 갖추게 된다.

'더 많은 진보'를 지향하는 제3당의 파괴력은 얼마나 될까? 아마 호남 의 균열이 어느 정도 되느냐에 따라 신당의 의석수가 결정될 것이다. 신당은 수도권 일부 지역에서도 약진할 수 있다. 정의당 출신이나 옛 통합진보당의 경쟁력 있는 후보들이 당선권에 근접할 수 있다. 야당들 이 당 차원의 단일화는 아니더라도 지역별로 단일후보 합의를 이끌어 내고 무소속 출마를 최소화한다면, 신당은 원내교섭단체 구성의 수준 까지도 바라볼 수 있다.

그러나 신당이 약진할수록 여당의 '대승'으로 끝날 가능성이 더 크다. 신당 후보들이 수도권과 대전·충청권에서 여당 후보의 승리 도우미 역 할을 톡톡히 해낼 것이 예상되기 때문이다. 후보 단일화는 국민들에게 예전만큼 긍정적 이미지를 심어주지 않는다. 지역별로 '몰래 단일화'에 성공해도 전국적으로 분열로 인한 손실을 만회하기는 어렵다. 제2시나 리오가 현실화된다면 야당은 신당을 합쳐서 100석이 조금 넘는 수준 으로 쪼그라들 수 있다.

2

2016년,
둘 중 하나는 죽는다

트로이의 공주 카산드라는 트로이성이 함락된다는 불길한 예언을 했다는 이유로 감옥에 갇힌다. 카산드라의 예언을 무시했던 트로이는 목마를 타고 들어온 그리스 연합군에 함락되고 만다. 특정 진영의 미래가 비관적이라고 말하는 사람이라면, 누구나 '카산드라의 딜레마'에 봉착한다. 그 예언을 특정 진영이 받아들여 대책을 마련한다면, 비관적 미래는 오지 않고 예언자는 웃음거리가 될 것이다. 이를테면 '자살적 예고(Suicidal Forecast)'라고나 할까? 이 책은 미래서도, 예언서도 아니다. 단지 과거의 경험과 통계, 그 중에서도 고령화라는 창을 통해 총선과 대선의 결과를 미루어 짐작하고자 하는 것이다. 앞으로 대한민국 정치에 무슨 일이 벌어질지는 카산드라가 환생한다 해도 점치기 어려울 것이다.

변수는 정말이지 셀 수 없이 많다. 예를 들어, 그날 세월호 참사가 일어날지 누가 알았을까? 국정실패와 정권심판 분위기의 고조, 여당이나 야당의 분열, 한반도를 둘러싼 외부 환경의 급진적 변화, 경제위기의 재발 등등 변수는 돌발적으로 터져 나올 수 있다. 이렇게 되면 민심이 급격하게 변화되고, 선거에서 예기치 않은 결과가 나올 수 있다. 물론 그렇다고 해서 예언의 실패로부터 면죄부를 받고자 하는 것은 아니다. 굳이 말해야 한다면 '자살적 예고자'가 되고 싶다.

결론적으로 2016년 4월 총선은 다음해 대선의 전초전이 될 가능성이 매우 높다. 총선 결과에 따라 여야의 대선주자도 재편될 것이다. 총선 승리를 진두지휘한 당대표의 위상은 한결 강화될 것이다. 패배한 정당은 혼란과 새로운 리더십의 요구에 직면하게 될 것이다. 패배한 정당의 정치적 자산은 줄어들고, 대선을 치를 추동력을 상실할 것이다.

그런데 만약 보수와 진보가 무승부를 기록한다면? 아마 2017년 중반까지도 안개 정국에 빠질 가능성이 있다.

2017년 12월 운명의 날, 누가 최후의 승자가 될 것인가? 자살적 예고가 될지언정 시나리오별 가능성을 전망해보자.

김무성의 굳히기 한 판

만약 2016년 총선에서 야당이 패배한다면?

역사는 반복되면서 하나의 패턴을 형성한다고 했다. 4년 전 총선의 '데자뷔'가 될 가능성이 큰 것이다. 2012년 총선 직전 문재인과 안철수의 지지율은 각각 14.2%, 17.4%로 그리 격차가 크지 않았다. 그러나 4

월 총선에서 패배하자 문재인의 지지율은 10.1%로 떨어졌다. 반면 안철수의 지지율은 24.8%로 치솟아 야권의 확실한 대표선수 자리를 꿰찼다. 2016년 총선에서도 비슷한 양상이 나타날 것이다.

2016 총선에서 패배하는 순간, 문재인 대표는 책임론에 몰리게 된다. 대선주자 자리를 내놓아야 함은 물론, 정치적으로 재기하기 힘든 지경까지 가게 될 것이다. 그리고 자연스럽게 야권의 2위 주자인 박원순 서울시장, 안철수, 김부겸, 안희정 등의 인물에게 관심이 집중될 것이다.

〈2012년 4월 총선 전후 문재인-안철수 지지율 변화 추이(단위: %)〉

구분	3월	5월
문재인	14.2	10.1
안철수	17.4	24.8

*자료: 내일신문-디오피니언 정기조사

반면 여권의 승리를 이끈 김무성 대표는 날개를 달 것이다. 차기 대선주자를 애타게 찾고 있는 보수층에게 드디어 인정받게 된다는 의미다. 김무성 대표가 보수층의 신뢰를 얻고 야권 주자를 넘어서는 경쟁력을 확보한다면 '반기문 대망론'은 소리 없이 소멸될 수 있다. 물론 보수가 승리하더라도, 존재감에 있어 야권 주자에게 밀린다면 보수층의 대안 찾기는 계속될 가능성이 있다.

만약, 2017년 12월 대선에서 김무성과 박원순이 맞대결을 펼친다면 최종 승자는 누가 될까? 총선 이후 박원순의 지지율이 김무성을 앞서 나가겠지만 시간이 흐를수록 그 차이는 감소하게 될 것이다. 박원순이 부산경남에서 약진하지 못하고 25~34세 젊은이들을 투표장으로 대거 '동원'하지 못한다면 승리는 어렵다.

과거의 사례로 볼 때 보수층이 김무성을 낙점했다면 보수 특유의 놀라운 응집력을 발휘할 것이다. 김무성 또한 수십 년간 쌓은 '여의도 정치력'으로 무장하고 있다. 보수는 자신들의 후보를 치명적 상처 없이 '본선 무대'에 올릴 집념과 역량을 갖추고 있다.

반면 박원순은 약점이 더 많다. 여의도 정치 경험이 거의 없는데다가 문재인 대표를 비롯한 다른 후보들의 사활을 건 공세를 막아내야 한다. 이러한 내부 경쟁 과정에서 본선 경쟁력은 흠집이 날 수 있다. 이것 말고도 치명적인 약점이 있다. 우리나라 선거에서 도덕성은 가장 뜨거운 쟁점이 되곤 한다. 재산 형성 과정, 군 복무 문제, 탈세와 횡령, 명품 사용이나 사치와 같은 씀씀이가 단골 메뉴로 등장한다. 괴이하고도 비합리적이지만, 유권자들은 진보에게 더 많은 도덕성을 요구한다. 박원순에게 제기되는 의혹들은 사실 여부와 관계없이 그의 득표에 방해가 될 것이다.

그런데 여기서 짚고 넘어가야 할 문제가 있다. 어디까지가 승리이고 어디까지가 패배일까에 대한 기준이다. 2012년 총선은 총 300석의 의석 중 새누리당 152, 민주통합당 127, 기타 21이었다. 선거구 재편이나 의석수의 증감 가능성이 있지만 2012년 기준을 적용해보자. 여당은 152석을 넘기면 승리다. 야당은 127석을 넘기지 못하거나, 신당이나 진보성향의 의석을 합쳐서 150석에 미치지 못할 경우 패배라고 볼 수 있다. 특히 제1야당인 새정치민주연합이 120석 이상을 확보하지 못한다면 명백한 패배라 봐야 할 것이다.

문재인의 세컨드 챈스

'새정치민주연합 155석으로 과반 의석 확보!'
'새정치민주연합과 신당 등 범야, 과반 의석 확보!'
　총선 다음날 신문 헤드라인이 이렇게 장식된다면, 문재인은 2017년 대선으로 가는 직행 티켓을 확보하게 된다. 물론 서로 승리했다고 주장하기 힘든 무승부가 나올 수도 있다. 보수 여당이 간신히 과반 의석을 넘기고 새정치민주연합이 2012년 얻은 127석을 조금 상회하는 수준이라면 논란은 있겠지만 무승부로 볼 수 있다. 이 경우에도 문재인은 야권 대선후보 경쟁에서 상대적인 우위를 점할 수 있다. 다만 직행 티켓이 아니라 완행 티켓이다. 고비 고비마다 도전을 받게 될 것이고, 정체와 지체를 되풀이하며 고지를 향해 힘들게 나아가야 한다.

　2016년 총선에서 보수 여당이 패배한다면 여권 대선주자의 재편으로 이어질 것이다. 방향은 대체로 2가지로 요약된다. 하나는 반기문 유엔 사무총장의 소환이다. 여론조사 결과, 반기문은 보수층 내에서 선호도가 가장 높다. 김무성과 기타 대선 주자들에 비해 상당히 앞서 있다. 보수층이 반기문을 선호하는 이유는 본선 경쟁력 때문이다. 보수 여당은 계파별로 이해관계가 복잡하게 얽혀 있는 야당에 비해 진입장벽이 낮다. 따라서 총선에서 패배할 경우 반기문의 가능성은 현실화 될 것이다.

다른 시나리오는 김문수, 정몽준, 홍준표, 남경필과 같은 중하위권 주자 중 1인이 두각을 나타내는 것이다. 그러나 이들에겐 각자 약점이 있다. 김문수나 정몽준은 진정성에서 인정받고 있지만 무거워 보이고, 홍준표는 좌충우돌형으로 확장성은 있지만 안정감이 떨어진다. 남경필은 초선 경기지사로 당내 대선 경쟁에 선뜻 뛰어들기 어려운 상태다. 총선에서 여야가 무승부일 경우, 여당의 대선주자 재편은 2017년 중반까지도 미뤄질 수 있다. 김무성 당대표가 경쟁력을 입증하지 못한다면, 보수층은 다시 반기문에게 손을 내밀 수 있다. 보수는 한 손에 반기문을 움켜쥐고, 다른 손바닥에 김무성을 올려놓고 지켜보고 있다.

2000년대 이후 주요 정당의 대선후보는 오랫동안 정치훈련을 쌓은 검증된 인물이었다. 보수와 진보를 통틀어 당내 경쟁에서 의외의 인물이 갑자기 부각된 경우는, 노무현 전 대통령이 유일하다. 이러한 흐름은 2017년 대선에서도 이어질 것이다. 보수가 총선에서 패배하거나 무승부를 기록하게 되면 '문재인 대 반기문'의 대결이 성사될 수 있다.

반기문은 여의도 정치에 다소 거리가 있지만 10년간의 국제정치 경험이 있다. 문재인의 여의도 정치 경험도 그다지 풍부하지 않다. 문재인의 정치력으로 그에게 덧씌워진 '미숙한 정치인' 이미지를 벗고 25~34세 사이의 젊은이를 투표장으로 대거 '동원'하기도 쉽지 않을 것이다. 친노수장이란 이미지도 문재인의 한계이다. 따라서 반기문이 보수의 결집을 이루어낸다면 보수가 다소 유리하다고 볼 수 있다. 문제는 평생 공직의 길을 걸어 온 반기문이 험난한 정치의 검증 관문을 돌파할 수 있을까에 집중된다.

PART 4

대선후보 SWOT 분석

Chapter 1

여권

1 김무성

- 새누리당 대표(현)
- 제19대 새누리당 국회의원(부산 영도구, 현)
- 한나라당 원내대표(전)

* SWOT분석

Strength	Weakness
• 새누리당 대표로서 높은 노출 빈도 • 강력한 추진력 • 통합과 포용(형님 리더십)	• 강경 보수 이미지 • 대통령과 친박의 견제 • 지지기반 취약(특히 수도권)
• 보수세력 내 유력 경쟁자 없음 • 총선 활용 당 장악력 및 세력 확대 • 레임덕 시 보수 대안 부상 가능성	• 대통령 실패 시 동반책임론 • 보수정권 연장 피로감 • 반기문 대안론 강화
Opportunity	Threat

보수 강경 이미지, 강점과 동시에 약점

김무성은 여권 적자(嫡子)라는 점이 강점이자 약점이다.

보수층은 '잃어버린 10년' 동안 절치부심 끝에 두 번째 보수정권 창출에 성공했다. 그들의 권력 재창출 욕구는 강력하고 집요하다. 그리고 이런 관점에서 차기 대안을 예의주시하고 있다. 박 대통령에 대한 국정 수행 지지도가 떨어지면 떨어질수록, 집권 후반기로 가면 갈수록 김무성에 대한 관심은 더욱 높아질 것이다. 보수층의 이런 욕구에 김무성이 부응한다면 대선으로 직행할 수 있을 것이고, 그렇지 못하다면 가차 없이 버림을 받게 될 것이다.

여당대표로서의 인지도와 언론 노출, 듬직한 외모, 강한 추진력, 통합과 포용을 표방하는 형님 리더십은 김무성의 정치적 자산이다. 그는 2014년 7월 새누리당 전당대회에서 대표로 선출되면서 여권 내 차기 주자 1순위로 부상했다. 총선에서 공천권을 행사할 수 있어 당 장악력을 높이고 자기 세력을 확충할 기회로 이용할 수 있다.

그런데 여권, 그리고 보수 강경을 대표한다는 정치적 자산은 양날의 칼이다. 부산지역을 기반으로 하는 영남 출신 정치인인 김무성은 중도층과 수도권, 젊은층의 지지기반이 매우 약하다. 게다가 박근혜 대통령과 같은 영남 출신이라는 점이 국민들의 피로감을 더해줄 수 있다는 약점도 갖고 있다. 더 큰 문제는 '친박'의 견제다. 그들은 김무성이 청와대와의 차별화를 시도하는 것을 좌시하지 않을 것이다. 과거의 전례를 보면 대통령의 실패는 여당의 실패로 인식되곤 한다. 박 대통령이 민심으로부터 멀어지면 김무성 또한 동반책임론에서 자유로울 수 없다. 보수

정권 10년에 대한 부정적 평가도 김무성에게는 위험요인이다. 여전히 높은 인기를 누리고 있는 반기문 유엔 사무총장의 '보수 대안론'도 넘어야 할 또 다른 장벽이다.

2016년 총선이 '김무성 대망론'의 기로

김무성, 그에겐 자신만의 정치적 자산이 있을까?

대부분의 대통령이 갖고 있는 신화나 스토리가 그에겐 없다. 또한 국가 또는 정당 차원에서 기억할 만한 정치적 성과도 남기지 못했다. 물론 2014년 7월 당대표로 선출되면서 여권 내 차기 주자 1위를 꿰차기는 했지만 그것만으로 대통령이 될 수는 없다. 그에게 2016년 4월 총선은 보수층에게 차기주자로서 자격을 입증하는 '정치적 대전환의 기회'가 될 것이다. 현재 반기문 사무총장을 제외한 차기 대선주자 순위에서 김무성은 문재인, 박원순에 이어 3위다. 만약 총선에서 여당이 대승한다면 김무성의 차기 주자 순위도 선두로 치고 나갈 것이다. 또한 총선 공천권 행사로 당내 취약한 지지기반도 대폭 강화될 것이다. 이는 2017년 중반부터 본격 가동될 여당 대선후보 경선에서 유리한 입지를 구축할 수 있음을 의미한다.

그런데 만약 2016년 4월 총선에서 패배하게 된다면, 차기 대선주자로서 입지는 급속히 약화될 가능성이 있다. 현재 김무성에 대한 보수층의 기대는 다소 불안정하고 유동적이다. 총선 패배는 이러한 기대를 단숨에 실망으로 탈바꿈시킬 것이다. 총선은 투표자의 고령화, 사회의 보수화, 진보의 분열과 같은 여당에게 유리한 지형도 있지만 박근혜 정권 심판이라는 불리한 지형도 동시에 존재한다. 2016년 총선의 결과는 정치인 김무성의 앞날에 천국 아니면 지옥의 문을 열어줄 것이다.

김무성의 정치 역정은 결코 쉽지 않았다. 끊임없이 견제 받고 주류 진입에 실패했지만 2014년 7월 당대표에 당선되면서 날개를 달았다. 김무성은 민심과 멀어지고 있는 박근혜 대통령과 차별화하면서 보수층의 확실한 차기 대안으로 입지를 굳혀야 할 것이다. 그는 현재 강경 보수의 대표다. 그러나 대통령이 되기 위해서는 중도, 수도권 확장이라는 과제가 남아 있다.

2016년 총선 결과, 'Beyond 박근혜' 여부에 따라서
2017년 대선, '김무성의 무대'는 펼쳐질 것이다.

2

김문수

- 새누리당 보수혁신특별위원장(현)
- 경기도지사(전)
- 한나라당 국회의원(전)

* SWOT분석

Strength	Weakness
• 경기지사 연임(행정 경험) • 청렴, 개혁 이미지 • 소탈한 서민적 이미	• 당내 지지기반 미약 • 보수층 지지 취약 • 원외로 활동 폭 제한(대중적 영향력 미미)
• 혁신의 아이콘 선점 기회 • 혁신위 성공적 운영, 리더십 입증 • 재보궐, 총선 통한 세력 확장 계기	• 3연속 대구경북 출신 대통령 거부감 • 혁신위 성과 미흡 시 책임론 • 재보궐, 총선 실패 시 회복 불능
Opportunity	Threat

개혁, 서민적 이미지 강점, 보수층 지지 취약은 약점

김문수는 청렴, 소신, 개혁적 이미지가 최대 강점이다. 개혁적이고 서민적인 이미지는 여권의 차기 주자가 갖기 어려운 장점이다. 김문수는 자신만의 정치적 자산을 갖고 있는 셈이다. 게다가 경기도지사를 두 번 지낸 행정 경험도 갖추고 있다. 이러한 자질과 경험은 그를 여권 대선주자 그룹에 올려놓았다.

국민들은 정당의 대표 경력, 행정부 경력, 지방자치 경험 등과 같은 요소를 중시한다. 이런 면에서 최근 광역단체장 출신은 예외 없이 대선주자로 분류된다. 특히 서울시장과 경기지사는 상대적으로 유리하다. 서울시장 출신으로 대통령을 지낸 MB가 전례를 남겼다. 김문수는 경기지사 3선 연임을 포기하는 과정에서 '쿨'한 모습을 보이기도 했다. 2006년 경기지사 선거에서 당내 경선주자였던 남경필 의원이 출마를 포기하고 김문수를 지원했다. 2014년 지방선거에서 세월호 참사 영향으로 여당 승리를 장담할 수 없는 분위기에서 3선 도전 요구가 분출됐다. 그러나 김문수는 8년 전의 빚을 갚기라도 하듯 사실상 남경필 후보를 지원하며 미련 없이 지사직을 내려놓았다. 당시 그가 3선 도전에 나섰다면 충분히 당선될 수 있었다는 평이 지배적이었다.

2014년 지방선거에 뒤이은 7월 재보궐선거에서 서울 동작을(乙)의 출마 권유를 거부하면서 김문수는 '정치적 휴식기'에 들어섰다. 만약 동작을에서 당선됐더라면 김문수의 대선 가도는 한결 순탄했을 수도 있다. 휴식기도 잠시, 김문수는 새누리당 보수혁신특별위원장으로 여의도에 복귀했다. 제한적이기는 하지만 그는 '혁신의 아이콘'을 선점할 기회를 잡았다. 또 보수혁신특별위원회를 성공적으로 운영할 경우 리더십을 입증할 수 있는 계기를 마련할 수도 있다.

김문수는 2016년 4월 총선에서 본인이 출마하든지, 아니면 세 확산을 통해 당내 기반 확장의 기회를 얻을 수 있다. 새누리당이 총선에서 패배한다면 김문수의 기회는 더 빨리 올 수도 있다. 새누리당이 총선에서 승리하더라도 2017년 12월 대선까지는 시간이 남아있는 만큼 정치적 격변이 여러 차례 찾아올 수 있다.

김문수가 풀어야 할 가장 큰 과제는 보수층 내의 지지다. 새누리당 내 대선주자 지지도를 세부적으로 살펴보면 그는 홍준표, 정몽준과 비슷한 수준의 지지에 그치고 있다. 무당층이나 진보층으로부터는 일정한 지지세를 확보하고 있지만 보수층 내에서는 상대적으로 지지세가 약한 것이다. 소위 '콘크리트' 지지층이 없다 보니 김문수의 대중적 영향력은 매우 제한적이다. 너무 진중한 탓일까, 대선 지지도 역시 무겁게 움직인다는 단점을 보이고 있다.

보수혁신특별위원장으로서 리스크도 크다. 현재 정치제도의 혁신은 상당히 진척됐다고 볼 수 있다. 운영과 사람이 문제인 측면이 많다는 것이 전문가들의 평가다. 이런 여건에서 혁신위가 어떤 성과를 낼 수 있을지 많은 사람들이 지켜보고 있다. 성과가 없다면 그 책임은 김문수에게 돌아갈 것이다. 경북 영천이 고향인 것도 차기 대선 도전의 걸림돌이다. MB, 박근혜 대통령 모두 TK이기 때문이다.

2016년 총선, 김문수 공간 확대가 관건

김문수는 운동권 출신으로 보수 정당의 불모지에서 국회의원에 당선됐다. 그리고 당내외 경쟁자들을 따돌리고 경기지사 연임에 성공했다. 이 정도만 해도 김문수는 이미 절반의 성공 신화를 이룬 셈이다. 지금 나머지 절반을 채우기 위한 정치 일정이 다가오고 있다. 2016년 4월 총선, 그리고 2017년 대선까지의 격변기가 김문수가 써야 하는 나머지 신화의 여백이다.

그 여백엔 두 개의 축이 있으니, 보수층의 신뢰와 대중적 영향력의 발휘다. 선거는 경쟁자 모두의 장이다. 게다가 여야 모두 오픈프라이머리를 추진하고 있다. 따라서 앞으로 선거는 제로섬 게임이 불가능할 수도 있다. 즉 기회의 장이 안 될 수도 있다는 말이다. 김문수에게 상상력이 필요한 지점이다.

박근혜 대통령은 레임덕을 최대한 막고 정권을 성공적으로 마무리하기 위해, 새누리당은 차기 정권 창출을 위해 차별화의 길로 들어설 것이다. 이 시기는 총선과 오버랩되는 시기이기도 한데 이 지점에서 김문수의 길이 발견될 수 있다. 그의 개혁적이면서 서민적인 이미지는 여권 대선주자로서 엄청난 자산이다. 보수층에게 신뢰를 주면서 대중적 영향력을 확보한다면, 그에게도 기회가 올 수 있다.

2016년 총선에서, '김문수 공간' 확보 여부에 따라서
2017년 대선, '김문수의 미래'는 결정될 것이다.

3 홍준표

- 경남도지사(현)

- 제18대 한나라당 국회의원(서울 동대문구을, 전)

- 한나라당 당대표(전)

* SWOT분석

Strength	Weakness
• 탁월한 정치 감각 • 보수와 개혁, 양면적 이미지 • 수도권과 젊은층 비교우위	• 우파 포퓰리즘 비판 고조 • 좌충우돌형으로 안정감 논란 • 경남도지사로 중앙 언론 부각 한계
• 당대표, 경남지사 재선 행정 경험 • 새누리당 총선 패배 시 대안 부상 • 정부여당 국정 책임론 대안 부상	• 영남정권 연장 피로감 • 총선 기여 없을 시 입지 약화 • 대선 프레임으로 복지 부각
Opportunity	Threat

좌충우돌 불안정성 극복이 문제

보수적이면서도 동시에 개혁적인 이미지를 갖고 있는 이는 여권의 대선주자 중 특별한 경우로 최대 강점이다. 동물적인 정치 감각도 타의 추종을 불허한다. 어떤 이슈가 헤드라인을 장식할 수 있는지 시간차 없이 캐치해내는 능력을 갖고 있다. 지방의 광역단체장이라는 한계에도 불구하고 홍준표는 숱한 화제를 뿌리고 있다. 의료원 개폐 추진, 무상 급식 중단 선언은 부정적 측면도 있었지만 재정문제를 부각시키기도 했고 정치인 '홍준표'의 존재감을 최대한 부각시켰다. 수도권과 젊은층에 비교우위를 가지고 있다는 점도 여권 내 차기 주자들의 한계를 뛰어넘을 수 있는 장점이다.

여당대표와 광역단체장 재선의 행정 경험은 대선주자로서의 좋은 경력이다. 여권 주자 중에서 두 가지 경력을 모두 갖춘 정치인은 홍준표가 유일하다. 2014년 중반만 해도 5%를 넘지 못하던 지지율도 2015년 초에 들어서면서 3, 4위권까지 부상했다. 또 여권 주자들이 야권 주자들에게 밀리는 상황에서 홍준표의 기회는 여전히 열려 있다. 우선 여당이 2016년 총선에서 패배할 시 보수층은 선거로부터 상처받지 않은 그를 주목할 수 있다.

총선에서 여당이 승리하더라도 기회는 있다. 박근혜 대통령의 국정수행에 대한 비판이 강해지면 여당도 당연히 동반책임론에 휩싸이게 마련이다. 그 시기는 대략 2016년 말이나 2017년 초가 될 것이다. 만약 그가 충분히 준비되어 있다면 '홍준표 시대' 가능성은 더욱 커질 수 있다.

튀는 동물적인 감각의 이면에는 '좌충우돌'이라는 불안감도 함께 도사리고 있다. 보수적이면서 개혁적인 이미지도 방향성의 혼란을 가져올 수 있다. 그가 경남도지사 당선 이후 뿌린 숱한 화제 속에는 부정적 요소가 더 많이 스며들어 있다. 이를 두고 우파 포퓰리즘이라는 비판도 끊임없이 제기됐다. 불안감과 가벼움, 방향성의 혼란은 국정운영 역량을 훼손하는 요인들로 비쳐질 수 있다.

경남도지사가 책임질 것이 그다지 많지 않다는 점이 장점이기도 하지만 동시에 중앙 언론에 부각되기 어렵다는 한계도 있다. 대한민국은 서울시장 출신에게 대통령을 허용하는 첫발을 뗐을 뿐이다. 하지만 광역단체장 출신의 대통령이란 가능성은 여전히 존재한다. 그의 고향 창녕은 경남이기는 하지만 TK의 영향권 안에 있다. 두 번 연속 TK 출신 대통령이 배출된 것도 그에게 부담이 될 수 있다. 영남정권 연장에 대한 피로감이 분명히 존재하기 때문이다. 총선이나 대선에서 시대정신으로 복지가 부각된다면, 그동안 복지와 다소 대립 양상을 보였다는 점에서 마이너스 요인이 될 수 있다. 또한 총선은 정당의 지도부에 관심이 집중되기 마련이다. 이 과정에서 잊혀진 정치인이 될 가능성도 있다.

홍준표 스토리를 완성하라

그는 '홍준표의 스토리'가 무엇이냐는 질문에 대해서 답할 수 있어야 한다. 이미지로 남아 있는 여러 가지 장점들이 일목요연하게 정리되어야 한다는 뜻이다. 사실 홍준표가 여당대표로 있었던 2011년은 큰 위기를 겪은 바 있다. 총선 패배 가능성이 커지면서 당은 해체되고 비상대책위원회가 발족하였으며 당명도 바뀌었다. 정권심판 분위기도 있었지만 홍준표의 정치적 업적이 인정받기는 어렵다. 경남도지사도 정치적 업적을 축적하기 어려운 자리다. 이런 상황에서 홍준표의 스토리는 어떻게 구성될 수 있을까.

보수층은 지금 대선주자를 찾고 있다. 보수층 내에서 반기문 유엔 사무총장이 가장 많은 지지를 받고 있다는 것은 유력주자를 찾아내지 못했기 때문이다. 현재 홍준표는 보수층 내에서 반기문, 김무성에 이어 3위를 달리고 있다. 김문수, 정몽준, 이완구 등과 경합하는 구도다.

홍준표가 앞으로 맞닥뜨릴 최대 장벽은 대통령 리더십의 입증이다. 보수층과 50대는 국정운영의 리더십으로 '안정 속의 변화'를 요구하고 있다. 2016년 총선과 박근혜정부에 대한 평가, 2017년 초에 시작될 당내 경선 과정에서 홍준표는 그 청사진을 내놓아야 할 것이다. 총선과 당내 경선은 홍준표에게 리더십 입증의 기회를 줄 것이다. 대선 레이스는 막 시작되었을 뿐이다. 이제는 홍준표가 답할 차례다.

2016년 총선 결과, 박근혜 정권 평가 여부에 따라서
2017년 대선, '홍준표의 시계'는 작동될 것이다.

4 정몽준

- 대한축구협회 명예회장(현)
- 새누리당 서울시장 후보(전)
- 제19대 새누리당 국회의원(서울 동작구을, 전)

* SWOT분석

Strength	Weakness
• 기업인 출신, 최다선 의원 경력 • 유력 대선후보로 높은 인지도 유지 • 외부 지원역량 풍부(축구협회 등)	• 갑을 논란 속 재벌 출신 • 서울시장 네거티브 선거 이미지 악화 • 정치적 성과와 업적 없음
• 높은 인지도로 보수와 친박 후보 대안 • 남북관계 급변 시 통일경제 부각 • 총선 고전 시 역할론 부각	• 원외 한계, 차기경쟁 소외 • 반 재벌정서 강화 • 총선 지역구 부재
Opportunity	Threat

경제인 최다선 이미지, 강점과 동시에 약점

정몽준은 성공한 경제인 출신으로 최다선 의원을 지낸 능력과 경륜을 겸비한 것이 최대 장점이다. 2002년 무소속 출신으로 노무현 전 대통령과 야권 후보 단일화 경선에 나섰다가 패배한 이후, 보수 여당 소속이다. 야당 우세 지역인 서울 동작구 을(乙)과 서울시장 후보로 출마하는 등 패배를 감수한 희생으로 보수층의 상당한 신뢰를 받고 있다. 축구협회를 오랫동안 이끌어왔고, 아산재단 이사장으로 사회활동을 지속하면서 온건하고 합리적인 보수라는 정치적 자산을 축적해온 점도 큰 강점이다. 2007년부터 보수 여권의 잠재적인 대선주자로 분류되어 왔으나 결정적인 기회를 얻지 못했다. 그러나 높은 인지도와 풍부한 외부 지원역량을 갖고 있어 변함없는 대선주자이다.

보수 여권 내에 압도적인 우위를 나타내는 후보가 없고, 친박 성향의 후보도 부각되지 못한 여건에서 대안으로 부상할 수 있는 기회는 여전히 남아 있다. 2016년 총선에서 여당이 고전하게 되면 과거 서울 동작구 을(乙) 출마와 같은 역할론이 부각될 여지도 있다. 또한 2017년 대선을 앞두고 경제침체가 심화된다면 정몽준의 공간이 확대될 여지가 있다. 남북 경제협력이 활성화되면 통일경제와 같은 분야에서 공간이 열릴 가능성도 존재한다.

재벌 출신이라는 약점도 최소화할 수 있는 방법이 있을 것이다. 이런 면에서 2014년 서울시장 선거는 아쉬움이 남는 대목이다. 선거운동 과정에서 벌어진 네거티브 공세와 아들의 세월호 참사에 대한 비하 발언이 대표적이다. 사실 서울시장 선거는 여권 내에서 누가 출마해도 어렵다는 평가를 받고 있었다. 정몽준이 서울시장에 출마한 것은 나름 희생이었다. 선거에서 패배했다고 해도 아름다운 마무리였다면 그의 위상은 달라졌을 것이다. 유시민은 2010년 지방선거 경기지사에 패배하고도 차기 지지도에서 15% 내외를 기록했다. 그는 또 최다선 의원임에도 불구하고 '이것이다'라고 할 만한 정치적 성과를 내지 못했다.

원외의 한계로 인한 차기 경쟁의 소외는 가장 큰 위협요소다. 2014년 초 서울시장 출마 초기에만 해도 그는 여권 내 차기 주자 1위 자리를 지켰다. 하지만 패배 이후 6개월 만에 홍준표에도 뒤지는 결과를 초래했다. 드라마 '미생' 열풍과 대한항공의 '땅콩회항'에 대한 분노에서 보듯 국민들의 반재벌 정서도 재벌 출신인 정문준에게 좋지 않은 영향을 끼치게 될 것이다.

2016년 총선을 어떻게 대처할지도 의문이다. 그는 서울시장에 출마하기 위해 지역구이던 서울 동작구 을(乙)을 나경원 의원에게 넘겼다. 최다선 의원 입장에서 당선 가능 지역구에 공천을 신청하기도 어려운 입장이다. 총선에서 여당이 유리하다면 그의 역할이나 공간이 축소될 수밖에 없을 것이다.

정몽준 대안론은 아직 유효하다

정몽준은 2002년 대선, 2014년 서울시장 선거를 통해 자신이 쌓아 온 정치적 자산을 소모해왔다. 잘못된 상황 판단에 기인한 것이었다. 물질이든 정신이든 자산이란 한번 소모하면 축적의 시간이 필요하다. 2017년 대선은 그가 자산을 축적하기에는 시간이 빠듯할 수도 있다. 그러나 여건이 반드시 나쁜 것만은 아니다. 총선과 박근혜 대통령 임기 말의 정치적 격변 상황은 정몽준에게 기회를 줄 수 있다. 그는 부산 출신으로 울산광역시와 서울에서 지역구 의원을 지냈다. 보수의 주류에서 수도권으로 확장이 가능하다. 그간의 평가가 어떻든 그는 준비된 대선후보다.

2016년 총선 결과, '박근혜 정권' 임기 말의 정치적 격변에 따라 2017년 대선, '정몽준의 기회'는 찾아오게 될 것이다.

5 유승민

- 새누리당 원내대표(현)
- 제19대 새누리당 국회의원(대구 동구을, 현)
- 한나라당 여의도연구소장(전)

* SWOT분석

Strength	Weakness
• 원내대표로서 빈번한 언론 노출 • 중도 개혁 이미지 • TK 차기주자 부각	• 수도권 지지기반 취약 • TK 맹주 부각은 한계 • 대중적 영향력 미미
• 차기 주자 선점 기회 • 원만한 국회운영 시 리더십 입증 • 당 운영 참여, 총선 통한 세력 확산 기회	• 3연속 대구경북 출신 대통령 거부감 • 박 대통령, 새누리당 지지도 하락 • 2016년 총선 패배 시 책임론
Opportunity	Threat

중도개혁 이미지는 강점, TK 출신은 약점

유승민은 그 많은 '박' 중에 어감이 별로 좋지 않은 짤박(짤린 친박)이다. 그러나 여의도 정치권에서는 그를 보수층 내의 숨은 병기로 평가하는 사람들이 의외로 많다. 겉보기에 유승민의 가장 큰 장점은 TK의 맹주, TK의 '포스트 박근혜' 대안이라는 점이다. 유승민은 원내대표 당선 이후 TK를 벗어나 단박에 중앙 정치의 주인공이 되었다. 그는 다수결 원리를 중시하는 원칙적 민주주의자인 동시에 중(中)부담 중(中)복지에 대한 확고한 신념을 갖고 있다. 그는 원내대표에 당선되자마자 보수 여당에 새바람을 몰고 왔다. 또한 차기주자 인물난을 겪고 있는 보수층에게도 선택의 폭을 넓혀주었다.

유승민은 소통이 되는 정치인이다. 기자들과 보좌관(다른 의원의 보좌관을 포함한)들과 자유롭게 대화하고 주요 쟁점에 대해 의견을 경청한다. 의원들 중에서도 소장파들과 대화가 잘 되는 인물이다. 국회의원 3선이면 '라면도 끓이지 못하는 바보가 된다'는 우스갯소리가 있다. 선수를 더할수록 목에 힘이 들어간다는 것을 빗댄 말이다. 이런 점에서 그의 소통능력을 빛을 발한다.

중도 개혁 이미지도 강점이다. 그는 2015년 4월 임시국회 교섭단체 대표 연설에서 '증세 없는 복지는 허구'라며 '증세와 복지 확충'을 촉구했다. 박 대통령의 공약을 정면으로 반박한 것이다. 그동안 보수 여당 쪽에서도 비판의 움직임이 있었지만, 유승민처럼 명시적이고 전면적이지는 않았다. 연설 직후 모든 SNS를 장악했음은 물론이다. 새정치민주연합은 '보수의 갈 길을 보여준 명연설'이라고 추켜세웠으며, 정의

당 심상정 의원는 '보수혁신의 꿈이 성공하길 빈다'며 격려했다. 그는 굵직한 주요 현안의 결정에 대해서도 '의원총회'의 다수결에 따른다는 원칙을 고수한다. 박 대통령과 같은 윗선의 입장을 그대로 수용하지 않겠다는 것이다. 이러한 행보는 보수 여당에게 취약한 중도개혁 이미지를 확산시키고 있다.

보수층 내에서 차기주자가 부각되지 않고 있다는 것도 기회다. 김무성을 제외하면 아직 '도토리 키재기' 수준이다. 유승민도 충분히 차기 반열에 오를 수 있음을 시사해주는 대목이다. 2015년 4월 '성원종 리스트'로 차기 주자군에 큰 변동이 있었다. 역동적인 한국정치의 현실에서 여권의 차기주자군이 교통정리되는 시점은 아직 멀었다.

유승민이 강점만을 갖고 있는 것은 아니다. 그가 TK 출신이라는 것은 처음엔 강점이었을지 모르지만 그의 위상이 부각될수록 약점으로 작용할 것이다. 차기도 TK 출신이 되면 3연속 대구경북 출신 대통령이 나오게 되는 것이다. 그리고 무엇보다 가장 큰 약점은 대중적 영향력에 있다. 유승민이 가진 많은 장점에도 불구하고 그를 아는 사람은 그리 많지 않다. 특히 수도권에서 지지기반이 미약하다. 최근 보수 여당의 경우, 보수층(중도를 포함한)의 신뢰를 바탕으로 국민적 지지를 확산해내는 방식으로 차기주자가 가시화됐다. 이런 점에서 유승민의 갈 길은 아직 멀다고 할 수도 있다.

국회 운영 능력으로 리더십을 입증해야 한다

큰 선거를 앞에 두면 국회는 막말로 '개판'이 되기 십상이다. 선거의 주도권을 쥐기 위해 정쟁만 난무하고 정치의 요체인 협상과 조정은 설 자리를 잃기 때문이다. 만약 유승민이 2016년 제20대 총선을 앞두고 과거의 행태가 아닌 합리적인 국회 운영을 해낸다면 차기 리더십을 입증할 수 있다. 유승민의 원내대표 임기는 2016년 5월까지이다. 대규모 재보궐 선거나 전당대회와 같은 큰 정치 일정이 없기 때문에 임기를 끝까지 채울 가능성이 많다. 견고한 새누리당의 지지율이나 40% 전후를 오르내리고 있는 대통령의 국정수행지지도를 고려하면 유승민의 기회는 총선 전후까지 계속될 수 있다. 2016년 총선은 그에게 당 운영에 참여함으로써 세를 확산할 계기가 될 수 있다.

앞서도 언급했지만 그에게 가장 큰 위협요소는 '3연속 TK 출신 대통령에 대한 거부감을 어떻게 해소할 것인가'이다. 2014년 말부터 뜨겁게 타올랐던 '반기문 대망론'도 충청 소외에 대한 반발 때문에 촉발된 측면이 있다. 물론 이는 김문수에게도 해당되는 보수 여당 공동의 과제다. 새누리당과 박 대통령 지지율 하락 시에도 공동 책임을 져야 한다. 만약 보수 여당이 2016년 4월 총선에서 과반의석을 야권에게 내주게 된다면 심각한 타격을 입을 것은 불을 보듯 뻔하다.

국회 운영과 2016년 총선에서 '유승민 리더십' 입증 여부에 따라 '유승민의 신화'는 탄생될 수 있다.

6
남경필

- 경기도지사(현)
- 제19대 새누리당 국회의원(경기 수원, 팔달)
- 한나라당 최고위원(전)

* SWOT분석

Strength	Weakness
• 5선 의원, 개혁 이미지 • 경기도 대연정으로 소통 이미지 • 수도권, 젊은층 비교우위	• 비주류, 당내 기반 취약 • 당내 우호세력 미미 • 가정사 스캔들
• 도정 경험으로 행정 경험 축적 • 총선 실패 시 대안 부상 가능성 • 여권주자 하락 시 대안 부상	• 보수, 영남 편중 시 기회 상실 • 대연정 실패 시 진보, 보수 협공 • 총선 불참으로 차기 경쟁 소외
Opportunity	Threat

당내 지지기반이 최대 약점

남경필은 고 남평우 전 의원의 3형제 중 장남이다. 아버지가 사주로 있던 경인일보에 입사해 2년간 사회부 및 정치부 기자로 일한 경험이 있다. 1998년 아버지가 작고하면서 치러진 재보궐선거(수원 팔달)에서 불과 33세의 나이로 승리하면서 정계에 입문했다. 아버지 지역구를 물려받아 편하게 정치를 시작한 '오렌지족'이라는 야유도 있지만, 그는 '나는 오렌지가 아니라 한라봉'이라고 받아쳤다.

당내 소장파 의원 모임인 '미래연대'와 '새정치수요모임'의 대표를 맡으면서 여당 내 야당의 역할을 해왔다. 원희룡 제주지사 후보, 정병국 의원 등과 함께 이른바 '남원정'으로 불리며 2000년대 초반 한나라당의 쇄신운동을 주도했다. 그는 '2004년 당시 박근혜 대표와 함께 천막당사를 이끌며 당을 위기에서 구한 것이 정치인으로서 가장 잘한 일'이라고 말한다.

그는 겸손한 성격에 친화력과 추진력을 갖췄다는 평가를 받는다. 5선 의원임에도 불구하고 개혁적인 이미지를 유지하고 있다는 점도 강점이다. 경기도지사 당선 이후, 야당과 대연정 실시, 야당 출신 통합부지사 임명 등을 통해 소통 이미지를 쌓았다. 타고난 친화력을 무기로 수도권과 젊은층에 비교우위가 있다.

경기도지사로 행정 경험을 축적할 수 있게 된 것은 그에게 좋은 기회다. 그는 여권의 대선주자로서 지지율 5% 내외를 기록하고 있지만, 2016년 총선 실패 시 대안으로 부상할 가능성을 갖고 있다. 또 현재 선두권을 형성하고 있는 김무성, 김문수의 지지율이 답보상태를 벗어나지 못할 경우 그에게 기회가 올 수 있다.

남경필은 다선 의원이지만 비주류에 머물렀으며 당내 기반도 취약한 편이다. 우호세력 형성에도 성공하지 못했다. 그는 정치인으로서 여러 차례 뼈아픈 패배도 맞봤다. 2007년 7월 당내 소장개혁파 의원 연대인 '미래모임'의 당대표 단일후보 경선에서 재선의 권영세 의원에게 졌고, 2010년 7월 전당대회에서는 쇄신파 정두언 의원과의 단일화 경선에서 패했다. 2012년에는 19대 첫 원내대표 1차 투표에서 1위를 차지하고도 결선에서 미끄러지기도 했다. 도지사직에 처음 도전한 것은 17대 국회의원 시절, 그는 민선 4기인 2006년 지방선거를 앞두고 당내 경선에 출마했다가 경쟁자였던 당시 김문수 의원에게 후보직을 과감히 양보하기도 했다. 당내의 주류로 있어본 적이 없었기 때문이다.

야당과의 대연정이 실패로 끝나게 되면 여권과 야권의 협공에 직면할 수 있으며, 2016년 총선 불참으로 차기 경쟁에서 소외될 수도 있다. 2014년 경기지사 당선 이후 불거진 이혼 전력, 군대에 간 아들의 폭행 사건 연루 등 스캔들로 이미지가 나빠진 점도 단점으로 지적된다.

비주류 이미지를 벗어나라

남경필은 많은 장점에도 불구하고 아직 남경필 스토리를 만들지 못하고 있다. 대한민국의 미래와 연결되는 '남경필만의 리더십이 무엇인가'라는 질문에 응답할 수 있어야 한다. 여야를 뛰어넘는 대연정과 소통은 남경필이 추구하는 새로운 리더십의 출발이 될 수 있다. 정치적 자산의 업그레이드와 함께 남경필 스토리의 구체화 여부가 '남경필 대안론' 형성의 필요충분조건이다.

그는 여권이 총선에서 실패하거나, 선두권을 형성하고 있는 주자들이 경쟁력을 입증하지 못할 경우 보수층에게 대안으로 부각될 수 있는 우량주임에는 분명하다.

2016년 총선 결과와 '대안 부재' 여부에 따라서
2017년 대선, '남경필의 대안론'은 현실화될 것이다.

7 원희룡

- 제주도지사(현)

- 한나라당 사무총장(전)

- 제 16,17,18대 국회의원(전, 현)

* SWOT분석

Strength	Weakness
• 젊음, 중도, 개혁 이미지 • 제주도정 협치, 소통 이미지 • 진보와도 소통 가능	• 제주도지사 언론 소외 • 성과를 내기에는 시간 부족 • 당내 지지기반 취약
• 여당 내 세대교체 바람 시 부각 • 총선 실패 시 재부각 • 여권 주자 하락 시 대안 부상	• 강정마을, 제주도 갈등 격화 책임론 • 총선 불참으로 차기 경쟁 소외 • 남경필 등으로 개혁 이미지 분산
Opportunity	Threat

중도개혁 이미지가 최대 강점

1982년 대입학력고사에서 332점으로 전국 수석을 차지했던 원희룡은 서울대 법대에 입학했다. 대학생활 중 그는 평생 노동운동을 하겠다는 결심을 하게 된다. 구로공단에서 야학활동을 하고 인천의 한 공장에서 일반 노동자와 함께 일을 하다가, 결국 입학한 지 8년 만인 89년에서야 대학 졸업장을 받게 된다. 1992년 사시에 수석으로 합격하면서 매스컴의 주목을 받기도 했다. 이후 그는 서울지방검찰청, 수원지방검찰청 여주지청, 부산지방검찰청 검사를 거쳤으나 자신이 추구하는 생활이 아님을 깨닫고 사표를 던지게 된다.

2007년 한나라당 대통령 후보 경선을 완주한 후, 타 후보들로부터 '한나라당의 희망이자 미래'라는 평가를 받게 된다. 당시 시사저널이 미디어리서치에 의뢰해 분석한 결과 그는 차세대 정치리더 1위로, 또 세계경제포럼이 선발한 '차세대 지도자'(YGL.Young Global Leader)로 선정되기도 했다. 당내에서 그는 변화와 개혁을 자처하는 소수파로 통한다. 독자적인 의견을 내는 것을 마다하지 않는 그는 늘 국민들의 공감을 얻어 왔다.

원희룡의 최대 강점은 젊고 중도적이며 동시에 개혁적인 이미지를 갖고 있다는 점이다. 제주도지사 당선 이후 야당과 협치를 실시하는 등 소통 이미지도 강점이다. 진보와도 소통이 가능하다는 인상을 주고 있으며 수도권과 젊은층에 비교우위가 있다. 제주도지사로 행정 경험을 축적할 수 있게 된 것은 좋은 기회다. 원희룡은 아직은 여권의 대선주자로서 지지율 5%를 넘지 못하고 있지만 2016년 총선 패배 시나 세대 교체 바람이 일어날 경우 대안으로 부각할 가능성이 있다. 또 현재 선두권을 형성하고 있는 김무성, 김문수의 지지율이 답보상태를 벗어나지 못하는 경우에도 기회가 올 수 있다.

원희룡은 한나라당 사무총장을 역임하는 등 주류 이미지도 구축하고 있지만 당내 기반은 여전히 취약한 편이다. 제주도지사는 언론으로부터 소외되기 십상이며 제주도정을 통해서 성과를 내기에는 시간이 부족하다는 것도 단점이다. 제주도는 강정마을 대치, 중국자본 유치 등을 놓고 대립과 갈등이 끊이질 않고 있다. 자칫 원희룡 책임론이 불거질 수 있는 요소들이다. 2016년 총선 불참으로 차기 경쟁에서 소외될 수도 있다. 원희룡은 비슷한 이미지의 남경필, 오세훈이 부각되면 상대적으로 가려질 수 있다는 약점도 갖고 있다.

보수층의 신뢰를 회복하라

그는 많은 장점에도 불구하고 아직 원희룡 스토리를 구성하고 못하고 있다. 대한민국의 미래와 연결되는 '원희룡만의 리더십은 무엇인가'라는 질문에 응답할 수 있어야 한다. 여야를 뛰어넘는 협치와 소통은 원희룡이 추구하는 새로운 리더십의 출발이 될 수 있다. 지금까지 그가 축적한 정치적 자산의 업그레이드와 함께 원희룡 스토리의 구체화 여부가 '원희룡 가능성'의 필요충분조건이다.

2016년 총선 결과와 '대안 부재' 여부에 따라서
2017년 대선, '원희룡 가능성'이 결정될 것이다.

8
오세훈

- 법무법인 대륙아주 고문변호사(현)
- 서울시장(전)
- 제16대 국회의원(전)

* SWOT분석

Strength	Weakness
• 서울시장 역임으로 높은 인지도 • 개혁, 참신 이미지 • 신뢰와 약속 이미지	• 무상급식 반대로 기득권 이미지 • 차기 주자들의 견제 • 당내 지지기반 취약
• 보수세력 내 유력 주자 없음 • 총선 역할론 부상 • 총선 실패 시 대안 부상	• 복지 프레임 부각 • 총선 승리 시 공간 축소 • 남경필, 원희룡 대안 부상
Opportunity	Threat

총선 패배 시, 오세훈 부각 가능성

오세훈은 1991년 대기업과의 아파트일조권 소송을 맡아 승소하며 세간의 관심을 모았다. '계란으로 바위 치기'라는 주변의 강한 만류에도 뚝심을 발휘해, 헌법상 환경권이 실질적 권리로 인정받는 첫 사례를 만들어냈다. 이를 계기로 각종 TV방송 프로그램에 출연했고, 훤칠한 키와 뛰어난 언변은 정치권에 입문, 성공 가도를 달리게 한 발판이 됐다.

2000년 16대 총선에서 금배지를 거머쥔 뒤에도 오 후보의 제 목소리 내기는 멈추지 않았다. 남경필, 원희룡, 정병국 의원 등과 함께 한나라당 소장그룹인 미래연대를 이끌며 '40대 개혁기수'로서 당에 쓴소리를 아끼지 않았고, 초선 의원으로서 정치개혁특위 간사를 맡아 이른바 '오세훈 선거법'으로 불리는 3개 정치관계법 개정을 주도했다. 2003년 '5,6공 인사 용퇴론', '60대 노장 퇴진론'을 내걸고 당내 인적 쇄신 운동에도 나섰다. 그러나 자신은 정작 2004년 총선 불출마를 선언했다.

그의 최대 강점은 한나라당 최고위원, 서울시장 재선 등에도 불구하고 참신하며 개혁적인 이미지를 유지하고 있다는 점이다. 또한 17대 총선 불참 선언, 무상급식 주민투표 시 서울시장 사퇴 등으로 신뢰와 약속의 이미지를 갖고 있는 것도 강점이다. 서울시장 사퇴 이후 줄곧 원외에 머물고 있지만 높은 인지도는 여전하다.

아직 여권 대선주자로서의 지지율은 미미하지만 여권이 위기에 빠지거나 2016년 총선 실패 시 대안으로 부상할 가능성도 있다. 또 현재 선두권을 형성하고 있는 김무성, 김문수의 지지율이 답보상태를 벗어나지 못할 경우, 보수층의 대안으로 부상할 수 있다.

오세훈은 남경필, 원희룡과 달리 상대적으로 보수층의 신뢰를 얻고 있지만 무상급식 반대로 대중적 이미지가 나빠진 것은 단점이다. 오랫동안 원외에 머문 탓에 당내 지지기반이 취약하고 다른 차기 주자들의 견제에 마땅한 대응방법이 없는 것도 문제다. 오세훈이 2016년 총선에 불참하거나 여권이 총선에서 승리한다면 그의 공간은 더욱 위축될 것이다. 또 남경필, 원희룡이 대안으로 부상한다면 오세훈에겐 상대적으로 불리하다. 총선이나 대선에서 시대정신으로 복지가 부각된다면 이 또한 부담이 될 수 있다.

정치적 자산을 축적하라

오세훈의 무상급식 반대는 그가 걸어온 개혁의 길과 다소 상치되는 성격을 갖고 있다. 한나라당 소장, 개혁파로서 오세훈은 무상급식 반대와 함께 길을 잃었다. 이것은 그가 쌓아온 정치적 자산의 소모를 의미하기도 한다. 그러나 이를 통해 보수층에게 인지도를 넓힌 것은 새로운 정치적 자산의 축적 기회가 될 수도 있다. 오랜 침묵 이후 오세훈이 내놓을 정치적 자산은 무엇인가? 이것의 평가에 따라 오세훈이 도약할 수 있을지 여부가 결정될 것이다.

2016년과 2017년 정치 격변기의 '리더십 입증' 여부에 따라서
2017년 대선, '오세훈 대안론'은 부각될 수 있다.

Chapter 2

야권

1

문재인

- 새정치민주연합 대표(현)
- 18대 대통령 선거 민주당 후보(전)
- 노무현 대통령 청와대 비서실장(전)

＊ SWOT분석

Strength	Weakness
• 친노세력의 적극 지지 • 온화함, 진실성에 대한 호감도 • 국정운영 경험	• 친노 프레임(친노의 수장) • 정치적 자산 및 경험 부족 • 유약한 리더십 및 정치적 비전 취약
• 당대표 성공적 수행(2016년 총선 승리) • 야권 통합 • 대선후보 경험, 권력의지 강화	• 신당 출현 등 야권 분열 가능성 • 외연 확장성 부족 • 비서실장 이미지
Opportunity	Threat

'Beyond 노무현'을 향하여!

문재인은 '노무현'이라는 정치적 자산을 승계한 정통 적자라는 점이 최대 강점이자 약점이다. 참여정부에 대한 평가와는 별개로 아직도 노무현 전 대통령에 대한 강한 애정과 향수를 지닌 지지층이 적지 않다. 친노 성향 지지층의 결집도와 열성이 강한 만큼 완전국민경선 방식의 당내 참여형 경선에서 타 후보 대비 유리한 위치를 선점하고 있다. 또한 청와대 비서실장으로 국정운영을 경험한 것은 안정적 국정운영이 가능할 것이라는 점에서 여야 후보 중 상대적 비교우위 요소이다. 원칙을 지키는 깨끗한 사람, 온화한 이미지는 유권자의 정서에 와 닿을 수 있는 장점이다.

그러나 당대표 경선에서 드러난 바와 같이 '친노(親盧)'라는 자산은 양날의 칼처럼 공격의 대상이 될 것이다. 영남 출신 후보, 노무현을 대통령으로 만들었던 2002년 당시의 호남지역 정서와 다르게 당내의 상당한 비토 정서를 극복하는 것도 중요 과제이다.

친노 대 비노 전선이 뚜렷해질수록 운신의 폭이 좁아지고 외연 확장 가능성도 약화되어 본선 경쟁력에 대한 의구심이 제기될 것이다. 노무현 비서실장, 친노 수장 등의 프레임을 어떻게 극복하여 'Beyond 노무현'을 보여줄 것인지가 '문재인의 운명'을 결정하는 시금석이 될 것이다.

2016년 총선, 문재인 정치력 시험대

　박영선 비대위원장 시절 외부인사 영입을 둘러싼 말 바꾸기 논란, 세월호 단식 단독 참여 등 문재인의 정치력 및 리더십에 대해서는 당내에서도 비판과 의구심이 존재한다. 당내 일부 의원들의 불출마 요구를 무시하고 당대표가 되었지만, 상처뿐인 영광으로 험난한 정치 일정과 숙제가 놓여 있다.

　당대표는 문재인에게 기회요인이자 위협요인이다. 그는 정치적 포용력과 결단력이 부족하고 정치적 갈등 해결에 취약하다는 평가를 받고 있다. 이는 2012년 대선에서 안철수 후보와의 단일화 과정에서 기인한 것이다. 당시 문재인의 정치력은 노무현의 정치적 승부수와 비교되어 야권 지지층 및 중도층에게 많은 아쉬움을 남겼다. 이는 안철수 지지층을 견인하는 동력 부족으로 이어져 대선 패배의 요인이 되었다.

　당시 문재인의 정치적 판단과 전략은 '친노 범주'를 벗어나지 못하고 있다는 비판을 많이 들었다. 2015년 4월 보궐선거 후, 문재인은 자신이 이끄는 제1야당의 혁신과 변화를 보여주어야 한다. 취약하다고 평가받는 정치적 비전과 추진력 있는 리더십 또한 증명해야 한다.

　문재인은 자신만의 정치적 자산이 있느냐는 질문에 답이 궁색하다. 당대표에 출마한 것도 정치적 자산을 만들기 위함일 것이다. 당대표를 성공적으로 수행하여 '문재인표 정치적 자산'을 브랜드화 해야 하기 때문이다. 따라서 2016년 총선은 문재인 대권 성패의 바로미터이다. 당대표로서 총선 승리를 이끌어내면 당내 유력 대선후보로서의 입지를 탄탄히 굳히게 될 것이다. 반면 총선 결과가 안 좋으면 '안희정 대망론'

'박원순 대망론' 등이 부각하면서 최대 위기를 맞을 것이다.

문재인은 권력의지가 약하다는 평가를 받았지만 최근 많이 변화된 모습을 보이고 있다. 문재인은 당대표로서 정치적 자산을 쌓는 한편, 당을 수권 대안정당으로 변화시켜 외연을 확장할 임무를 가지고 있다. 그는 PK에 갇혀 2012년 총선에서 패배했고, 친노 울타리에 갇혀 2012년 대선에서 패배했다.

그가 2012년 총선과 대선을 반면교사 삼아 그만의 정치적 자산과 변화된 리더십을 보여줄지 모두가 예의주시하고 있다. 그의 변화된 모습과 정치적 비전이 국민 모두의 가슴에 닿아야 '문재인 대권론'은 현실화될 것이다. 문재인의 '운명'은 친노가 아니라 온전히 '문재인 자신'에게 달려 있다.

2016년 총선결과, 'Beyond 노무현' 여부에 따라서
2017년 대선, '문재인의 운명'은 결정될 것이다.

2 안철수

- 19대 국회의원(현)
- 새정치민주연합 공동대표(전)
- 안철수연구소 이사회 의장(전)

* SWOT분석

Strength	Weakness
• 젊은층의 지지(롤 모델) • 청렴함, 무계파 이미지 • 사회 공익적 활동 및 성과 • 미래경제(IT) 이미지	• 정치경험 및 공조직 운영 경험 부족 • 정책비전 취약, 국정운영 능력 의문 • 정치적 리더십 및 세력 미약 • 유약한 이미지
• 안철수 현상 점화 가능성 • 야권 혼돈 속에 지지율 회복 • 중도층 지지 및 외연 확장성 • 극한적 계파 대립 시 '캐스팅 보트' 역할	• 안철수 현상(변화 욕망) 소멸 • 정치적 공간 미확보(제2의 문국현) • 야권 경선 '불쏘시개'(제2의 손학규) • 각종 검증 및 네거티브 공세
Opportunity	Threat

'새 정치'는 사라졌지만 여전한 기대주

지지율 40%가 지지율 5%에게 서울시장 자리를 양보하면서 타오르기 시작한 '안철수 현상'은 신드롬에 가까웠다. 극한 대립과 진영 논리만 판치는 정치판에서 '안철수=새 정치'로 상징화되었고 대선패배 이후에도 '새 정치에 대한 기대감'을 불러일으켰다. 하지만 신당 창당 추진 중 갑작스러운 합당 선언, 2014년 지방선거와 7.30 재보궐선거의 패배로 당대표 사퇴를 통해 '안철수=철수정치'로 희화화되고 정치 실패 경험만 누적되어 '새 정치'의 참신한 이미지는 사멸한 것이 냉혹한 현실이다.

안철수의 가장 큰 경쟁력이었던 참신성은 떨어졌지만, 젊은층의 적극적 지지와 소통, 공감 능력은 현재 여야 대선후보군 중 안철수만의 강점이다. 사회공익과 개인적 성공이 양립할 수 있음을 보여준 안철수의 성공적 삶은 젊은층의 '롤 모델'이며 '스토리텔링'이 되는 몇 안 되는 정치인 중 한 명이다. 기존 정치권과는 다른 탈정치, 무계파의 이미지는 그의 도덕적 이미지, 성실성과 결합되어 '정치적 신뢰'는 낮더라도 '인간적 신뢰'는 건재함을 보여준다. 또한 MB식 'CEO 대통령'은 실패했지만, 경기 침체의 심화에 따라 '미래 경제'를 잘 알고 대비할 수 있는 '경제인 이미지'는 강점으로 작용할 것이다.

'제2의 손학규'로 좌절할 것인가?

현재 안철수의 가장 큰 약점은 2012년 대선 당시 약점으로 평가되던 모든 것들이 진짜 약점으로 확인되었다는 것이다. 그 당시에는 안철수의 강점들이 약점을 충분히 커버할 수 있었다. '정치 아마추어', 수권능력 부족은 참신성과 성공한 경제인 이미지로 대체되었고 정치적 리더십과 정치세력이 취약한 것은 '새 정치'와 '변화'의 상징이 되었고, 유약한 이미지는 멘토, 소통, 공감 능력으로 기대치를 높였다. 하지만 제1야당대표까지 지내고도 자신의 약점으로 평가되던 것 중 어느 것도 강점으로 전환하지 못한 것은 그에게 뼈아픈 현실이 되었다.

그는 지지율이나 정치적 상황에 흔들리지 않고 묵묵히 '안철수 정치'를 하겠다고 하지만, 2016년 총선 전까지 별다른 계기가 없어 정치적메시지나 정책적 비전 입증이 쉽지 않을 것이다. 특단의 대책과 상황을개척하지 못한다면 당내 입지는 더욱 취약해지고 대선후보로서 존재감도 희미해지면서 '제2의 문국현'으로 소멸될 가능성도 있다.

또한 어느 정도 정치적 공간을 확보하더라도 야권 내 대선후보로서확고한 위치를 점유할지도 의문이다. 그는 박원순 서울시장과 이미지와 지지층이 겹쳐 현재 당내 여건상 세력 구축이 용이하지 않을 것이다. 정치적 경륜과 인물 경쟁력은 높게 평가 받았지만, 당대표를 지내고도 당내에서 세력 구축을 못했던 '제2의 손학규'로 전락할 가능성이농후한 것이 현실이다.

'안철수의 생각'이 아닌 '안철수의 실천'이 필요하다

안철수에 대한 기대감이 높았던 만큼 안철수에 대한 실망감도 큰 것이 사실이다. 그를 쫓았던 정치세력은 산개했고 안철수는 당내 측근이라고 할 만한 의원 한 명도 없다고 평가받고 있다. 그는 현재 당내 최대 계파인 친노의 대척점으로서의 위상을 가지고 있지 못하다. 현재와 같은 상황이 지속된다면 비노 진영은 박원순, 김부겸 등으로 분화될 가능성이 높다. 야권의 혼돈 속에 안철수가 리더십을 복원하고 중도층 지지율을 어느 정도 회복해야 대선 레이스가 가능한 것이 현실이다.

안철수는 왜 '안철수 현상'이 일어났는지를 자문해야 한다. 기존의 여의도 정치 공식으로는 안철수의 정치적 미래는 불확실하다. 안철수라는 인물의 탁월함을 무시할 수는 없지만, '안철수 현상'을 만들어낸 원천은 불의의 시대, 불공정의 시대에 대한 분노와 변화에 대한 열망이었다. 그는 시대가 요구하는 곳에 담담히 있었을 뿐이다.

안철수는 '안철수의 생각'으로 정책 비전을 제시하고 정치적 메시지를 던지면, 사람들이 모이고 국민적 지지가 계속 유지될 것이라 생각했을 것이다. 국민들은 '안철수의 생각'이 아닌 '안철수의 실천과 행동'을 기대했지만 기대에 미치지 못했다. 자신만이 대통령이 되어야 한다는 생각에 기반한 정치공학적 기획과 이미지 메이킹으로는 현재의 난국을 뚫고 나갈 수 없다. 야권의 분열과 대립을 극복하는 매개체로서 자신을 희생하고 기존 정치권과 다른 사회문제의 해법을 제시하며 끊임없이 '안철수의 길'을 개척하고 실천하다 보면 국민들은 다시 안철수에게 눈길과 관심을 보낼 것이다.

'안철수의 미래'는 '안철수의 생각'이 아닌
'실천과 행동'에 있다.

3 박원순

- 민선 5, 6대 서울시장(현)

- 참여연대 사무처장(전)

- 희망제작소 상임이사(전)

* SWOT분석

Strength	Weakness
• 서민적, 개혁적 이미지 • 참신한 행정 서비스(심야/타요 버스 등) • 젊은층 지지와 소통능력 • 탈(脫) 정치 이미지	• 재선 서울시정의 굵직한 성과 미흡 • 당내 안정적 지지세력 취약 • 동성애/뉴타운 등 쟁점에 대한 소신 번복 • 국정 지도자 리더십 미약(비전 부재)
• 강남권에도 통하는 합리적 이미지 • 중도 및 보수층 지지의 외연 확장성 • '박원순표 대표 시정' 성과 가시화 • 당내 계파간 대립 시, 대안 부상	• '박원순 저격특위'등 여권의 네거티브 공세 • 안철수와 이미지, 지지층 중복 • 기득권층의 적극적 반대
Opportunity	Threat

긍정적 평가 상승세

박원순 시장은 시민운동가 출신답게 서민적이고 소탈한 이미지로 1,000만 서울시정을 큰 대과 없이 안정적으로 운영하고 있다는 평가를 받고 있다. 부채 탕감(3조 2000억), 타요버스 등 참신한 행정 서비스, SNS 소통능력 등 생활밀착형 시정으로 우호적 평가는 상승 추세이다.

그는 6.4지방선거에서 정당 색채를 배제하고 운동화에 배낭을 메고 '홀로 선거'로 새누리당의 강도 높은 네거티브 공세를 차단하였다. 그의 이러한 '탈정치' 이미지는 무당파 및 젊은층에게 기존 정치인과 차별화되는 강점으로 작용했다. 또한 강남권에서도 새누리당 후보보다 높은 지지율을 확보한 바와 같이 합리적 이미지로 중도, 보수층을 아우르는 외연 확장 가능성은 향후 대권 행보에 기회요인으로 작용할 것이다.

박원순은 서울시 공무원들 사이에서 세밀하고 꼼꼼한 업무처리로 정평이 나있다. 큰 방향보다는 너무 작은 부분까지 직접 챙기려 한다는 우려의 목소리도 높다. 대선후보로서의 이미지와 리더십은 약하다는 평가로 이어질 수 있는 대목이다. 또한 서울시 인권헌장 제정, 동성애 논란을 통해 소신 번복, '정치적 물타기' 등 리더십 부재의 단면을 보여주었다.

그가 시민사회 영역에서 많은 성과를 냈다는 것은 타 후보와 차별화되는 강점임에 틀림없다. 하지만 세계적 경기 침체에 따라 '경제 이슈'가 부각될 수밖에 없는 상황에서 '박원순표 경제정책'의 성과는 없고 '경제 능력'은 의문스럽다는 비판에 직면할 것이다. 이러한 경우 시민운동가 출신이라는 강점이 오히려 약점으로 작용할 수 있다.

MB를 뛰어넘어라

박원순 시장은 '이명박 서울시장'을 뛰어넘어야 하는 숙제를 안고 있다. 많은 국민이 이명박 서울시장 하면 '청계천, 버스전용차로'를 연상하는데 '박원순표 업적'은 무엇이냐는 공세가 강화될 것이다. 박원순은 시대의 흐름과 시정의 패러다임이 바뀌었다고 하겠지만 일반 국민은 '가시적 성과'에 집착하고 확인하려 할 것이다.

또한 새누리당이 '박원순 저격 특위'를 띄우는 것에서 볼 수 있듯이 새누리당과 보수언론의 네거티브 공세가 파상적으로 진행될 것이다. 아들 병역 등 가족 관련 검증, 서울시 정무직 '측근 때리기' 등 이미 언론이나 선거에서 이슈화 되었던 것도 네거티브의 주요 소재가 될 것이다. 도덕적 이미지가 강한 만큼 사소한 흠결도 '박원순 흠집 내기'에 좋은 소재가 될 것이기 때문이다.

그는 당내 자기 세력의 구축을 위한 노력을 전혀 하고 있지 않다. 야권 내 비슷한 위상을 갖고 있는 안희정이 당내 탄탄한 조직 기반을 갖고 있는 것과 비교된다. 그는 김두관 전 경남지사를 반면교사로 삼아야 할 것이다. 지난 2012년 당내 대선주자 경선에서 김두관은 경남지사 직을 사퇴하고 출마했다. 본인의 준비 부족, 도정 성과 부재 등 여러 이유가 있겠지만, 중앙정치 기반이 취약한 광역단체장의 대권 레이스가 만만치 않음을 입증한 사례이다. 반면, 안희정은 정치 경력이나 당내

세력 기반을 고려할 경우, 이번 대권 경선에 낙마하더라도 차차기 행보가 가능할 것이다. 정치적으로나 실리적으로 손해 보는 장사가 아니지만, 박원순은 실패할 경우 향후 행보에 치명타가 될 우려가 크다.

정치인 박원순으로 거듭나라

박원순 시장은 재선 이후에도 대선 출마를 고려하지 않고 있다고 수차례 말해 왔다. 그럼에도 불구하고 대선주자 지지도 조사에서 상위권을 형성하고 있다. 앞서서도 밝혔듯이 박원순과 안철수는 이미지와 지지층이 겹친다. 서울시장을 양보했던 안철수가 대권 레이스에 도전하는데, 박원순이 출마를 결정하기 쉽지 않을 것이다. 안철수 지지율이 정체하고 당내 비노 진영에서 '박원순 대안론'이 급부상하더라도 도의상 출마가 어려울 것이다. 그들은 경쟁적 협력관계에 놓여 있다. 박원순에게 '안철수의 존재'는 기회이자 위협요인인 것이다.

박원순의 대권 가능성은 삼박자가 갖추어져야 가능하다. 첫째, 청계천이나 중앙차로와 같이 '박원순표 대표 성과'로 국민적 이목을 집중시켜야 한다. 둘째, 이념이나 안보 이슈에 대한 '불안한 리더십' 이미지를 극복하고 국가지도자상에 부합하는 '안정적 리더십'을 구축하여야 한다. 시민운동가와 행정가를 뛰어넘어 '정치인 박원순'으로 거듭나야 한다는 의미이다. 셋째, 기회를 기다려야 한다. 야권의 주요 후보인 문재인이 낙마하고, 안철수의 지지도 정체 등 야권 혼돈이 그에게는 기회로 작용할 것이다. 위의 삼박자가 모두 충족되어야 '박원순 대안론'은 비로소 빛을 볼 수 있다.

'박원순표 업적'과 '야권 혼돈'이
'박원순의 희망'을 만들어줄 것이다.

4 안희정

- 민선 5, 6대 충남도지사(현)
- 통합민주당 최고위원(전)
- 참여정부평가포럼 상임집행위원장(전)

* SWOT분석

Strength	Weakness
• 재선 도지사로서의 행정 경험 • 충청권 지역기반 • 친노에 대한 적극 지지층 존재	• 친노 이미지로 외연 확장성 한계 • 전국적 인지도 낮음, 중앙정치에서 소외 • 불법 대선 자금 수수, 구속 경력
• 문재인 낙마 시, 친노 대안론 부상 • 중부권 대망론 • 'Beyond 노무현' 노력 이미지	• 문재인의 존재감 • 이완구, 반기문 등 충청권 대선후보군 • 이념, 안보 관련 검증 및 네거티브
Opportunity	Threat

충청권의 미래와 희망

안희정은 자타가 공인하는 노무현 정권 창출의 1등 공신이다. 하지만 그는 불법 대선자금 수수 논란으로 영어의 몸이 되었고 대통령에게 폐가 된다며 참여정부 내내 모든 공직을 사양했다. 세상은 안희정을 대통령의 심복 정도로 보았지만, 노 전 대통령은 그를 '정치적 동업자'로 존중했다고 한다. 노무현 정권 말기에는 '폐족' 발언으로 실패를 자인했던 그가 2010년 충남 도지사 당선으로 정치적으로 화려하게 재기했다. 그리고 6.4지방선거에서 과반이 넘는 52.2% 득표율로 재선에 성공했다.

그는 충남지사직을 수행하면서 '강성 진보' 이미지에서 벗어나 중도세력으로 스펙트럼을 넓히는 중이다. 보수 색채가 짙은 충청권 보수층까지 지지세를 확장하면서 도정을 성공적으로 이끌고 있다는 평가를 받고 있다. 수도권 단체장만큼 언론 노출이나 주목도가 높지는 않지만 지역에서는 평가는 상당히 우호적이다. 재선 도지사 행정 경험과 충청지역의 보수층까지 아우르는 그의 행보는 향후 큰 정치적 자산이 될 것이다.

안희정은 당내 대선후보 중 김부겸과 함께 유망한 기대주로 주목받고 있다. 대선 '캐스팅 보트' 역할을 했던 충청권 지역기반과 당내 친노세력의 확고한 지지기반을 갖고 있기 때문이다. 하지만 충청 지역기반과 친노 이미지는 결국 안희정이 극복해야 할 과제가 될 것이다. 지역기반은 영남권 지지도 확장의 한계로 작용할 것이고, 친노 이미지는 외연 확장의 한계로 다가설 것이다. 또한 충남 도지사 이외에 장관, 국회의원 등 공직 경력이 없는 것은 국정을 운영할 수준의 '안정된 리더십'

에 문제가 될 것이다. 불법 대선자금 관련 구속 경력과 이념문제에 대한 네거티브 공세와 검증 절차는 대선 가도를 달리는 데 또 하나의 장애물이 될 수 있다.

반기문과 차별화하라

충청권은 역대 대선마다 '캐스팅보트' 역할을 한 전략적인 요충지였지만 이제는 자신들이 대선의 주역이 될 수 있다는 기대감이 어느 때보다도 커지고 있다. 만년 2인자 JP(김종필) 이후, 말 그대로 '충청권 대망론'이 현실화 될 것이라는 기대감이다. 여권에서 반기문이라는 충청 출신 대선후보가 비중 있게 자리 잡으면서, 야권에서 충청 기반을 가진 안희정 도지사는 현재의 가치보다 상대적으로 저평가될 우려가 있다. 지역기반이 겹치고 상대적으로 '안정된 리더십'을 구축한 라이벌과 비교해 정치적 위상과 무게감에서 밀린다는 평가를 받을 것이기 때문이다. 하지만 역발상도 가능하다.

'충청권 대망론'으로 전국적 관심을 받을 것이고 인물 경쟁력에서 '과거 대 미래'의 대결 구도로 40~50대 유권자의 정서적 공감대를 확보할 수 있는 흐름이 형성될 수 있기 때문이다. 영남권 지지 확장성의 한계만 극복한다면 '서부벨트(호남과 충청권)' 지지기반을 토대로 고른 지지를 끌어낼 수 있다는 것이다. '충청권 대망론'이 커지고 현실화되는 것은 안희정에게 위기이자 동시에 기회가 될 것이다.

미래 정치인 이미지로 승부하라

안희정은 '김대중, 노무현 전 대통령을 잇는 야당의 장자가 되겠다'는 포부를 강조해 왔다. '안희정의 미래'는 여기에서 시작될 것이다. 첫째 '친노 이미지'에 갇혀서는 안 된다. 도지사 재선으로 '친노, 486 이미지' 에서 벗어났다고도 할 수 있다. 하지만 '안희정 대망론'은 현재 당내 유력후보인 문재인 의원의 낙마 시, 친노계에서 급부상할 가능성이 있다. '안희정의 미래'에 첫 시험대가 되는 것이다. 친노 이미지를 극복해야 할 안희정이 친노 조직을 기반으로 대선 레이스를 펼친다는 것은 어불성설이다. 둘째, '미래 정치인'으로서 비전을 제시하고 '안정된 리더십'을 구축해야 한다. 신성장 동력, 사회통합, 정치개혁 등 한국사회의 과제에 대한 미래비전을 제시해야 한다. 셋째, 민주당 혁신과 세대교체의 주역이 되어야 한다. 현재 모습으로는 불가능할 것으로 보이는 당 혁신과 쇄신의 아이콘이 되어야 한다. 안철수, 박원순, 김부겸 등과 연대를 통해 세대교체를 이루어내고 당 혁신과 통합의 매개체로서 당을 미래로 이끌어야 한다. 당을 혁신하고 세대교체를 이루어내면 '야당의 장자'를 자임하는 안희정이 가장 많은 수혜를 받을 것이기 때문이다. '안희정의 미래'는 끊임없이 자신을 '담금질'하고 있는 안희정의 노력과 실천에서 시작될 것이다.

'충청권 대망론'을 기반으로 한국사회의 미래를 제시하는
'미래 정치인'으로 거듭나야 '안희정의 미래'가 열릴 것이다.

5 김부겸

- 국회의원 3선(전)

- 민주통합당 최고위원(전)

- 6대 지방선거 민주당 대구광역시장 후보(전)

* SWOT분석

Strength	Weakness
• 지역구도 타파의 희생양 이미지 • 합리적 개혁의 중도 이미지 • 정치 경험 및 차세대 리더 이미지	• 국정운영 및 행정 경험 부족 • 당내 기반과 세력 취약 • 뚜렷한 정치적 자산 미약
• 2016 총선 당선 시, 대안론 급부상 • 영남 지역의 지지 확장성 • 지역 갈등 해소 적임자 이미지	• 총선 낙마 시, 대선 레이스 타격 • 안철수, 박원순 등 중도 이미지 후보 강세 • 대선 레이스 동력 미약
Opportunity	Threat

'바보 노무현'의 길을 따라가다

김부겸은 현재 야당 대선후보 중 파란을 일으킬 수 있는 '최강 다크호스'로 꼽힌다. 3선 국회의원을 지냈던 수도권(군포) 출마를 포기하고 '지역구도 타파'를 기치로 야당 불모지 대구에서 출마해 의미 있는 성과를 보였기 때문이다. 2012년 총선에서 대구 수성갑에 출마했을 때, 40.4% 득표율로 낙선했지만 2년 뒤 대구시장 선거에서 수성갑 유권자는 그에게 50.1%의 지지를 보냈다. 대한민국에서 가장 보수적이라고 하는 대구 시민들이 김부겸에게 보내는 애틋한 마음과 우호적 평가는 의미심장하다.

그는 박근혜 대통령 이후 지역 맹주가 부각되지 않은 상황에서 2015년 초 실시된 여론조사에서 대구경북 차세대 리더 1위를 달리고 있다. 그의 개혁적이면서도 합리적 중도 이미지는 당내에서 '유약한 리더십'으로 평가됐지만 대구 시민에게는 '안정된 리더십' 이미지를 구축하고 있다. 그의 풍부한 정치 경험과 지역주의 타파를 위한 희생과 결단은 '바보 노무현의 길'을 연상시키며 김부겸에 대한 지지층 확산의 동력이 되고 있다.

손학규의 전철을 밟지 마라

2016년 총선은 김부겸 대권 성패의 첫 시험대가 될 것이다. 총선 관문을 통과한다면 '지역갈등 해소' 적임자라는 '김부겸만의 정치적 자산'을 기반으로 중앙정치에 화려하게 복귀할 수 있으며, 당내 비노계에서는 '김부겸 대안론'이 급부상할 것이다. 특히 총선 결과, 야권이 혼돈에 빠지고 당내 혁신 요구가 전면으로 부상할 경우 그의 가치는 더욱 높아질 것이다. 2016년 총선에서의 승리는 그의 약점으로 평가되는 당내 기반 취약, 정치적 자산 부재, 한나라당 출신이라는 주홍글씨를 일시에 해소하는 정치적 승부수가 될 것이다. '노무현의 길'을 통해 대권 레이스의 토대를 성공적으로 닦는 것이다.

야당 내에는 '김부겸 리더십'에 대한 비판적 목소리가 상당히 존재한다. 단적인 예가 2.8전당대회 출마와 관련한 '오락가락 행보'이다. 당시 전당대회가 '친노 대 비노'의 첨예한 대립 구도로 흐를 것에 대한 우려로, 김부겸의 출마를 요구하는 당내 흐름이 상당했다. 언론도 그의 출마 여부를 주목했다.

하지만 그는 불출마와 관련된 어떤 메시지도 전달하지 못하고 '몸값만 올리고 있다'는 비판을 받았다. 정치적 결단과 정무적 판단에서 항상 타이밍이 늦고 '우유부단한 리더십'을 갖고 있다는 당내 평가를 새삼 확인하는 계기가 되었다. 당대표를 2번이나 역임하고 '분당대첩'을 승리로 이끌고도 당에 뿌리를 내리지 못한 '제2의 손학규'가 될 것이라는 당내 우려를 불식시키는 '강단 있는 리더십' 구축을 위한 처절한 노력이 필요하다.

호남권 유권자에게 어필하라

김부겸의 저서 중 '나는 민주당이다'라는 것이 있다. 호남 기반 민주당에서 영남 출신 정치인으로서의 고뇌를 진솔하게 담아 정치권의 공감을 불러일으켰다. 그는 3선 국회의원이지만 원내대표 경선에 3번 출마해 모두 고배를 마셨고, 유일하게 지도부로 활동했던 최고위원 경선도 어렵게 통과했다. 그의 당내 기반이 어떠한지 단적으로 보여주는 사례이다.

그는 서울대 운동권 출신, 3선 국회의원, 합리적이고 개혁적 이미지로 촉망받는 정치인임에도 불구하고 당내에서 무게감을 드러내지 못하고 있다. 한나라당 출신 '독수리 5형제'라는 당내 비토 정서도 극복하지 못했다. 2016년 총선에 당선된다면 이를 극복할 수 있는 계기가 만들어지겠지만, 당선이 모든 문제를 해소해줄 수는 없다. 호남권 지지세 확대 여부라는 두 번째 시험대가 기다리고 있기 때문이다. 그는 호남 유권자와 민주당 지지층에게 대선후보로서 확실하게 각인되는 계기를 마련해야 한다. 차세대 지도자로서 호남의 인정을 받아야 한다는 것이다. 현 야당에 대한 실망감을 감추지 않고 있는 호남지역 유권자와 당 지지층에게 정권 창출의 기대감을 주어야 한다. 박원순, 안철수, 안희정 등 당내 차세대 리더와 함께 세대교체를 이루어내고 당을 혁신하여 정권 창출의 희망을 만드는 것이 그의 몫이다.

그는 김대중 전 대통령이 'DJP연합'으로 정권교체를 이루어냈듯이 영남지역 지지세를 확산시켜 정권교체를 이룰 수 있다는 희망을 제시해야 한다. 호남과 TK연합 기반의 야당 대선후보는 '국민적 감동'과 진정한 '국민통합의 아이콘'이 될 수 있다. 그의 현재 행보와 정치적 가능성을 고려하면, 그가 최대 다크호스라는 것은 부인할 수 없는 사실이다.

2016년 총선 승리를 통해 '호남-TK연합 김부겸'이
정권교체 필승카드라는 '호남의 민심'을 만들어내야 한다.

6 정세균

- 국회의원 5선(현 19대 의원)
- 통합민주당 당대표(전)
- 산업자원부 장관(전)

✳ SWOT분석

Strength	Weakness
• 온화한 화합형 리더십 • 경제 전문가로서의 위기관리 능력 • 풍부한 정치경험 및 경륜	• 관리형 리더 이미지 • 무색무취 이미지 • 낮은 인기와 지지율
• 야권 혼돈에 따른 '안정적 리더십' 요구 • 경제 불황 여파에 따른 '경제이슈' 부각 • 극한 계파 대립 시 '캐스팅 보트' 역할	• 정치적 공간 미확보 • 당내 세대교체 흐름 • 당내 빅3 후보의 안정적 행보
Opportunity	Threat

저평가 블루칩의 비애

현재 야당 대선후보 중 정세균만큼 풍부한 정치적 경험과 다양한 공직 이력을 갖춘 후보는 없을 것이다. 국회의원 5선, 당대표 3회, 산업자원부 장관, 쌍용기업 상무 등 그의 경력은 말 그대로 다채롭고 풍부하다. 그는 2010년 당시 당대표로 지방선거를 승리로 이끌며 위기의 민주당을 기사회생시켰다. 최근 10년간 임기 2년을 온전히 마친 유일한 당대표이다. 하지만 2010년 손학규에게 당대표 자리를 내주었고 정동영에게도 밀려 3위로 최고위원이 되었다. 당시 결과는 정세균의 정치적 위상과 당내 시선을 단적으로 반증한다. 정세균은 '관리형 리더'는 될 수 있지만 '대선후보'로서는 무게감이 떨어진다는 평가였다. 당대표를 가장 오래 지냈음에도 대선후보로 저평가 받는 이유는 '정세균만의 정치적 자산'으로 누적된 뚜렷한 행보가 없었기 때문이다.

그는 당내에서 '미스터 스마일'로 통한다. 그의 온화함과 '화합형 리더십'을 잘 표현한 별명이지만 정치적 승부사 기질이 너무 약하다는 평가도 동시에 받는다. 부드럽고 합리적 이미지는 갖고 있지만 정치 지도자로서 카리스마, 존재감, 리더십 등이 부족한 것이다. 다른 대선후보들의 경우 호불호가 명확히 갈리는 것에 비해, 정세균에게는 호불호가 없다. 그의 역할과 비중에 비해 지지율이 형편없는 근본 원인일 수 있다. 본인은 참 억울할 것이다.

당내 유일 '호남 후보'라는 딜레마

정세균 의원의 현재 지역구는 종로이다. 전북지역 4선 국회의원이던 정세균은 '정치 인생'을 걸고 19대 총선에서 종로에 출마해 당선되었다. 호남 다선 기득권을 버리고 '정치적 승부수'를 띄운 것이다. 그럼에도 '수도권에서도 통하는 정치인'이라는 정치적 평가는 얻지 못했다. 그는 정동영 전 의원의 탈당으로 당내 유일한 호남 출신 대선후보이다. 유일한 호남 후보라는 것은 강점이자 약점이 될 수 있는데, 당 내부 경선에서는 상대적으로 약점이 될 것이다. 비호남 후보를 선호하는 당내 경향 때문이다. 정세균 본인도 어찌할 수 없는 딜레마이다.

그는 쌍용그룹 상무 출신으로 김대중 전 대통령이 '실물경제 전문가'로 영입하여 정치에 입문하게 되었다. 당내 정책통으로 불리며 당 정책위의장, 원내대표, 당대표 등 당직 '트리플 크라운'의 주인공이다. 그만큼 탄탄한 콘텐츠와 위기관리 능력을 갖추었다는 것이다. 특히 정부와 함께 IMF 위기를 극복한 경험은 다른 후보와 차별화되는 강점이다. '혼란과 위기' 상황은 정세균에게 '마지막 기회'가 될 것이다.

경기 침체에 따라 '경제 이슈'가 전면 부각되고 사회적 혼란이 지속되면 정세균의 존재감이 드러날 것이다. 경제를 아는 위기관리 전문가로서, 검증된 인물로서 부각될 것이기 때문이다. 경제인 출신의 위기관리 경험은 그만의 강점임에 분명하다.

'경제만큼은 정세균'을 부각하라

2012년 당내 경선 당시, '벤치마킹하고 싶은 상대후보 정책'으로 꼽힌 것이 정세균의 가계부채 대책이었다. 그는 대선 출마를 앞두고 자신의 경제 철학을 정리한 '99%를 위한 분수경제'란 저서를 출간해 호평을 받았다. 정세균은 본인의 책 제목처럼 분수와 같은 지지율 반등을 기대했겠지만, 현실은 경선에서 꼴찌를 면하지 못했다.

그는 언제나 '선당후사(先黨後事)' 정신을 강조해 왔다. 최근 2.8전당대회에서도 계파간 적대적 대립과 갈등을 걱정하며 '빅3 불출마' 요구에 홀로 불출마 결정을 하였다. 그는 와신상담의 기회를 노리고 있을 것이다. 지지율이 미미하다고 '대선후보감이 아니다'라는 말은 성립하지 않는다.

대중성이 없다는 것은 정세균이 풀어야 할 과제이나, 현재의 지지율로 그를 규정하는 것은 섣부르다. 그가 당내 세대교체 흐름과 자신만의 정치적 공간을 확보하지 못해 정치적으로 소멸할 수도 있지만, 다시 한 번 평가받을 기회를 만들 수도 있다. 선당후사를 강조하고 실천해 왔던 정세균은 '우직한 소가 만리를 간다'는 '우보만리(牛步萬里)'의 심정으로 새롭게 시작해야 한다. 대통령 후보로서의 정치적 비중을 확보하기 위해 일관성 있는 정치 행보의 축적이 필요하다. '경제만큼은 정세균'이라는 자신의 강점을 제대로 부각할 수 있는 노력을 계속하는 것도 방법일 것이다.

정세균은 2010년 지방선거에서 '무상급식' 이슈로 지방선거 승리를 이끌어냈다. 당시 무상급식 이슈는 '정치가 내 삶의 현장에 있구나'를 체감하는 계기가 되었다. 먹고살기가 더욱 고단해진 서민들을 대변하는 '민생경제'의 대변인이 되는 것도 좋은 방안일 것이다. 거기서부터 와신상담의 기회는 시작될 것이다.

2017 대권의 기회는 정세균만의
'민생경제' 정책의 실천에서부터 시작될 것이다.

7

손학규

- 민주당 당대표(전)
- 경기도 지사(전)
- 보건복지부 장관(전)

* SWOT분석

Strength	Weakness
• 도지사, 장관, 당대표 등 화려한 스펙 • 풍부한 정치 경험 및 검증된 능력 • 합리적 중도 이미지	• 정계 은퇴 선언 • 높은 인지도 대비 낮은 지지율 • 한나라당 출신으로서의 정통성 논란
• 친노 패권주의 등 당내 갈등 첨예화 • 신당 창당 등 야권 분열 및 혼돈 • 문재인 등 야권 주요 후보 지지율 하락	• 당내 세대교체 흐름 • 정치적 공간과 기회 확보 어려움 • 현 야권 주요 후보의 안정적 지지율
Opportunity	Threat

영원한 대선후보!

손학규는 '정치인은 선거로 말한다'는 고별사와 함께 7.30보궐선거 패배에 대한 책임을 지고 정계은퇴를 선언했다. 현재 정치권에서 손학규만큼 화려한 스펙과 풍부한 정치경륜을 갖춘 정치인도 없을 것이다. 물론 그만큼 정치적 부침도 심했다. 그는 경기고, 서울대, 영국 옥스퍼드대학 박사, 서강대학교 교수라는 정통 엘리트 코스를 밟아왔다. 경기도지사, 보건복지부 장관, 국회의원 4선, 당대표 2회 등 화려한 경력이 입증하듯이 정치와 행정을 넘나든 이력은 화려하고도 출중하다. 이론은 물론 실전에도 강하다는 평가를 받는다. 검증된 능력과 탄탄한 콘텐츠는 말 그대로 '준비된 대통령'이라고 해도 과하지 않을 것이다. 그는 정치부 기자들이 뽑은 대선후보 적합도 조사에서 1위를 가장 많이 차지한 인물이다.

그는 중도보수와 중도진보 유권자들을 아우를 수 있는 몇 안 되는 정치인이다. 보수정당에서 정치를 시작했지만 김근태, 조영래와 함께 '서울대 운동권 삼총사'로 불렸던 학생운동 출신이기 때문이다. 경기도지사 시절, 비록 소속 정당은 다르지만 DJ의 '햇볕정책'을 지지했던 그의 '합리적 중도' 이미지 탓도 있을 것이다. 경기도 시흥 출생으로 경기도지사를 지낸 경력은 그를 균형감 있는 '중도 이미지'로 각인시켰다. 하지만 그의 표현대로 천형(天刑) 같은 '한나라당 출신'이라는 경력은 매번 그의 발목을 잡았다. 그리고 그의 경쟁력인 중도 외연 확장성에 있어서는 안철수가 더 높은 평가를 받고 있다.

야당이 그를 찾는 이유

그는 정계은퇴를 선언하고 칩거하며 저서 집필에 몰두하고 있다고 한다. 하지만 2.8전당대회를 앞두고 손학규 전 대표를 찾는 정치인들이 꽤 많았다고 한다. 당내에서 정계 복귀를 요청하는 목소리가 나오고 있고, 언론도 주목하고 있다. 그에 대한 세간의 관심은 손학규의 정치적 실패에 대한 아쉬움과 안타까움도 있겠지만 현 야당의 변화와 혁신이 제대로 이뤄지지 못하고 있음을 반증한 것이라고 할 수 있다.

손학규는 정계 은퇴의 변에서 "정치인은 들고 날 때가 분명해야 한다는 것이 저의 평소 생각이다. 순리대로 살아야 한다는 것 또한 저의 생활철학이다"라고 밝혔다. 하지만 그의 의지와 상관없이 당내 갈등과 혼란이 야기된다면 '손학규 역할론'이 대두될 것이다. 또한 문재인 등 주요 대선후보의 지지율 정체 등 야당의 정치적 여건이 어려워지면 그의 복귀를 요청하는 목소리가 더욱 커질 것이다. 손학규에게 한 번의 기회는 꼭 올 것이다. 하지만 그로서는 복귀 명분을 찾는 것이 쉽지는 않을 것으로 보인다.

손학규의 마지막 선택이 궁금하다

그는 유력한 대선후보였음에도 불구하고 본선에는 한 번도 나가지 못했다. 한나라당을 탈당해 야권의 후보가 되고자 했지만 당내 경선에서 두 번이나 고배를 마셔야 했다. 왜 그랬을까? 손학규가 복기하고 풀어야할 숙제이다. 다시 정치에 복귀해도 똑같은 현상은 반복될 수 있기 때문이다. 본선에서는 경쟁력 있는 후보인데 당내의 문턱을 넘지 못한다면 '빛 좋은 개살구'에 불과하기 때문이다. 사실 두 번의 당내 대선후보 경선은 어이없는 패배였다. 두 번의 실패는 그가 현실정치에 맞는 정치인인지 다시 생각하게 하는 대목이다.

문재인, 이해찬 등 '혁신과 통합' 세력과 합당할 당시, 박지원 등 비노 진영은 "가만히 있으면 대선후보가 될 텐데, 왜 통합해서 친노에게 거저 주느냐?"며 강하게 저항했다. 손학규는 당시 인간적 수모까지 당했지만 이에 굴하지 않고 통합을 강행했다. 하지만 비노 진영이 이야기한 대로 '친노 조직력'에 제대로 된 경쟁 한번 못 해보고 경선에서 밀려났다. 그 후로 야당은 친노와 비노의 대립으로 갈수록 국민과 멀어지는 정당이 되고 말았다.

우리나라의 정치 여건에서 대선후보가 되기 위해서는 '스토리텔링, 매니아층, 외연 확장성'이란 삼박자가 갖추어져야 한다. 손학규는 도지사 시절 74만 개 일자리 창출의 경제성과, 100일 민심대장정 등의 많은 스토리가 있지만 '스토리텔링'이 되지 않는 정치인 중 한 명이다. 그의 경륜과 능력에 비해 저평가되고 회자되지 않는 안타까움이 있다.

안철수에 대한 '정치적 신뢰'가 높아지지 않고, 박원순 지지율이 정체 또는 하락한다면, 세상은 다시 한번 손학규를 주목하게 될 것이다. 매니아층이 없는 것은 그가 강한 '정치적 매력'의 소유자가 아니라는 것을 반증한다. 당대표를 두 번이나 지냈지만 당내 세력 구축과 지지층의 지지 강도가 약하다는 것이다. 손학규가 정계에 복귀하더라도 적극 지지층을 만들어내지 못하면 대선후보로서 당내 위상을 확보하기가 쉽지 않을 것이다.

손학규의 정계 복귀는 야당의 혼돈, 주요후보 낙마 등 시대적 흐름이 형성되어야만 가능할 것이다. 야당 내에서 '손학규 역할론'이 부각되더라도, 종국에는 '손학규의 선택'이 필요하다. 전격적으로 이루어진 정계 은퇴 선언만큼 그의 정계복귀도 돌발적으로 이루어질 것인가? 그의 선택이 궁금하다.

경륜과 정책 능력이 검증된, 준비된 대선후보!
'손학규 역할론' 부각 시, 그의 선택이 궁금하다.

8
김한길

- 4선 국회의원(현)
- 새정치민주연합 공동대표(전)
- 문화관광부 장관(전)

* SWOT분석

Strength	Weakness
• 당내 최고 전략통 • 높은 인지도 • 풍부한 국정운영 경험(장관, 청와대 수석)	• 책사, 참모 이미지 • 당내 비노세력 대표 이미지 • 작가 또는 연예인 이미지
• 극한 계파 대립 시 '캐스팅 보트' 역할 • 신당 창당 등 야권 분열 및 혼돈 • 유력후보 검증 낙마	• 당내 세대교체 흐름 • 정치적 공간 확보 어려움 • 당내 주요 후보 안정적 지지율 확보
Opportunity	Threat

전략통, 그리고 냉혹한 승부사

현재 야권 내에 김한길만큼 큰 선거에서 '이겨본 경험'이 많은 정치인도 없을 것이다. 그는 고건 서울시장, 임창렬 경기지사가 승리한 1998년 지방선거, 152석으로 당시 열린우리당이 사상 첫 과반의석을 확보한 2004년 총선에서 당 기획단장을 맡아 선거를 진두지휘했다. 김대중, 노무현 전 대통령이 당선될 때도 선대위 대변인과 미디어선거특별본부장을 맡았다. 그의 뛰어난 지략과 승리 경험으로 김한길은 '대통령제조기'라는 별명을 얻었다. 정치적 경험과 노련함에는 단연 선두이고 당내 최고 전략통임도 확실하다.

그의 배우자는 대한민국 국민이라면 모두가 아는 유명 탤런트 최명길씨이다. 그 자신은 정치 입문 전에도 베스트셀러 작가, 방송인 등으로 유명했다. 김대중 전 대통령의 권유로 정계 입문한 후, 국민의 정부에서 청와대 정책기획수석과 문화관광부 장관 등을 지내며 승승장구했다. 김한길은 전략기획통답게 정치적 설득과 협상 부분에서 뚜렷한 정치적 성과를 갖고 있다.

그는 2002년 대선에서 '노무현-정몽준 후보 단일화'를 끌어냈다. 또한 17대 국회 건설교통위원장 시절엔 여야간 첨예하게 맞섰던 '행정중심복합도시법' 통과를 극적으로 성사시켜 '협상의 명수'라는 별명을 보탰다. 열린우리당 원내대표 시절인 2006년 1월엔 '산상회담'을 통해 사학법 문제로 장외투쟁 중이던 한나라당의 원내 복귀를 이끌어내는 수완을 발휘했다.

무엇보다도 김한길의 출중한 정치력과 경륜을 확인할 수 있었던 것은 안철수와의 합당 선언이었다. 그는 대선 패배 이후 치러진 전당대회에서 비노 지지기반으로 당대표가 되었지만 당내 리더십은 흔들렸고 정국 주도력 약화에 대한 비판에 직면했다. 김한길은 이러한 정치적 위기와 난국을 당시 야권에 가장 잠재적 위협 요인이었던 안철수 의원을 공동대표로 영입하는 '합당' 한방으로 해소하며 당내 리더십을 회복했다. 정치적 상상력을 실현하는 전략가로서의 면모를 과시한 사례이다. '정치적 성과'와 '승부사 기질'로 정국을 대처하는 '김한길 리더십'의 전형이라고 할 수 있다.

참모형 이미지를 극복하라

그는 '전략기획통', '선거기획의 귀재'로 불리는 만큼, 지도자보다는 책사, 참모형 이미지가 강하다. 그가 두 번 도전 끝에 당대표가 되었을 때, 언론은 그가 자신만의 브랜드 정치를 펼칠 수 있을 것인지에 대해 주목했다. 하지만 그는 6.4지방선거와 7.30재보궐선거에서 '안철수 브랜드'라는 최고의 카드를 쥐고도 '전략의 과잉'으로 스스로 무너지고 말았다. 당시 전략공천을 둘러싼 당내 갈등과 반목에 리더십은 허물어졌고, 두 번의 선거를 통해 '안철수'와 '새 정치'라는 당 자산마저 잃어버리는 결과를 초래하였다. 지나친 '전략 과잉'이 오히려 '전략 부재'를 낳았다는 비난은 그에게 뼈아픈 지점이 될 것이다.

또한 2007년 대선을 앞두고 열린우리당 비노 의원들의 집단 탈당을 주도해 잔류 민주당과 중도통합민주신당을 창당했으나 얼마 되지 않아 다시 대통합민주신당에 재합류하였다. 그 후 당내 친노세력으로부터 집중 견제와 공격을 받게 된다. 문재인 대선후보 당시, 당 지도부였던 그는 지도부 총사퇴를 요구하며 최고위원직을 던져 대선을 지도부 공백상태에서 치르게 했다는 비판에 직면했고 친노세력과의 대립은 더욱 격화되었다.

세 번째 대선 승리의 견인차

김한길의 마지막 정치적 한수는 '정권교체'라고 한다. 19대 대선에서 자신이 킹이 되겠다는 욕심보다는 당내 최고 전략가답게 대선 승리의 '킹메이커' 역할로 재주와 능력을 발휘할 수 있을 것이다. 당내 대선후보 중 누군가는 그의 머리를 빌리려 할 것이 분명하기 때문이다. 김한길 본인도 세 번째 대선 승리의 주역으로 '정치적 재기'를 모색하고 있을 것이다. 그 기회는 당내 '친노 패권주의'로 계파 대립이 극단으로 치닫고, 신당 창당 등 야권의 혼돈 정국에서 시작될 것이다. 야권의 위기와 분열은 '전략가 김한길'을 찾을 것이기 때문이다.

그는 이미 18대 총선에서 대선 패배의 책임을 지고 출마하지 않은 경험이 있다. 그러나 정치권에서 사라졌던 그가 민주당의 당대표로 부활할 줄 누가 알았겠는가? 당내 세대교체 흐름에 '정치적 순교자'가 될 것인지, 또 다시 부활의 기회를 잡을 것인지, 그가 펼치는 '신의 한수'가 궁금한 대목이다.

당내 최고 전략통, 냉혹한 정치 승부사!

'김한길 전략'에 따라 2017년 대선 정국이 요동칠 것이다.

Chapter
3

잠재적 후보군

1

정동영

- 열린우리당 의장(전)
- 17대 대통령 선거 대통합민주신당 후보(전)
- 통일부 장관(전)

* SWOT분석

Strength	Weakness
• 높은 인지도 • 대중적 인기, 앵커 출신이라는 자산 • 진보 정치인을 대표하는 이미지	• 17대 '대선 패배자' 낙인 • 무소속 출마 및 탈당 등 정치행보 • '이미지 정치인'이란 평가
• 진보세력 지지 가능성 • 신당 원내 진입 성공 가능성 • 야당 내분 격화에 따른 야권 재편	• 신당 창당 파급력 미약 • 신당 원내 진입 좌절 • 야당 주요 대선후보의 안정적 지지율 확보
Opportunity	Threat

뼈아픈 '대선 패배자' 낙인

정동영은 가장 화려하게 정치에 입문하였고, 또 그만큼 정치적 굴곡과 부침을 심하게 겪었다. 그는 김대중, 노무현 정부 개국 공신이다. 김대중 전 대통령은 호남형 외모와 깔끔한 이미지의 MBC 앵커로 전국적 인지도를 갖춘 정동영을 영입하여 'DJ의 입(대변인)'으로 기용하여 정권 교체를 이루어냈다. 또한 정동영은 2002년 당내 대선 경선에서 '경선 지킴이'를 자처하며 노무현 후보 탄생에 기여하였다.

그는 지난 2000년 '정풍운동'으로 'DJ정권 2인자' 권노갑을 2선으로 후퇴시키며 '개혁 정치인' 이미지를 구축했다. 또한 17대 총선에서 당시 여당인 열린우리당의 의장으로서 국회 과반 의석을 확보하는데 성공했다. 통일부 장관 시절엔 북한과 미국을 설득하여 개성공단을 안착시키며 'DJ 햇볕정책' 계승자임을 공표했다. 그는 열린우리당 해체 문제로 당시 노무현 대통령과 갈등을 겪지만, 17대 대통합민주신당 대선 후보로 선출되어 MB와의 대결에서 530만여 표의 큰 격차로 패배하고 만다.

승승장구하던 정동영의 정치인생이 최대의 변곡점을 맞은 것이다. 2009년 무소속 출마로 국회에 복귀하지만 '대선후보가 탈당을 했다'는 따가운 시선은 그에게 '대선 패배자 낙인'과 함께 뼈아픈 구석이 되었다. 19대 총선에서 야당 불모지 강남에 출마하지만 낙선했고, 18대 대선은 출마를 접어야 할 만큼 정치적 위상은 쪼그라들었다. 열린우리당 의장 시절, 정동영은 '몽골기병' 속도론을 강조하며 변화와 혁신을 주도하였다. 그의 '몽골기병론'처럼 대선후보까지 지낸 그의 화려한 정치인생도 빠른 속도로 하강 곡선을 그렸다.

진정성 있는 진보를 대표하라

　방송 앵커 출신답게 정동영의 연설은 역동적이고 대중적이라는 평가를 받는다. 이러한 이유 때문인지 그는 '콘텐츠' 보다 '이미지'에 치중하고, '이슈 메이커'가 아니라 '이슈에 묻어가는 수동적 정치인'이라는 비판을 받았다. 하지만 그는 2010년 공개 반성문을 통해 대선 패배와 탈당 후 무소속 출마, 신자유주의 노선에 대한 인식 부족으로 노동문제에 소홀했던 과거를 참회했다. 그로부터 오늘날까지 그는 쌍용자동차 파업 현장, 한진중공업 고공 파업현장, 용산참사 현장, 세월호 참사 현장 등 고통 받는 서민 곁에서 그들을 위해 발 벗고 싸웠다. 처음에는 '정치적인 쇼'라고 손가락질 당하기도 했지만, 시간이 지나면서 '쇼라도 좋으니 정동영만큼만 하라'는 소리가 현장에서 터져나왔고 SNS에서는 '거리의 대통령'으로 통했다.

　그는 2007년 대통령선거에 나설 때까지 방송 앵커 이미지의 세련되고 귀족 분위기를 풍기는 후보였다. 하지만 2010년 자기 고백 이후 자신의 트레이드마크인 남북화해와 평화통일을 앞세우며 약자와 노동자를 대변하는 '담대한 진보주의자'로 바뀌었다. 그의 외형적 행보와 진정성 있는 실천이 당내에는 큰 반향을 불러오지 못했다. 그는 대선후보를 지낸 사람이 탈당하는 것은 '정치적 패륜'이라는 모진 험담과 비판을 감수하면서 탈당을 결행했다. 그는 '야당의 교체 없이 정권교체 없다'는 탈당 변과 '국민의 눈물'을 닦아 줄 진보신당 창당에 밀알이 되겠다는 다짐으로 앞으로의 행보를 예고했다.

언론은 정동영의 탈당으로 인한 신당 창당 파급력, 야권의 정치지형 변동에 주목하고 있다. 국민은 그의 탈당 선언이 대선후보가 되기 위한 '마지막 정치적 쇼'인지, 정권교체 밀알이 되겠다는 '진정성 있는 정치 결단'인지 예의주시하고 있다.

진보신당의 미래를 책임지다

현재 시점에서 정동영의 탈당 선언이 야권에 미치는 영향력은 크지 않은 것으로 보인다. 진보신당을 추진하는 '국민모임'의 파급력과 성공 가능성에 대해 많은 사람이 아직은 확신하지 못하고 있다. 또한 진보진영에서는 아직 정동영의 속마음을 확신하지 못한다. 대통령이 되겠다는 욕심으로 신당을 창당하는 것이 아닌가 하는 의구심으로 바라보고 있는 것도 사실이다. 정동영에게는 '모든 것을 버려야 산다'는 평범한 진리가 필요한 시점이다. 그의 '마지막 승부수'가 '마지막 자충수'가 될 수도 있기 때문이다.

정동영의 미래는 2016년 총선 결과에 따라서 결정될 것이다. '국민모임'이 주축이 되어 진보세력 내에서 논의되는 '빅 텐트론'을 현실화하여 총선에서 의미 있는 성과를 낳아야 한다. 그는 '자신이 살겠다는 욕심이 아닌 진보세력을 살리겠다'는 '담대한' 실천과 희생의 자세를 견지해야 할 것이다. 야당 내분 격화에 따른 혼란과 외부 환경에 의존하는 정치공학적 기획과 이미지 정치를 추구해서는 안 될 것이다. 정동영 본인은 죽더라도 '합리적 진보정치'를 살려내는 밀알과 희생을 실천한 다면 국민은 그에게 다시 관심과 애정 어린 시선을 보낼 것이다.

2016년 총선 결과, 정동영은 실패하더라도
진보신당이 성공해야 정동영의 '정치 미래'가 열릴 것이다.

2 반기문

- UN 사무총장(현)

- 외교통상부 장관(전)

- 참여정부 외교정책 보좌관(전)

* SWOT분석

Strength	Weakness
• 국제기구(UN), 정부 등 풍부한 공직 경험 • 국제무대에서 검증된 능력 • 높은 인지도 및 안정된 이미지	• 현실 정치 경험 취약, 리더십 의문 • 외교 분야 이외의 능력 의문 • 검증 과정에서 '돌발 악재' 가능성
• 현 대선후보들에 실망, 제3후보에 대한 요구 • 탈(脫) 정치 이미지, 무당파 선호 흐름 • 정치 불신 심화, 외부인사 영입 움직임	• 여야 주요 후보의 안정적 지지율 확보 • 검증 과정에서 낙마 가능성 • 차기 도전 시, '약속 번복' 논란
Opportunity	Threat

2017 대선 최고의 히든카드

반기문은 고등학교 시절, 미국에 가서 존 F.케네디 미국 대통령을 만난 것이 외교관을 꿈꾸게 된 계기가 되었다고 한다. 그는 이후 평생을 직업 외교관으로 살았다. 노무현 정부 때는 외교통상부 장관을 지냈고 현재는 UN 사무총장이다. 반기문 총장은 전 세계 분쟁과 내전의 평화적 해결을 위해 노력하고 있으며, 노벨평화상 후보로도 거론되고 있다. 우리나라 사람이 국제기구의 수장을 맡음으로써 국민적 자긍심을 불러일으킨 인물이다. 그는 '명품 중의 명품' 느낌을 자아낸다. 입지전적 라이프 스토리, 세계 각국 대통령을 상대하는 UN의 수장, 국제무대에서 검증된 능력, 외교관의 품위와 매너, 안정적 이미지 등 어디 하나 흠잡을 데 없는 인물이다.

유엔 사무총장으로서의 성공적 업무 수행은, 대한민국 대통령을 수행할 능력이 있다는 사실로 받아들여진다. 반 총장은 각종 여론조사에서 높은 지지율을 보이며 '반기문 대망론'을 형성했다. 새누리당 친박계에서 반기문 총장을 영입하려 한다, 노무현 정부가 키운 반 총장이 야권 후보로 나설 것이다 등등 여야 공히 '히든카드'로 거론되고 있다. 충북 음성이 고향인 반기문 총장의 출신 지역을 근거로 '중부권 대망론'까지 만들어지고 있다. 반기문이라는 인물이 우리 정치판을 뿌리째 흔들고 있는 것이다.

꽃놀이패를 들고 느긋하게 기다리다

그의 대선 출마 여부에 대해 정치권은 촉각을 세우고 있지만 정작 자신은 특별한 생각이 있어 보이지 않는다. 그는 '전혀 아는 바도 없고, 사실이 아니라는 점을 분명히 밝힌다'라고 입장을 표명했다. 그러나 차기 대선 불출마를 단언하지도 않았다. 반기문의 별명인 '미끄러운 뱀장어(Slippery Eel)'처럼 애매한 말로 잘 빠져나가고 있다. 언론과 정치권은 '내 입으로 불출마 선언하고 싶지 않다'는 그의 속뜻으로 해석하고 있다.

그는 현재 '꽃놀이패'를 쥐고 있다고 생각할 것이다. 여야 모두에서 관심을 가지고 있고, '반기문'이라는 이름만 나오면 국민적 관심을 받고 있다. 그는 국내에 없지만 국내 정치활동을 하고 있는 셈이다. 정치 불신이 심화되면 장외 인사에 국민적 관심이 쏠릴 수도 있다. 현재 여야 주요 대선후보들에 대한 실망으로 '제3후보'를 요구하는 현상이 생길 수도 있다. 그는 아마 UN사무총장 임기가 끝나는 2016년 12월까지 이러한 상황을 즐길 것이다.

반기문 총장이 노무현 정부가 키워 준 인물인 것은 맞지만, 이념이나 성향 등을 고려해봤을 때 여당 후보로 나올 가능성이 크다. 박근혜 대통령과 공동 작품을 만들어 '대선 레드카펫'을 준비할 것으로 예상된다. 온갖 악재에도 난공불락처럼 여겨지던 박근혜 대통령의 국정지지도가 2015년 초부터 하락세를 거듭하고 있다.

박근혜 대통령은 대북프로젝트를 통해 조기 레임덕 현상을 차단할 것이다. 박근혜 대통령의 '비무장지대(DMZ) 생태평화공원 조성' 개발 방안에 UN 사무총장인 반기문의 역할은 반드시 필요하다는 점에서 접점이 만들어진다. 그는 정치경험이 전무한 직업 외교관 출신이다. 현직 대통령 정도의 든든한 백그라운드가 없다면 대선 레이스가 쉽지 않다는 것을 잘 알고 있을 것이다. 반기문 입장에서는 '안철수 학습효과'로 야당 출마를 고려하지도 않을 가능성이 크다.

위험한 대선 레이스, 그의 선택은?

반기문 총장이 내선 출마를 결심한다면 출마 시점은 최대한 늦출 것이다. 유엔 사무총장으로서는 흠 잡을 것 없는 경력과 능력의 소유자이지만, '대통령 후보'로서는 많은 약점을 갖고 있고 검증의 험난한 시간을 거쳐야 하기 때문이다.

반 총장은 국제기구 수장의 경험과 능력은 검증되었지만, 현실 정치 경험이 전무하므로 외교분야 이외의 능력에 대해서 자질 논란이 일어날 확률이 높다. 직업 공무원으로서 신상 관리가 철저하더라도 검증 과정에서 '돌발 악재'가 발생할 수도 있다. 직업 공무원 특성상, 돌발 악재 한 방에 대선후보에서 낙마할 수도 있다. 고령도 큰 약점이다. 지역기반은 충청권이지만 고정적 지지기반이 취약하다. 평생을 직업 공무원으로 살아온 반기문이 권력의지를 갖고 있더라도 '위험한 대선 레이스'를 결심하고 선택할 수 있을지가 마지막 의문이다.

하지만 본인의 의사와 무관하게 외부적 환경은 그를 가만두지 않을 것이다. 여야 잠재후보가 높은 지지도를 보이지 못할 경우 그를 영입하려는 움직임이 급물살을 탈 것이다. 특히 여권 내 경쟁력 있는 친박계

후보가 등장하지 못하면 '출마 압박'을 받을 것이다. 만약 정치 불신이 더욱 심화된다면 과거 '안철수 현상'과 같은 '반기문 신드롬'이 일어날 수도 있다. 그의 별명처럼 더 이상 애매한 입장을 취하며 미끄러져 나 갈 수 없는 상황이 곧 올 것으로 보인다.

권력의지 가진 외교관 화법이 아닌,
대선 출마 여부에 대한 명확한 입장을 밝혀야 한다.